전정판

세계화 · 정보화시대의

경제와 생활

김기영 | 임종수 | 정행득 공저

도서출판 두남

머리말

전정판을 내면서

개정판을 낸 후 십여년 만에 전정판을 내게 되었다. 오랜만에 개정을 하는 만큼 새롭게 책을 쓴다는 마음으로 전면적인 개편을 단행하였다. 전정판의 개편방향은 다음과 같다.

우선 기존의 5부 21장으로 구성되었던 체제를 3부 10장으로 간추렸다. 그동안 책의 내용이 방만하고 분량이 많다는 지적이 있었던 점을 감안하여 중요도가 떨어지는 지엽적인 내용을 과감히 덜어내었다. 이에 따라 이번 전정판은 자유시장경제의 핵심적인 뼈대를 이해하고 우리의 경제생활이 그 안에서 유기적으로 이루어지고 있는 내용을 중심으로 삼고 있다. 분량도 2/3 정도로 줄었기 때문에 대학에서 한학기용 강의교재로 사용하기에 적절할 것으로 생각된다.

내용은 제1부 민간경제의 경제활동, 제2부 국민경제의 운용, 제3부 국제경제와 경제활동으로 구성되었다. 특히 제2부의 내용은 완전히 새롭게 써졌는데, 기존 개념설명 위주의 내용을 국민경제의 운용원리를 설명하는 내용으로 바꾸었다. 이 책은 본시 한 학기용의 대학 교양교재를 목표로 집필하였으나 그 내용이 다양하므로 내용의 난이도나 주제의 경중에 따라 적절히 취사선택할 수 있을 것이다.

개편작업을 진행하면서 필자들은 우리의 경제생활과 관련된 경제문제를 최대한 쉬우면서도 체계적으로 이해할 수 있는 차별화된 내용을 갖추도록 노력하였다. 그러나 보다 쉽고 실생활에 직결된 경제교양서를 만들겠다는 처음의 의도에 비추어 볼 때 결코 완벽함에는 이르지 못하고 있다. 부디 독자 여러분들의 애정어린 충고와 지적을 바란다.

이 책이 완성되기까지는 많은 이들의 도움이 있었다. 특히, 원고를 꼼꼼히 읽고 개선점을 제안해 준 서울대학교 박사과정의 박희대군, 서울대학교 경제학부의 안재동군에게 감사의 마음을 전한다. 또한, 광운대학교 2011년~2012년 연구년 지원이 저자 2의 본 저서 구상과 집필에 큰 도움이 되었음을 밝히는 바이다.

2019년 2월

필자 일동

차례

제1부 민간경제의 경제활동

제2부 국민경제의 운용

제 1 부

민간경제의 경제활동

제1장 시장과 가격

1.1 상품과 시장

1. 상품이란?

우리는 소비를 하지 않고서는 단 하루도 살아갈 수 없다. 최소한의 삶을 유지하기 위해서 먹고 마실 음식이 필요하고, 추위와 더위를 막아줄 옷도 필요하며, 잠자리도 필요하다. 나아가 주말에 외식을 하거나 휴가기간에 여행을 떠나거나 수준 높은 교육을 받고 호사스러운 생활을 할 경우는 더욱 더 많은 소비행위를 하게 된다. 우리의 생활은 소비의 연속이라 해도 과언이 아니다.

그러면 수많은 소비물자는 어떻게 구하는 것인가? 자본주의 시장경제에서는 기본적으로 시장에서 거래과정을 거쳐 조달된다. 모든 경제적 거래의 대상을 상품(commodity)이라고 부른다. 물론 우리가 소비하는 물자 중에는 거래과정을 거치지 않고 자유롭게 얻을 수 있는 것도 있는데, 이런 것은 상품이라 부르지 않는다. 우리가 마시는 공기는 그러한 예 중의 하나이다. 옛날에는 물도 상품이 아니었다. 샘물을 길어다 마시고 개울가에 나가 빨래를 하고 목욕을 하면 되었다. 그러나 수질오염이 심해지면서 물은 수돗물이나 생수의 형태로 상품화되었다. 공기오염이 심해지자 맑은 공기의 상품화도 거론되고 있다. 무엇이든 거래의 대상이 되면 그것이 바로 상품이다.

상품은 크게 재화(goods)와 서비스(service)로 구분된다. 일반적으로 재화는 눈에 보이는 상품으로, 그리고 서비스는 눈에 보이지 않는 상품으로 설명된다. 즉 사과나 승용차는 재화이고, 극장에서의 영화감상, 해외여행, 학원에서의 영어회화 교습 등은 서비스이다.

같은 내용이라 하더라도 그것이 어떤 형태로 거래되느냐에 따라 재화일 수도 있고, 서비스일 수도 있다. 콘서트 현장에 가서 인기가수의 노래를 감상하는 것은 서비스를 향유하는 것이 되고, 그 공연 실황을 담은 카세트테이프나 CD를 구입하여 감상하는 것은 재화를 소비하는 것이다. 마찬가지로 컴퓨터 게임을 담고 있는 CD롬 타이틀은 재화이지만, 똑 같은 게임이 인터넷을 통하여 제공되는 것은 서비스이다.

2. 시장이란?

경제적 거래는 대가를 지불하거나 받으면서 이루어지는 상품을 사고파는 행위를 말한다. 그러므로 대가없이 이루어지는 행위, 예를 들면 자선단체에 기부금을 내거나, 상속재산을 물려주거나, 가난한 외국에 원조를 하거나 하는 행위는 경제적 거래가 아니다.

거래가 이루어지기 위해서는 우선 하나의 상품에 대하여 사려는 사람과 팔려는 사람이 있어야 한다. 그러나 두 사람이 있다고 해도 반드시 거래가 이루어지는 것은 아니다. 예를 들어 사과 한 개를 가지고 있는 사람이 천원 이하로는 결코 사과를 팔지 않겠다고 생각하는데, 다른 한 사람이 오백원 이상을 주고는 결코 사과를 사지 않겠다고 생각한다면 거래는 이루어지지 않을 것이다. 결국 두 사람 모두 거래를 했을 경우 주관적인 만족이 증가될 수 있을 경우에만 거래는 성사될 것이다.

경제적 거래가 이루어지는 곳을 시장(market)이라고 부른다. 시장이라고 하면 우리는 흔히 남대문시장이나 동대문시장, 또는 닷새마다 열리는 시골 장터를 떠올린다. 그런데 시장은 반드시 공간적으로 정해진 장소만을 의미하는 것은 아니다. 남대문시장이나 수퍼마켓처럼 장소가 정해진 시장에서는 사는 사람과 파는 사람이 만나서 거래가 이루어진다. 그러나 인터넷 쇼핑몰에서는 구체적인 장소가 없이 거래당사자가 만나지 않고서도 거래가 이루어진다. 이것도 훌륭한 시장이다. 그리하여 시장이란 용어는 평화시장, 경동시장과 같은 구체적인 장소를 의미하는 경우 외에도 금융시장, 노동시장, 주식시장, 외환시장, 사이버마켓 등 광범위하게 사용된다. 즉 시장은 장소적 개념뿐만 아니라 추상적인 조직까지를 포함하는 개념이다. 옛날 원시 물물교환 시대에는 거래당사자가 만나야만 거래가 이루어질 수 있었으나, 오늘날 정보통신기술의 발달은 시장의 공간적 의미를 더욱 약화시키고 있다. 그리하여 추상적인 의미로서 시장의 개념이 더욱 강화되고 있다.

거래당사자가 만나든 만나지 않던 시장에는 반드시 두 가지 상반된 힘, 즉 사려고 하는 의지와 팔려고 하는 의지가 존재하게 된다. 결국 시장은 이 두 가지 의지가 만나는 곳이라고 정의할 수 있다. 여기서 사려고 하는 의지를 **수요**(demand), 팔려고 하는 의지를 **공급**(supply)이라고 부른다.

시장에서 일어나는 모든 현상, 예를 들면 가격은 어떻게 결정되고 거래량은 얼마로 결정되는가 하는 내용들은 모두 수요와 공급의 강도와 성격에 달려 있다.

1.2 시장의 수요

1. 수요의 결정요인

한 상품의 수요에 영향을 미치는 요인은 아주 많다. 예를 들어 어떤 사람의 쇠고기에 대한 수요를 생각해 보자. 그는 우선 쇠고기의 가격이 얼마인가를 보고, 자신의 주머니 사정을 고려하여 구입량을 결정할 것이다. 또 옆에 있는 돼지고기 가격도 참고할 것이다. 뿐만 아니라 개인의 기호에 따라 수요량은 달라질 수 있다. 쇠고기를 전혀 소비하지 않는 채식주의자도 있고, 돼지고기나 닭고기는 먹지 않고 오로지 쇠고기만을 먹는 사람도 있다. 소를 신성시하는 인도의 소비자라면 쇠고기 수요가 적을 수밖에 없다. 계절에 따라서도 수요량이 달라질 수 있다.

이런 여러 가지 요인들 중에서 수요에 영향을 미치는 몇 가지 요인을 살펴보기로 하자.

첫째, 가장 중요한 요인은 바로 그 상품의 가격이다. 일반적으로 상품의 가격이 비싸지면 그 상품에 대한 수요가 줄어들고, 가격이 싸지면 수요는 늘어난다. 이러한 가격과 수요량과의 역의 관계는 현실에서 거의 예외 없이 나타나는데, 이를 **수요의 법칙**이라 부른다.

둘째, 어떤 상품에 대한 수요는 그 상품의 가격뿐만 아니라 다른 상품의 가격에도 영향을 받는다. 다른 상품의 가격이 한 상품의 수요에 얼마나 영향을 미칠지, 또 어떤 방향으로 영향을 미칠지는 두 상품의 관계에 따라 다르다. 두 상품의 관계에 따라 상품을 구분하면 대체재와 보완재로 나눌 수 있다. 대체재는 서로 대체하여 소비할 수 있는 상품이고, 보완재는 주로 함께 소비하는 상품이다. 만일 두 상품이 대체재라면 다른 상품의 가격이 상승하면 그 상품의 수요량이 늘어나고, 다른 상품의 가격이 하락하면 그 상품의 수요는 줄어들 것이다. 예를 들어 쇠고기와 돼지고기가 어느 정도 대체 가능한 상품이라고 하자. 만일 돼지고기의 가격이 비싸지면 돼지고기의 소비가 줄어드는 대신 쇠고기의 소비는 늘어날 것이다. 반대로 두 상품이 보완재라면 다른 상품의 가격과 그 상품의 수요량은 반대 방향으로 움직일 것이다. 커피와 크림은 서로 보완적인 관계에 있다. 따라서 커피의 가격이 상승하면 커피의 수요량이 줄면서 동시에 크림의 수요량도 줄어들 것이다.

셋째, 소비자들의 소득수준도 상품의 수요에 영향을 미친다. 소득수준이 높아지면 대부분의 상품에 대한 수요가 증가된다. 그러나 소득수준이 높아질수록 수요가 줄어드는 상품도 있다. 소득이 증가할 때 수요가 늘어나는 상품을 정상재, 반대로 소비가 줄어드는 상품을 열등재라고 부른다. 과거 우리나라에서는 연탄이 중요한 취사 및 난방 연료로 소비되었다. 그런데 소득수준이 높아지면서 정상재인 기름과 가스 등의 소비가 증가하고 열등재인 연탄의 수요는 급격히 줄어들었다.

넷째, 상품에 대한 기호도 중요한 요인 중의 하나인데, 기호에 큰 변화를 일으키는 특별한 경우 수요량의 급격한 증감이 초래될 수 있다. 예를 들어 어떤 유명한 영양학자가 특정 식품이 성인병 예방에 효과가 크다는 연구결과를 발표했다면 그 식품에 대한 수요는 크게 증가할 수 있다. 또 만일 특정식품에 발암물질이 다량 함유되어 있다는 공식발표가 있게 되면 그 식품에 대한 수요는 격감할 것이다.

그 밖에도 수많은 요인들이 수요에 영향을 미칠 수 있다.

2. 시장수요함수와 수요곡선

수요에 영향을 미치는 여러 결정요인들과 시장수요 사이의 관계는 시장수요함수를 통해서 체계적으로 표현할 수 있다.

$$Qd = f(P, Pr, M, T, \text{기타 요인들}) \quad (1\text{-}1)$$

여기서 Qd는 시장수요량, P는 해당 상품의 가격, Pr은 다른 상품의 가격, M은 소득수준, T는 기호를 나타내는 변수이다. 즉 수요결정요인들을 독립변수로, 그리고 시장수요량을 종속변수로 하는 함수관계로 정리한 것이다. 독립변수와 종속변수의 구분은 원인과 결과를 구분할 수 있는 중요한 기준으로서 함수식의 경제적 의미를 해석하는데 주의를 요한다. 예컨대 위의 시장수요함수는 가격 등이 변하면 시장수요가 따라서 변한다는 내용을 의미한다. 반대로 수요량이 변하면 가격이 변한다는 해석은 완전히 틀린 추론인 것이다.

수요결정요인들과 수요량과의 관계는 그림을 통해서도 설명할 수 있다. 그런데 평면 위에는 여러 요인들을 동시에 고려하면서 그림을 그릴 수 없다. 그리하여 가장 중요하다고 생각되는 요인 하나를 선택하여 수요량과의 관계를 그려보기로 한다. 어떤 상품의 수요에 가장 큰 영향을 미치는 요인은 바로 그 상품의 가격이다. 이때 다른 요인들은 변하지 않고 오직 가격만 변한다고 가정한다. 따라서 시장수요함수는 다음과 같이 표현된다.

$$Qd = f(P) \quad (1\text{-}2)$$

즉 시장수요량은 그 상품 가격의 함수로 표현되고, 이를 그림으로 그린 것이 시장수요곡선이다. 시장수요곡선은 <그림 1-1>의 DD선과 같이 그려진다.

〈그림 1-1〉 시장수요곡선

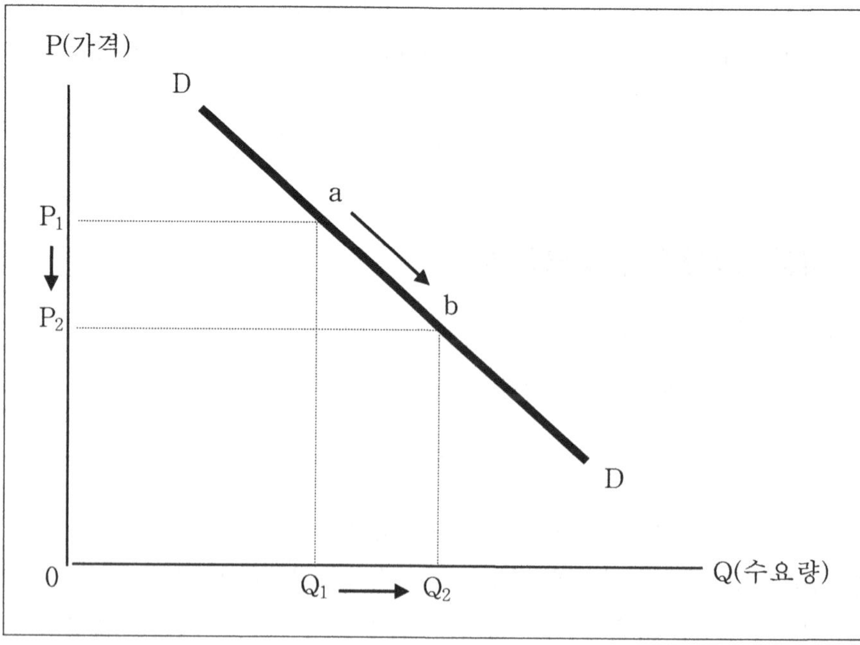

시장수요곡선은 관례적으로 가로축을 수요량(Q), 그리고 세로축을 가격(P)으로 놓고 그려진다. 시장수요곡선은 가격이 주어지면 그 상품의 수요량이 얼마인가를 보여준다. <그림 1-1>에서 가격이 P_1이면 수요량은 Q_1임을 알 수 있다.

시장수요곡선은 일반적으로 우하향하는 곡선으로 그려진다. 이것은 가격이 상승하면 수요량이 줄어들고 가격이 하락하면 수요량이 늘어나는 관계, 즉 수요의 법칙을 반영하는 것이다. <그림 1-1>에서 가격이 P_1에서 P_2로 하락하면 수요량이 Q_1에서 Q_2로 증가하는 사실을 확인할 수 있다. 이러한 가격의 변화는 수요곡선 DD 위에서 a 점에서 b 점으로의 이동으로 나타나는 것이다.

3. 수요곡선의 이동

앞서 시장수요곡선를 그리기 위해서 가격 이외 다른 요인들은 변화하지 않는다고 가정하였다. 만일 수요에 영향을 미치는 다른 요인들이 변화한다면 <그림

1-1>의 DD곡선은 더 이상 그 자리에 고정되어 있을 수 없다. 상품의 가격이 P_1으로 정해졌다고 해도 다른 요인의 변화, 예를 들어 소비자들의 소득이 변하거나, 기호가 달라지면 수요량은 Q_1이 될 수 없기 때문이다.

그렇다면 이러한 변화는 그림으로 어떻게 설명할 수 있을까? 그것은 시장수요곡선 자체의 이동으로 이해할 수 있다. 이제 소비자들의 소득수준이 높아졌다고 하자. 이에 따라 이 상품에 대한 수요가 증가했다면 시장수요곡선은 오른쪽으로 이동한다. <그림 1-2>에서 보자면 시장수요곡선은 DD에서 D'D'로 이동한다. 가격이 P_1일 때 수요량은 Q_1이 아니라 Q_1'로 증가되어 나타나며, 따라서 소득수준이 높아진 이후 가격과 수요량과의 관계는 새롭게 D'D' 선으로 그려지는 것이다.

〈그림 1-2〉 시장수요곡선의 이동

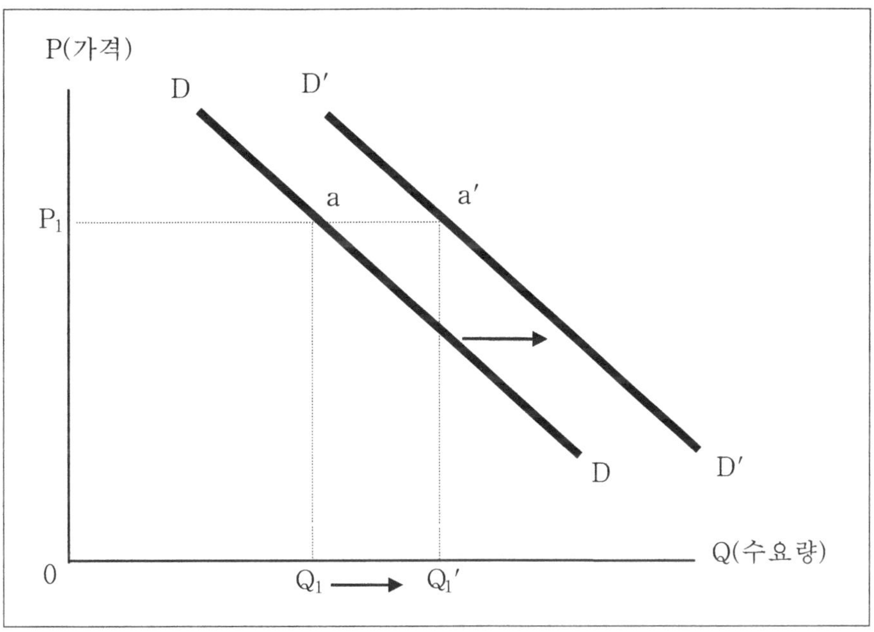

소득수준이 높아질 때 시장수요곡선이 오른쪽으로 이동한다면 반대로 소득수준이 낮아질 때 시장수요곡선은 왼쪽으로 이동할 것이 분명하다. 그런데 어떤 상품의 경우에는 소득수준이 높아지면 수요가 줄어드는 현상이 나타날 수 있다.

앞에 든 예에서 연탄과 같은 열등재이다. 이런 상품은 소득수준이 높아지면 시장수요곡선이 왼쪽으로, 그리고 소득수준이 낮아지면 시장수요곡선이 오른쪽으로 이동한다. 결국 소득수준이 변화할 때 시장수요곡선의 이동 방향은 그 상품이 성격, 즉 정상재인지 열등재인지에 달려 있다.

다른 상품의 가격이 변할 때에도 한 상품의 시장수요곡선이 이동한다. 이 때 시장수요곡선의 이동 방향과 정도는 두 상품의 관계에 달려 있다. 두 상품이 서로 대체적인 관계에 있다면 한 상품의 가격이 상승할 경우 다른 상품에 대한 수요는 늘어날 것이며, 이는 그림에서 시장수요곡선 자체가 오른쪽으로 이동하는 것으로 나타난다. 반대로 한 상품의 가격이 하락할 경우는 다른 상품에 대한 수요가 줄어들 것이므로 시장수요곡선은 왼쪽으로 이동한다. 수입 오렌지와 제주산 감귤은 대체성이 큰 것으로 알려져 있다. 그래서 오렌지의 수입이 늘어나 그 가격이 낮아지면 감귤 수요가 줄어드는데, 이는 <그림 1-3>의 (a)에서 감귤의 시장수요곡선이 왼쪽으로 이동하는 것으로 나타난다.

만일 두 상품이 서로 보완적인 관계에 있다면 그 결과는 위와 정반대로 나타난다. 즉 한 상품의 가격이 상승할 경우 보완관계에 있는 다른 상품에 대한 수요가 감소할 것이므로 시장수요곡선은 왼쪽으로 이동한다. 또 한 상품의 가격이 하락할 경우에는 다른 상품에 대한 수요가 늘어날 것이므로 시장수요곡선은 오른쪽으로 이동한다. 커피와 크림은 서로 보완관계에 있다. 따라서 커피의 가격이 하락하면 커피에 대한 수요가 늘어남과 동시에 크림의 수요도 늘어난다. 이것은 <그림 1-3>의 (b)와 같이 크림의 시장수요곡선이 오른쪽으로 이동하는 것으로 나타난다.

그 상품 자체의 가격 이외 어떤 다른 요인이 변해도 한 상품에 대한 시장수요곡선이 이동하게 된다. 그 상품에 대한 소비자들의 선호도가 높아지거나 인구, 즉 소비자들의 수가 늘어나면 시장수요곡선은 오른쪽으로 이동하고, 반대로 소비자들의 선호도가 낮아지거나 소비자들의 수가 줄어들면 시장수요곡선은 왼쪽으로 이동한다.

여러 요인들이 끊임없이 변화하는 현실을 고려한다면 한 상품의 시장수요곡선은 한 곳에 머무를 수가 없다. 그래서 가격과 수요량과의 관계에 초점을 맞추어 분석하기 위해서는 가격 이외 다른 요인들은 변하지 않는다는 가정이 필요한 것이다.

〈그림 1-3〉 시장수요곡선 이동의 예

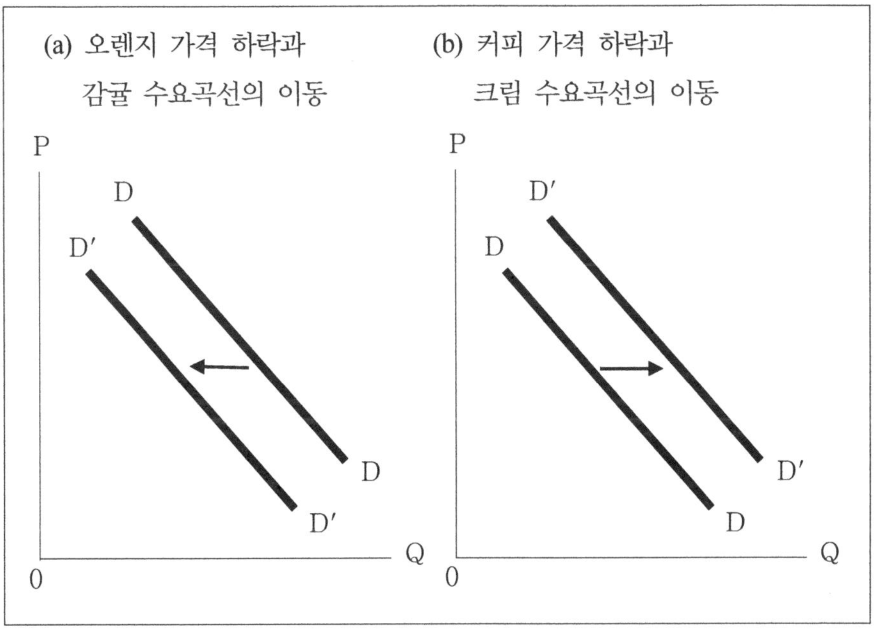

4. 수요의 탄력성

수요에 영향을 미치는 어떤 요인이 변할 때 수요량이 변하는 정도를 파악하는 것은 매우 중요한 일이다. 특히 상품을 판매하는 사람이나 생산하는 기업의 입장에서는 판매수입을 늘리거나 생산계획을 세우기 위해서는 이에 대한 분석을 필요로 한다.

예를 들이 백화점의 한 의류 판매상이 비겐세일을 할 것인지 말 것인지, 또 한다면 몇 퍼센트나 할인할 것인지를 결정하려면 가격인하시 수요량이 얼마나 늘어날 것인지를 고려해야 한다. 경제발전에 따라 국민들의 소득수준이 높아지면 자가용 승용차에 대한 수요가 어떻게 달라질 것인지를 예측해야만 자동차를 생산하는 기업이 생산계획을 세우고 시설투자를 할 수 있다. 수입 오렌지의 가격이 하락할 경우 국내산 감귤에 대한 수요가 얼마나 줄어들 것인지 알 수 있다면, 수입자유화시 국내 감귤 재배 농가들이 사전에 적절히 대처할 수 있을 것이다.

한 변수의 변화에 따른 다른 변수의 반응 정도를 측정하는 데에는 탄력성(elasticity)이란 개념이 이용된다. 탄력성은 한 변수의 변화비율에 대한 다른 한 변수의 변화비율의 상대적인 크기로 정의되는데, 한 변수의 변화비율을 알면 다른 변수의 변화비율을 예측할 수 있기 때문에 경제분석에 널리 이용되는 개념이다. 시장수요에 영향을 미치는 요인들이 많기 때문에 수요량의 반응정도를 나타내는 탄력성의 종류도 그 요인들의 수만큼 많다. 그 중에서 중요한 몇 가지 탄력성에 대해 살펴보기로 한다.

1) 수요의 가격탄력성

수요의 가격탄력성은 상품가격이 변할 때 그 변화율에 대한 수요량 변화율의 상대적인 크기로 측정된다. 이를 식으로 표현하면 식 (1-3)과 같다.

$$ep = -\frac{\text{수요량의 변화율}}{\text{가격의 변화율}} = -\frac{\Delta Qd \,/\, Qd}{\Delta P \,/\, P} \qquad (1\text{-}3)$$

여기서 ep는 수요의 가격탄력성, P는 가격, Qd는 수요량, 그리고 ΔP와 ΔQd는 각각 가격 변화분과 수요량 변화분을 나타낸다. 그런데 수요의 법칙에 따라 가격과 수요량은 항상 반대방향으로 움직인다. 즉 가격이 하락하면 수요량이 늘고, 가격이 상승하면 수요량은 줄어든다. 식에서 보자면 ΔP와 ΔQd는 하나가 양(+)이면 다른 하나는 반드시 음(-)의 값을 갖는다. 따라서 그 비율은 항상 음의 값으로 나타난다. 그리하여 그 비율에 −를 붙여서 수요의 가격탄력성을 항상 양(+)의 값이 되도록 만들어 준다.

이제 사과시장을 예로 들어 사과 수요의 가격탄력성을 계산해 보기로 하자. 사과 한 개의 가격이 1,000원일 때 사과 수요량은 100톤이었다. 그런데 사과 한 개의 가격이 1,100원으로 10% 오르자 사과 수요량이 80톤으로 20% 감소하였다. 가격 변화율은 +0.1(10% 상승)이고 수요량 변화율은 −0.2(20% 감소)이므로 수요의 가격탄력성은 −(−0.2/0.1), 즉 2가 된다.

어떤 상품의 가격탄력성이 아주 크다는 것은 그 상품에 대한 수요량이 가격변화에 아주 민감하게 반응한다는 것을 의미한다. 가격이 조금만 바뀌어도 수요량은 더 큰 비율로 변하기 때문이다. 반대로 가격탄력성이 작다는 것은 가격이 변할 때 수요량은 그리 크게 변하지 않는 것을 의미한다.

가격탄력성의 크기에 따라 상품의 성격을 구분할 수 있는데, 수요의 가격탄력성이 1보다 클 경우 이를 탄력적이라고 부르고, 가격탄력성이 1보다 작을 경우는 비탄력적이라고 부른다. 가격탄력성이 1보다 큰 경우는 가격의 변화비율보다 수요량의 변화비율이 높은 경우로서, 예를 들면 가격이 10% 상승할 때 수요량이 10% 이상 감소하게 된다. 반대로 가격탄력성이 1보다 작은 경우는 가격의 변화비율보다 수요량의 변화비율이 낮은 경우로서, 가격이 10% 상승할 때 수요량 감소는 10% 이하가 될 것이다.

수요의 가격탄력성은 상품에 따라 다를 것이다. 그렇다면 상품의 어떤 성격 때문에 가격탄력성이 크거나 작게 나타나는 것일까?

첫째, 그 상품이 우리 생활에 필수품에 해당하는지, 아니면 사치품에 해당하는지에 따라 가격탄력성은 다르게 나타난다. 필수품인 경우는 가격이 변한다 해도 수요량은 크게 변하지 않을 것이므로 가격탄력성이 작을 것이다. 예를 들어 쌀값이 오른다고 해서 쌀 수요가 크게 줄어들 리가 없으며, 쌀값이 하락한다고 해서 쌀 수요가 크게 늘어날 리도 없다. 대학 등록금이 오른다고 해서 대학에 입학하려는 지원자, 즉 교육서비스 수요가 크게 줄어들지 않을 것이다. 반면에 사치품인 경우는 가격탄력성이 클 것이다. 해외여행이나 고급의류 같은 상품은 우리 생활에 필수불가결하지 않기 때문에 가격이 오르면 수요가 크게 줄어들고 가격이 하락하면 수요가 크게 늘어날 수 있다.

둘째, 어떤 상품을 대신해서 바꾸어 소비할 수 있는 상품, 즉 대체재의 존재 여부도 가격탄력성의 크기를 결정하는 중요한 요인이다. 어느 다른 상품으로도 결코 대체할 수 없는 상품의 경우에는 가격탄력성이 작을 것이다. 소금은 우리 생활에 없어서는 안되는 필수품이면서 이를 대신할 수 있는 대체재가 존재하지 않는다. 따라서 소금 가격이 오른다고 해서 소금의 소비를 대폭 줄일 수는 없다. 대체재가 존재하고 그 대체관계가 강할수록 가격탄력성은 커진다. 열차와 고속버스는 모두 중요한 여객운송 수단이면서 대체관계가 강하다. 따라서 만일 철도 여객 운임이 오르면 고속버스 이용이 늘어나면서 철도 이용객은 크게 줄어들 수 있다.

셋째, 한 상품에 대한 지출이 전체 가계지출에서 차지하는 비중에 따라서도 가격탄력성은 달라진다. 가계지출에서 차지하는 비중이 작을수록 그 상품 수요의 가격탄력성도 작게 나타난다. 이쑤시개는 전체 가계지출에서 차지하는 비중이 무시할 수 있을 정도로 아주 작기 때문에 가격이 변한다고 하더라도 수요는 전혀 민감하게 반응을 보이지 않을 것이다. 반면 셋방살이를 하는 서민들에게 주택 마련은 가장 큰 지출 항목일 것이다. 그래서 부동산 경기침체로 주택가격이 하락하면 내 집 마련의 좋은 기회라고 생각하는 무주택 서민들의 주택수요가 크게 증가할 수 있다.

2) 수요의 소득탄력성

수요의 소득탄력성은 소득수준 변화비율에 대한 수요량 변화비율의 상대적 크기로 측정된다. 이를 식으로 표현하면 식 (1-4)와 같다.

$$em = \frac{\text{수요량의 변화율}}{\text{소득의 변화율}} = \frac{\Delta Qd\ /\ Qd}{\Delta M\ /\ M} \qquad (1\text{-}4)$$

여기서 em은 수요의 소득탄력성, M은 소득, Qd는 수요량, 그리고 ΔM과 ΔQd는 각각 소득 변화분과 수요량 변화분을 나타낸다. 예를 들어 가계의 월평균 소득이 10% 증가할 때 어떤 상품에 대한 수요가 15% 늘어났다면 그 상품 수요의 소득탄력성은 0.15/0.1, 즉 1.5가 된다.

소득탄력성을 계산하는 식에는 가격탄력성과는 달리 -를 붙이지 않는다. 상품에 따라서 소득이 증가할 때 수요가 증가할 수도 감소할 수도 있기 때문이다. 즉 수요의 소득탄력성은 양(+)이 될 수도 있고 음(-)이 될 수도 있다.

소득탄력성의 값이 양이 될지 음이 될지, 또 그 크기가 얼마나 될지는 상품의 성질에 따라 결정될 것이다. 소득이 증가할 때 그 상품에 대한 수요가 증가하면 소득탄력성은 양의 값을 갖게 되는데, 이러한 상품을 **정상재**라 부른다. 그리고 소득 증가시 수요가 감소하면 소득탄력성은 음의 값을 가지며, 이러한 상품을 **열등재**라고 부른다. 연탄이나 싸구려 옷과 같은 상품을 열등재로 생각할 수 있는데, 이와 같은 상품은 그리 많지 않다. 대부분의 상품은 소득 증가시 수요가 늘어나는 정상재이다.

한편 정상재의 경우에도 수요의 소득탄력성이 1보다 큰가 작은가에 따라 **사치품과 필수품**으로 구분할 수 있다. 소득탄력성이 1보다 크다는 것은 소득이 변화할 때 수요량이 비례 이상으로 민감하게 변한다는 것을 의미하는데, 사치재가 여기에 해당된다. 또 소득탄력성이 1보다 작다는 것은 소득 변화비율보다 수요량 변화비율이 작은 것을 의미하며, 필수재가 여기에 해당된다. 예를 들어 가계소득이 10% 증가했을 경우 식료품과 같은 필수재는 수요가 늘어나더라도 10% 이하로 조금 늘어나는 반면, 사치재에 해당하는 문화 오락에 대한 수요는 10% 이상 크게 늘어날 수 있다.

3) 수요의 교차탄력성

수요의 교차탄력성은 한 상품의 가격 변화비율에 대한 다른 상품에 대한 수요량 변화비율의 상대적 크기로 정의된다. 이를 식으로 표현하면 식(1-5)와 같다.

$$ec = \frac{\text{B재 수요량의 변화율}}{\text{A재 가격의 변화율}} = \frac{\Delta Qb \ / \ Qb}{\Delta Pa \ / \ Pa} \qquad (1\text{-}5)$$

여기서 ec는 수요의 교차탄력성, Pa는 A재의 가격, Qb는 B재의 수요량이고, ΔPa와 ΔQb는 각각 A재 가격의 변화분과 B재 수요량의 변화분을 나타낸다. 예를 들어 A재의 가격이 10% 오르자 B재에 대한 수요가 5% 증가했다면 교차탄력성은 0.05/0.1, 즉 0.5가 된다.

교차탄력성을 계산하는 식에는 역시 -를 붙이지 않는데, 이는 한 상품의 가격이 오를 때 다른 상품에 대한 수요가 늘어날 수도 줄어들 수도 있기 때문이다. 즉 교차탄력성의 값은 양(+)이 될 수도 있고 음(-)이 될 수도 있다.

교차탄력성의 값이 양이 될지 음이 될지, 그 크기가 얼마일지는 고려하는 두 상품의 관계에 달려 있다. 한 상품의 가격이 오를 때 다른 상품의 수요량이 증가하는 경우는 교차탄력성이 양의 값을 갖게 되는데, 이 때 두 상품은 **대체재 관계**에 있다고 말한다. 가격이 오른 상품의 수요가 줄어드는 대신 다른 상품의 수요가 늘어나는 것이다. 사과와 배, 또는 쇠고기와 돼지고기 사이에 어느 정도 대체성이 존재한다면 이들의 교차탄력성은 양의 값을 가질 것이다. 그리고 대체성이 강할수록 교차탄력성의 값이 커질 것이다.

한편 한 상품의 가격이 오를 때 다른 상품의 수요량이 감소하는 경우는 교차탄력성이 음의 값을 갖게 되는데, 이 때 두 상품은 **보완재 관계**에 있다고 말한다. 가격이 오른 상품의 수요가 줄어들면서 동시에 다른 상품의 수요도 줄어드는 것이다. 스키세트와 스키복처럼 밀접한 보완재를 생각해 보면, 스키세트의 가격이 상승할 경우 스키복의 대한 수요가 민감하게 줄어들고 교차탄력성은 음의 값을 갖게 될 것이다. 그리고 보완성이 강할수록 교차탄력성의 절대값이 커질 것이다.

1.3 시장의 공급

1. 공급의 결정요인

상품이 시장에 공급되려면 먼저 상품을 만드는 과정, 즉 생산과정을 거쳐야 한다. 생산과정을 거치지 않고는 상품은 시장내에 존재할 수 없다. 얼마나 공급할 것이냐의 문제는 결국 얼마나 생산할 것이냐의 문제로 귀착된다. 그리하여 시장공급에 영향을 미치는 여러 가지 요인들은 대부분 상품의 생산과 밀접한 관련을 맺고 있다.

첫째, 시장공급에 영향을 미치는 여러 요인들 중에서 가장 중요한 것은 바로 그 상품의 가격이다. 상품을 만들어 팔면서 가능한 한 많은 이익을 남기려는 생산자나 기업에게 그 상품의 팔리는 가격만큼 중요한 변수는 없을 것이다. 일반적으로 상품의 가격이 상승하면 시장의 공급량이 늘어나고 가격이 하락하면 공급량은 줄어든다.

둘째, 생산요소의 가격도 공급에 영향을 미친다. 상품을 생산하기 위해서는 원료나 자금, 노동력 등 여러 가지 생산요소의 투입이 이루어져야 한다. 그리하여 노동자들의 임금이나 자금의 이자율과 같은 생산요소의 가격도 상품의 공급에 영향을 미친다. 예를 들어 노동임금이 상승하면 상품의 생산비용이 높아지고 이는 기업의 이익을 감소시킬 것이다. 이에 따라 기업은 공급을 줄일 것이다.

셋째, 생산기술도 중요한 요인 중 하나이다. 생산기술은 상품의 생산과정에 기여하는 모든 지식과 정보를 포함하는 추상적 개념이다. 생산기술의 발전은 다른 모든 요인들이 변하지 않더라도 생산 증대를 가능케 한다. 역사적으로 보아도 산업혁명 이후 공업 생산기술 발전은 세계적인 생산력 증대로 이어졌고, 녹색혁명에 의하여 농산물의 획기적 증산이 이루어졌다. 오늘날의 눈부신 정보통신기술의 발전은 관련분야 상품의 급속한 공급 확대를 주도하고 있다.

넷째, 미래에 대한 예측도 공급에 영향을 미친다. 상품을 생산하는 데에는 시간이 걸린다. 집을 짓거나 선박을 건조하는 데는 상당한 기간이 필요하고 농산물도 재배기간이 필요하다. 어떤 상품은 생산기간이 짧을 수 있으나, 그런 상품도 추가로 더 많은 생산을 위해서는 공장을 새로 짓고 시설을 갖추어야 한다. 따라서 생산이 완료되는 미래 시점의 시장상황에 대한 예측을 기초로 생산계획을 세워야 한다. 즉 미래에 대한 예측도 시장 공급에 영향을 미친다. 어느 해 배추농사가 풍년이 들어 공급이 넘쳐나고 가격이 폭락했다고 하자. 농부들이 턱없이 낮은 가격을 보고 공급량을 결정한 것은 아닐 것이다. 씨를 뿌릴 때 수확기의 좋은 시장상황을 기대하면서 생산량을 결정했겠지만 그 기대와 예상이 어긋난 것이다. 미래에 대한 정확한 예측의 중요성이 여기에 있다.

이외에도 공급자의 수나 사회 제도 등 공급에 영향을 미치는 다른 요인들도 생각할 수 있다. 그런데 앞서 지적한 것처럼 공급은 생산과 직결되어 있어서 여러 요인들의 공급량에 대한 영향을 정확히 파악하기 위해서는 기업의 생산과정에 대한 자세한 분석을 필요로 한다.

2. 시장공급함수와 공급곡선

공급에 영향을 미치는 여러 결정요인들과 시장공급 사이의 관계는 시장공급함수로 표현할 수 있다.

$$Qs = g(P, w, H, \text{기타 요인들}) \quad (1\text{-}6)$$

여기서 Qs는 시장공급량, P는 해당 상품의 가격, w는 생산요소의 가격, H는 기술수준을 나타내는 변수이다. 즉 수요결정요인들을 독립변수로, 그리고 시장수요량을 종속변수로 하는 함수관계로 정리한 것이다. 시장수요함수와 마찬가지로 독립변수와 종속변수의 구분과 해석에 주의해야 한다.

〈그림 1-4〉 시장공급곡선

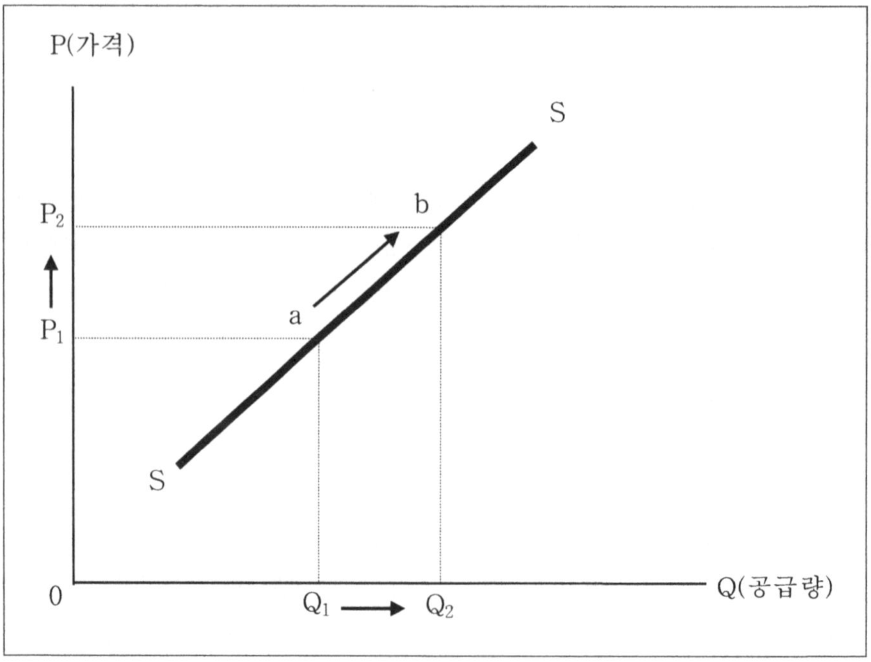

시장공급에 가장 큰 영향을 미치는 요인은 바로 그 상품의 가격이다. 이때 다른 요인들은 변하지 않고 오직 가격만 변한다고 가정하면 시장공급함수는 다음과 같이 표현된다.

$$Qs = g(P) \quad (1\text{-}7)$$

즉 시장공급량은 그 상품 가격의 함수로 표현되고, 이를 그림으로 그린 것이 **시장공급곡선**이다. 시장공급곡선은 <그림 1-4>에서 SS선과 같이 그려진다.

시장공급곡선은 가로축을 공급량(Q), 세로축을 가격(P)으로 놓고 그려진다. 시장공급곡선은 가격이 주어지면 그 상품의 공급량이 얼마인지를 보여준다. <그림 1-4>에서 상품의 가격이 P_1이면 공급량은 Q_1임을 알 수 있다.

시장공급곡선은 일반적으로 우상향하는 곡선으로 그려진다. 이것은 앞서 얘기한 것처럼 가격이 상승하면 공급량이 늘어나고, 가격이 하락하면 공급량이 줄어드는 관계를 반영하는 것이다. <그림 1-4>에서 가격이 P_1에서 P_2로 상승하면 공급량이 Q_1에서 Q_2로 증가하는 사실을 확인할 수 있다. 이러한 변화는 공급곡선 위에서 a점에서 b점으로의 이동으로 나타난다.

3. 공급곡선의 이동

가격과 공급량과의 관계에 초점을 맞추어 시장공급곡선을 그리기 위해서 가격 이외의 다른 요인들은 변화하지 않는다고 가정하였다. 만일 다른 요인들이 변한다면 <그림 1-4>의 SS 곡선은 더 이상 그 자리에 고정되어 있을 수 없다. 상품의 가격이 P_1으로 주어진다 해도 요소가격이 변하거나 생산기술의 발전이 있게 되면 공급량은 Q_1이 아닐 것이기 때문이다.

가격 이외 요인들이 변할 때 공급량의 변화를 그림으로 분석하자면 이는 시장공급곡선 자체의 이동으로 이해할 수 있다. 이제 어떤 상품의 생산기술이 발전했다고 하자. 이에 따라 같은 가격 아래서 공급이 늘어난다면 시장공급곡선은 오른쪽으로 이동할 것이다. <그림 1-5>에서 이는 시장공급곡선 SS가 S'S'로 이동하는 것으로 나타난다. 가격이 P_1일 때 공급량은 Q_1이 아니라 Q_1'로 증가되어 나타나며, 따라서 기술발전이 이루어진 이후 가격과 공급량과의 관계는 새롭게 S'S' 선으로 그려지는 것이다.

〈그림 1-5〉 시장공급곡선의 이동

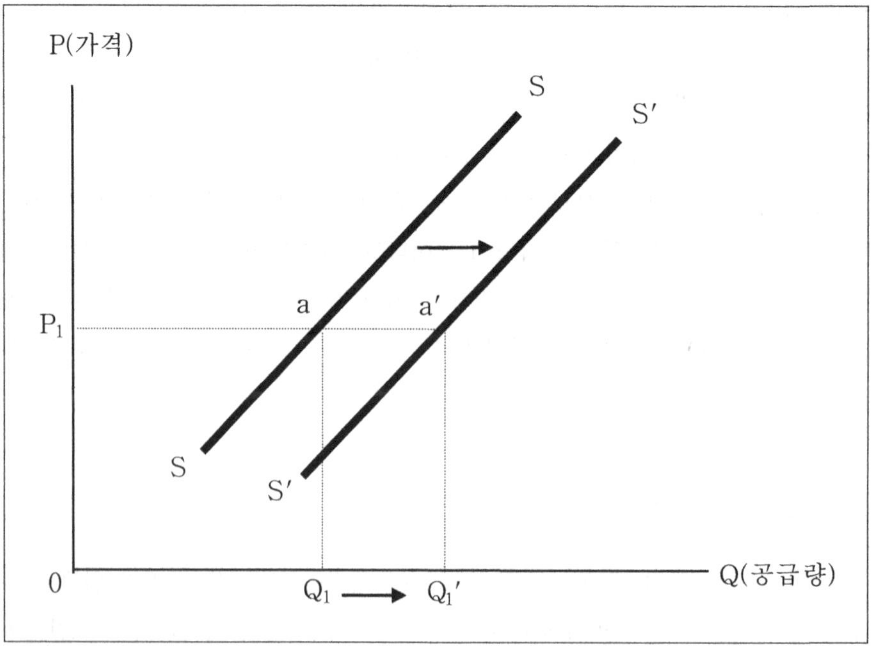

시장공급곡선이 어떤 방향으로 얼마나 이동할 지는 이러한 이동을 초래하는 요인의 내용과 성격에 달려 있다. 임금상승처럼 생산비용을 증가시키는 변화는 같은 가격 아래서 공급량을 감소시킬 것이므로 시장공급곡선은 왼쪽으로 이동할 것이다. 한 상품의 공급자 수가 늘어난다면 시장내의 공급량이 증가할 것이므로 공급곡선은 오른쪽으로 이동할 것이다.

4. 공급의 탄력성

시장공급에 영향을 미치는 요인이 변할 때 공급량이 반응하는 정도를 나타낸 것이 공급의 탄력성이다. 공급에 영향을 미치는 요인이 여러 가지이기 때문에 공급의 탄력성에도 여러 가지 개념이 있을 수 있다. 하지만 가격 변화에 대한 공급량의 반응이 주로 관심거리이기 때문에 여기서는 공급의 가격탄력성에 대해서만 설명하기로 한다.

공급의 가격탄력성은 상품가격이 변할 때 그 변화율에 대한 공급량 변화율의 상대적 크기로 측정된다. 이를 식으로 표현하면 식 (1-8)과 같다.

$$hp = \frac{\text{공급량의 변화율}}{\text{가격의 변화율}} = \frac{\Delta Qs \;/\; Qs}{\Delta P \;/\; P} \qquad (1\text{-}8)$$

여기서 hp는 공급의 가격탄력성, P는 가격, Qs는 공급량, 그리고 ΔP, ΔQs는 각각 가격 변화분과 공급량 변화분을 나타낸다. 예를 들어 어떤 상품의 가격이 10% 오르자 공급량이 15% 증가했다고 하면 공급의 가격탄력성은 0.15/0.1, 즉 1.5가 된다.

공급의 가격탄력성이 크다는 것은 가격이 조금만 변해도 공급량은 민감하게 반응하여 크게 변한다는 것을 의미한다. 반대로 가격탄력성이 작다는 것은 가격 변화에 공급량이 별로 큰 반응을 보이지 않는다는 것을 의미한다. 그리하여 탄력성의 크기가 1보다 클 때는 탄력적, 1보다 작을 때는 비탄력적이라고 말한다.

공급의 가격탄력성의 크기는 해당 상품의 특징, 특히 생산과정이나 유통과정상의 특징에 따라 다르게 나타난다. 상품의 가격이 상승하여 공급량이 증대되는 경우를 생각해 보자. 우선 공급을 증가시키기 위해서는 더 많은 생산을 해야만 한다. 생산을 늘리기 위해서는 더 많은 생산요소를 필요로 하는데, 이때 생산요소의 가격이 크게 오르면 생산량은 크게 증가되지 못할 것이다. 즉 생산량 증대 시 생산비용이 크게 증가하면 공급은 비탄력적이 된다.

상품의 저장가능성과 저장비용도 공급의 가격탄력성의 크기에 영향을 준다. 신선식품과 같이 저장이 어렵고 비용도 많이 들어가는 상품은 가격이 오른다고 공급이 크게 늘어나기 어렵다. 그러나 저장기술이 발달한다면 이들 상품 공급의 가격탄력성은 커질 수 있다. 가격이 떨어지면 공급을 줄여 저장했다가 가격이 오르면 공급을 크게 늘릴 수 있을 것이기 때문이다.

고려하는 시간의 길이도 공급의 가격탄력성과 무관하지 않다. 예를 들어 배추나 고추 같은 농산물은 재배기간이 필요하기 때문에 일주일이나 한 달 정도의 짧은 기간에는 가격이 오른다고 해도 공급량을 신속히 늘리기 어렵다. 즉 공급은 비탄력적이다. 그러나 6개월 이상의 긴 시간이 주어지면 훨씬 신축적으로 대응할 수 있다. 고려되는 시간이 길수록 공급의 탄력성은 커질 수 있다.

1.4 가격의 결정

1. 흥정과 거래

어느 시골 장터에 농부가 수확한 사과를 한 트럭 싣고 나왔다. 그는 가능한 한 높은 가격으로 많은 사과를 팔고자 한다. 한 사람이 사과를 사기 위해 찾아왔는데 그는 최대한 싼 값에 사과를 사고 싶어 한다. 두 사람 사이에는 곧 흥정이 시작된다. 한 사람은 조금이라도 더 받기 위하여, 다른 한 사람은 조금이라도 싸게 사기 위하여 밀고 당기는 공방전을 벌인다. 파는 사람이 제시한 가격이 사는 사람이 희망하는 가격보다 높을 경우, 파는 사람은 조금 가격을 낮추고 사는 사람은 희망하는 가격을 조금 높인다. 물론 어느 한 사람이 가격을 고수하기 위해 버틸 수도 있다. 이런 과정 속에서 마침내 일치된 하나의 가격이 결정되고 거래량이 정해진다.

이처럼 한 상품의 시장에서 거래되는 가격과 거래량이 어떻게 결정된 것인지를 설명하기는 생각만큼 쉬운 일이 아니다. 더구나 이 장터에 사과를 파는 상인이 여럿이고 사려는 사람도 많은 경우, 사과 가격과 거래량이 결정되는 과정은 더욱 복잡해진다. 그러나 어쨌든 팔려는 사람들의 의지와 사려는 사람들의 의지가 만나 조정된 결과 하나의 가격이 형성되고 이 가격으로 거래가 이루어질 것이다.

우리는 앞서 시장에서 사려고 하는 의지를 수요, 팔려고 하는 의지를 공급이라고 하였다. 그리고 가격과 수요량과의 관계를 시장수요곡선, 가격과 공급량과의 관계를 시장공급곡선으로 그려 보았다. 이제 이 두 곡선을 이용하면 시장에서 가격과 거래량의 결정 내용을 보다 쉽게 이해할 수 있을 것이다.

2. 균형가격의 결정

한 상품에 대한 수요와 공급은 시장에서 만난다. 그 시장이 정해진 한 장소일 수도 있고 추상적인 가상공간일 수도 있으나 가격 결정 내용을 분석하는 데는 아무런 차이가 없다. 하나의 그림에 수요곡선 DD와 공급곡선 SS를 함께 그리면 <그림 1-6>과 같다.

만일 현재 가격이 P_1으로 정해졌다면 시장에서는 어떤 일이 벌어질 것인가? 이 가격이라면 소비자들은 Q_2 만큼 수요하려 할 것이다. 반면 공급자는 Q_1 만큼 공급하려고 한다. 즉 공급량보다 수요량이 초과하고 있는데 이를 **초과수요**라고 부른다. 가격이 P_1일 때 초과수요량은 Q_2-Q_1이다. 결국 공급이 부족하기 때문에 이 가격에 사고 싶어도 사지 못하는 수요가 나타나는 것이다. 이러한 초과수요 상태에서는 가격이 상승하는 압력이 나타나게 된다.

가격이 P_2로 정해졌다면 이번에는 소비자들이 수요하는 양보다 공급자들이 공급하는 양이 초과한다. 이러한 상태는 **초과공급**이라고 부른다. 사려는 양은 적은데 팔고자 하는 양이 많아서 공급이 넘쳐나는 것이다. 이러한 초과공급 상태에서는 가격이 하락하는 압력이 나타난다.

어떤 가격에서 초과수요나 초과공급이 존재하면 그 가격은 오르거나 내려가는 압력을 받게 되므로 하나의 안정된 가격으로 머무르지 못한다. 만일 초과수요나 초과공급이 나타나지 않는 가격이 정해진다면 더 이상 가격을 움직이는 압력이 나타나지 않을 것이다. 따라서 그 가격은 다른 요인들이 변하지 않는 한 결코 변하지 않는 안정된 가격으로 유지된다. 이렇게 수요량과 공급량이 일치되는 가격을 **균형가격**이라고 부른다.

<그림 1-6>에서 균형가격은 P^*로서 수요곡선 DD와 공급곡선 SS가 만나는 가격수준임을 알 수 있다. 이때 거래량은 Q^*로서 수요량과 공급량이 일치하는 수준이 된다.

〈그림 1-6〉 균형가격의 결정

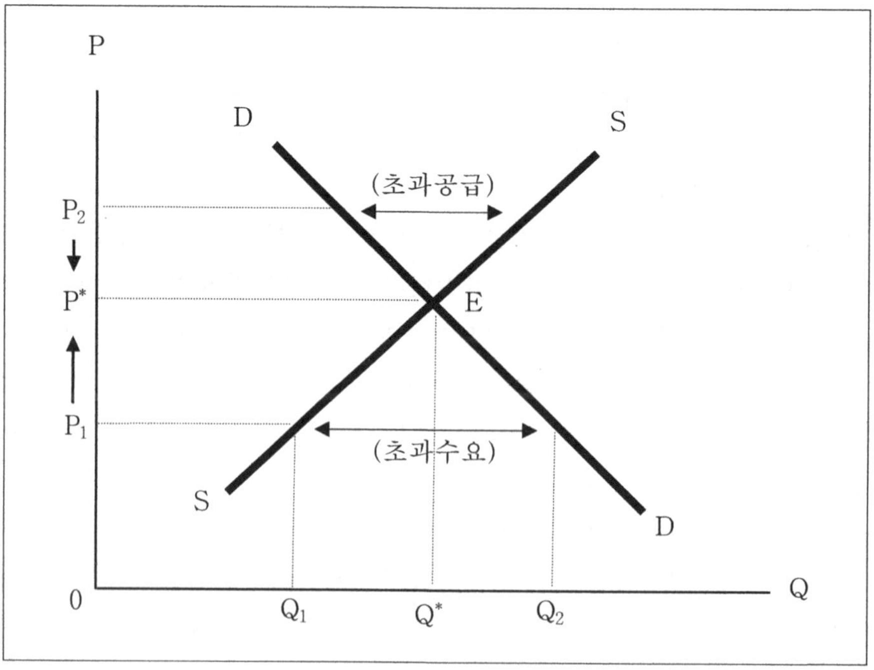

3. 시장균형의 의미

균형이라는 말은 어느 한 쪽으로 치우치지 않은 조화로운 상태를 뜻한다. 시장이 균형상태에 놓였다는 것은 시장의 두 힘, 즉 수요와 공급이 어느 한편도 모자라거나 남아돌지 않는 일치된 상태에 이르렀다는 것을 의미한다. <그림 1-6>에서 시장의 균형은 수요곡선과 공급곡선의 교차점 E에서 이루어진다. 그리하여 그 교차점을 균형점이라 하고, 그때 성립되는 가격과 거래량을 각각 균형가격과 균형거래량이라고 부른다.

시장이 균형상태에 있을 때 시장에 영향을 미치는 모든 요인들이 변하지 않는다고 하면 그 균형상태는 언제까지나 지속될 수 있다. 그런데 만일 수요나 공급에 영향을 미치는 변화가 생기면 E점은 더 이상 균형점이 될 수 없다. 즉 불균형상태에 빠지게 된다. 수요나 공급에 영향을 미치지 않더라도 시장 외적인 변화만으로도 균형에서 벗어날 수 있다.

일단 균형에서 벗어나면 과연 시장이 다시 균형상태로 돌아갈 수 있을까? 다시 <그림 1-6>으로 돌아가 그 내용을 살펴보기로 하자. 현재 시장은 균형상태에 있으며, 균형가격은 P^*이고 균형거래량은 Q^*이다. 그런데 어떤 교란요인에 의하여 가격이 P_1으로 하락하였다고 하자. 가격이 P_1으로 주어지면 수요량은 Q_2, 공급량은 Q_1이므로 Q_2-Q_1 만큼의 초과수요가 발생한다. 초과수요가 존재하면 가격은 상승압력을 받게 된다. 가격의 상승은 초과수요가 사라질 때까지, 즉 균형가격 P^*에 이를 때까지 이루어질 것이다. 결국 시장 스스로의 힘에 의하여 다시 균형상태로 되돌아가는 것이다.

가격이 균형가격보다 높아진 불균형 상태에서도 마찬가지로 스스로 균형으로 되돌아간다. 균형가격보다 높은 가격에서는 수요량보다 공급량이 초과하는 초과공급이 나타나고, 초과공급이 존재하는 한 가격은 하락압력을 받게 된다. 가격의 하락은 초과공급이 사라질 때까지 계속되어 균형가격 P^*로 되돌아간다.

추석을 앞두고 햇과일 등의 제수용품 가격이 오르는 것은 초과수요에 따른 균형회복 현상이다. 휴가철에 관광지의 숙박비가 오르고 비수기에는 하락하는 것도 초과수요나 초과공급에 기인하는 것이다. 주식가격이나 환율이 매일 매일 등락을 거듭하는 것도 모두 주식시장이나 외환시장에서 수요 공급의 변화에 따라 균형을 회복해가는 과정이다.

외적인 제약이 없는 모든 시장에서는 이처럼 스스로 균형을 회복해 가는데, 이를 **시장의 자동조절기능**이라고 부른다. 이 기능은 자유로운 시장경제를 근간으로 하는 자본주의사회를 지탱하는 기본적인 원리이다.

4. 불균형이 지속되는 경우

균형에서 벗어나더라도 시장에서 스스로 균형이 회복된다면 가격은 균형가격으로 회귀하는 안정적인 상태에 놓이게 된다. 그런데 특수한 경우에는 균형을 회복하지 못하는 경우도 있을 수 있다. 가격이 자유롭게 오르고 내리지 못하는 경우도 여기에 해당한다. 가격이 신축적으로 변할 수 있을 때에만 균형가격으로의 복귀가 가능하기 때문이다. 실제로 가격이 일정 수준 이하로는 내려가지 못하게 하는 **최저가격제**나, 일정 수준 이상으로 올라가지 못하게 하는 **최고가격제**가 실시될 경우 불균형 상태가 지속될 수밖에 없다.

1) 최저가격제

먼저 최저가격제의 하나인 최저임금제가 실시되고 있는 노동시장의 예를 들어 이와 같은 상황을 살펴보기로 한다. 노동력도 그 대가인 임금을 받고 제공된다는 점에서 하나의 상품이다. 따라서 다른 상품과 마찬가지로 노동의 가격인 임금도 노동에 대한 수요와 공급에 의하여 결정된다. 여기서 노동의 수요자는 다른 상품의 생산과정에서 노동을 필요로 하는 기업이며, 노동의 공급자는 물론 노동자이다. 현실에는 단순노무자, 기술자, 전문직 종사자 등과 같은 다양한 노동력이 존재하므로 이를 한꺼번에 다루는 것은 매우 복잡하다. 여기서는 질적으로 똑 같은 한가지의 단순노동력 만을 대상으로 분석할 것이다.

이 노동시장에 아무런 제약이 없다면 노동의 가격, 즉 임금은 <그림 1-7>과 같이 노동의 수요곡선과 공급곡선이 만나는 수준인 w^*로 결정될 것이다. 그리고 거래량, 즉 고용량은 L^*이다. 이제 이 노동시장에 최저임금제가 도입되었다고 하자. **최저임금제**는 노동자들에게 적어도 법으로 정한 최소한도의 임금을 지불하도록 규정한 제도로서, 우리나라를 비롯한 여러 나라에서 실시하고 있는 제도이다. 노동시장에서 시장의 힘에 의해 자율적으로 결정되는 임금수준이 너무 낮다고 생각될 때 정부는 정책적으로 이보다 높은 수준으로 임금의 하한선을 정하는 것이다. 그림에서와 같이 최저임금이 w로 정해졌다면 노동의 수요는 L_1으로 줄어들지만 공급은 L_2로 늘어난다. 결과적으로 L_2-L_1 만큼 초과공급이 발생한다. 노동시장의 초과공급이란 일을 하려는 노동자는 많은데 노동력을 필요로 하는 일자리는 적다는 것을 뜻한 다. 결국 그만큼의 실업이 발생하는 것이다.

최저임금제는 노동자들에게 혜택을 주기 위하여 도입된 제도이다. 최저임금 w는 시장에 맡겨졌을 때의 균형임금 w^*보다 높기 때문에 일하는 노동자들은 분명히 큰 혜택을 본다. 그런데 이 제도로 인하여 일자리를 얻지 못하는 실업자에게는 반대로 큰 손해를 입힌다. 실업자에게 최저임금 w는 아무런 의미가 없다. 그들은 오히려 낮은 임금일지라도 일자리를 얻는 것이 더 낫다고 생각할 것이다. 좋은 의도라 할지라도 시장에 개입하는 정부정책이 다른 한편에서는 큰 손실을 가져올 수 있다는 사실을 잊지 말아야 할 것이다.

〈그림 1-7〉 최저임금제와 노동시장의 불균형

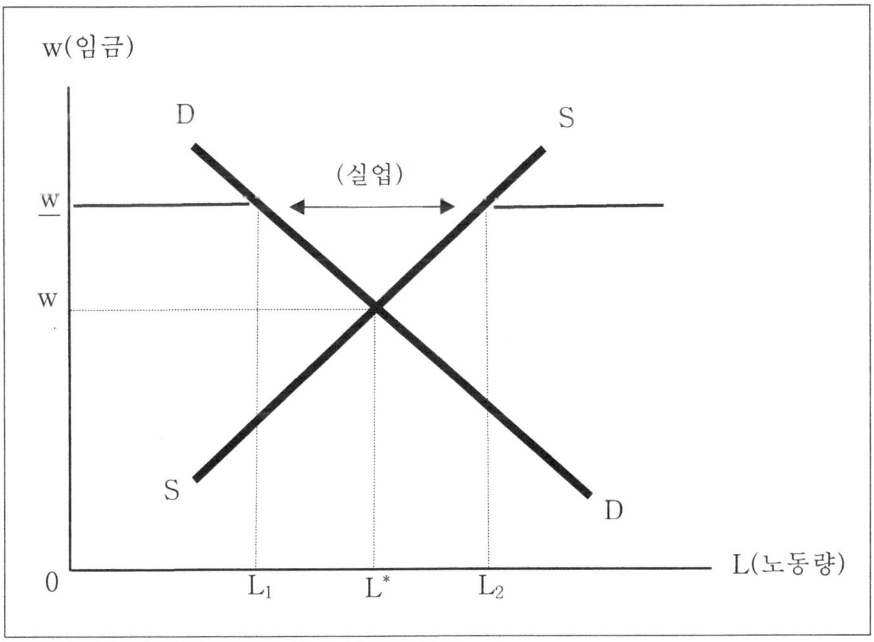

2) 최고가격제

어떤 상품의 가격이 지나치게 높아지는 것을 막기 위해서는 최고가격을 정하고 이를 규제하는 최고가격제를 실시할 수 있다. **최고가격제**는 주로 우리 생활에 중요한 필수품 중에서 가격이 너무 올라 소비자에게 큰 부담을 주는 경우에 실시된다.

이제 분유의 가격이 폭등하여 이를 규제할 필요가 있다고 느낀 정부가 최고가격제를 실시한다고 하자. <그림 1-8>에서 볼 수 있듯이 가격이 시장의 자율적인 힘에 의해 결정된다면 분유의 단위당 균형가격은 수요와 공급이 일치하는 P^*가 될 것이다. 또 이때의 균형거래량은 Q^*이다. 그런데 정부가 분유의 가격을 $P^\wedge$ 이상으로는 판매할 수 없도록 최고가격을 설정하여 최고가격제를 시행하면, 이 최고가격 아래서 분유에 대한 수요는 Q_2인데 공급은 Q_1에 불과하다. 즉 Q_2-Q_1 만큼의 초과수요가 상존하게 된다.

〈그림 1-8〉 최고가격제와 분유시장의 불균형

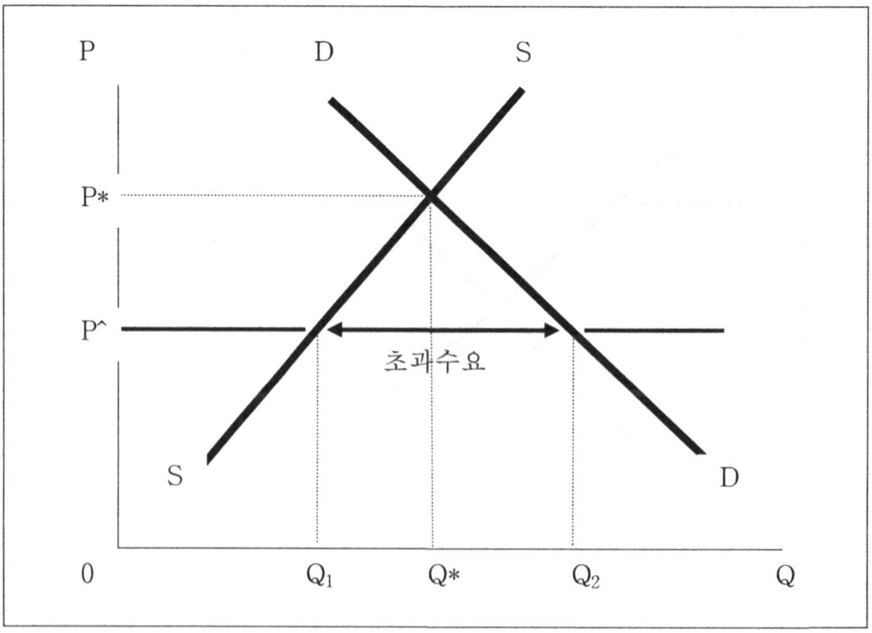

초과수요는 사려는 사람은 많은데 공급량은 부족한, 이른바 상품의 품귀현상으로 이해할 수 있다. 이 경우 분유가 꼭 필요한데 이를 구하기 어려운 소비자들이 은밀하게 웃돈을 얹어주고 구입하려고 할 것이다. 판매자의 입장에서도 수입이 늘어나는 일이기 때문에 쉽게 이에 응할 수 있다. 즉 정상적이지도 공개적이지도 않은 시장이 형성되는데, 이를 암시장이라 한다. 정부가 이러한 암거래에 대해 철저히 단속하고 당사자들을 처벌한다 하여도 은밀하게 이루어지는 암거래를 근절하기는 어렵다. 실제로 일반적인 상품의 암거래를 빈틈없이 막는다는 것은 불가능하고, 이럴 경우 최고가격제는 실효를 거두기 어렵다. 시장의 힘이란 생각보다 막강하여 이를 거스르는 법이나 제도가 결국은 무모한 시도로 끝나는 경우가 허다하다. 달러에 대한 환율이 고정되어 있고 달러가 부족하자 암달러상이 활개를 치던 시절이 그랬고, 인기 있는 공연이나 운동경기에 암표상이 극성을 부리는 요즈음도 그렇다.

1.5 가격의 변화

지금까지 우리는 수요곡선과 공급곡선이 만나는 균형점을 중심으로 균형상태와 불균형 상태에 대하여 살펴보았다. 수요곡선과 공급곡선이 주어져 있고 가격의 신축성을 가로막는 외적인 제약이 없다면 시장은 스스로의 힘에 의해 항상 균형점으로 귀착된다. 그런데 수요와 공급에 영향을 미치는 가격 이외 다른 요인이 변하게 되면 균형가격이 달라지게 된다. 수요곡선이나 공급곡선 자체가 이동함으로써 균형점이 달라지기 때문이다.

현실의 시장에서는 가격이 수시로 변동하는 현상을 목격할 수 있다. 그렇다고 이러한 가격변화가 시장균형과 관계없이 무원칙적으로 변하는 것은 아니다. 시장수요나 공급에 영향을 미치는 수많은 요인들 중 하나만 변해도 균형점이 달라진다. 따라서 가격변화는 이들 요인의 변화에 따라 새로운 균형가격으로 조정되는 현상으로 이해하면 된다.

1. 수요변화와 균형점의 이동

수요에 영향을 미치는 요인에는 가격 이외에도 소득수준, 다른 상품의 가격, 기호, 소비자의 수 등 여러 가지가 있다. 만일 소비자들의 소득이 증가하면 정상재에 대한 수요가 증가한다. 이것은 그림에서 수요곡선의 오른쪽 이동으로 나타난다. <그림 1-9>에서 보면 수요곡선 DD에서 D'D'로 이동하였다. 이에 따라 새로운 균형점은 공급곡선 SS와 새 수요곡선 DD가 만나는 E' 점이 된다. 수요곡선이 이동함에 따라 균형점은 공급곡선 위에서 E로부터 E'로 옮겨지는 것이다. 결국 수요가 증가하면 균형가격은 P^*에서 P'로 상승하고, 균형거래량은 Q^*에서 Q'로 증가함을 알 수 있다. 반대로 소득이 감소하면 수요곡선이 왼쪽으로 이동하여 균형점은 E에서 공급곡선을 따라 아래로 옮겨질 것이다. 결국 수요가 감소하면 균형가격은 하락하고, 균형거래량은 줄어든다. 쇠고기에 대한 수요가 증가하면 쇠고기 가격이 오르고 거래량이 늘어나는 것처럼 대부분의 상품은 이와 같은 변화를 보일 것이다.

〈그림 1-9〉 수요증가와 균형점의 이동

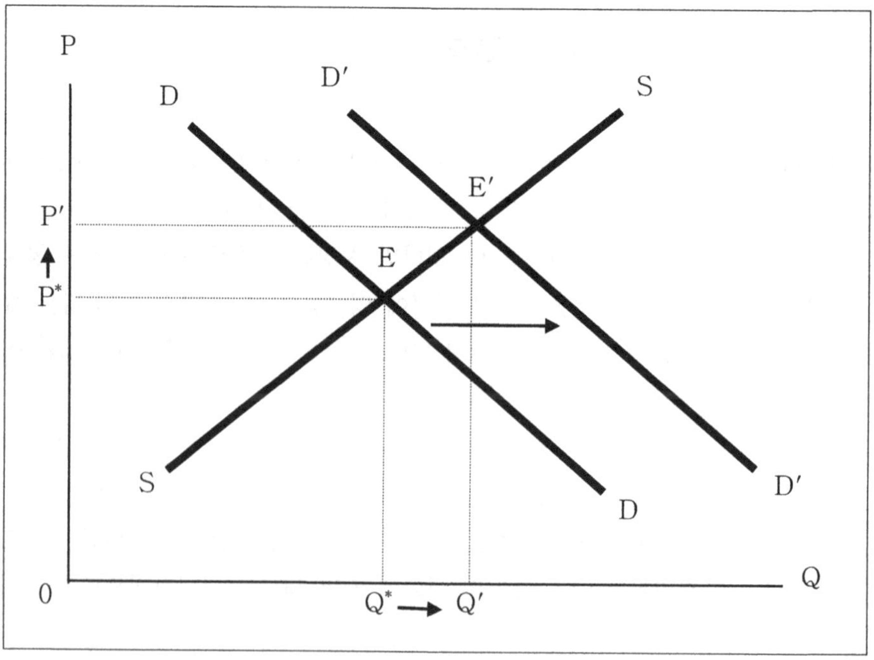

열등재의 경우에는 소득이 증가하면 수요가 감소하고 소득이 감소하면 수요가 증가한다. 따라서 수요곡선의 이동방향과 균형점의 이동방향이 정상재와는 반대로 나타날 것이다. 결국 소득이 증가하면 열등재의 균형가격은 하락하고 균형거래량은 줄어든다. 그리고 소득이 감소하면 균형가격이 상승하고 균형거래량이 늘어난다. 국민소득이 증가하면서 열등재인 연탄의 가격은 하락하고 수요가 지속적으로 줄었다. 이는 결국 수많은 연탄공장이 문을 닫고, 석탄을 채굴하던 탄광이 폐업하는 사태를 초래하였다. 소득변화시 열등재에 대한 균형점의 변화는 독자들이 연습 삼아 그려보기 바란다.

다른 상품의 가격변화나 기호의 변화, 소비자 수의 변화 등 다른 요인들의 변화도 같은 방법으로 분석할 수 있다. 그러한 변화가 해당상품의 수요증가로 나타나는지, 아니면 수요감소로 나타나는지에 따라 균형점의 변화방향이 달라질 것이다. 각각의 변화에 대한 분석도 독자들의 연습에 맡긴다. 여기서 다른 상품의 가격이 변할 때는 그 상품의 해당상품과의 관계, 즉 대체재 관계인지, 또는 보완재 관계인지에 따라 변화방향이 달라짐에 유의하기 바란다.

2. 공급변화와 균형점의 이동

공급에 영향을 미치는 요인에도 가격을 포함하여 생산요소의 가격, 생산기술, 미래에 대한 예측, 공급자의 수 등 여러 가지가 있다. 만일 생산요소 가격, 예컨대 노동임금이 하락하면 생산비용이 낮아져 생산자들의 공급이 증가한다. 공급증가는 공급곡선 자체를 오른쪽으로 이동시킨다. <그림 1-10>에서 이는 공급곡선 SS로부터 S'S'로의 이동으로 나타난다. 새로운 균형점은 수요곡선 DD와 새 공급곡선 S'S'의 교차점으로 결정된다. 즉 균형점은 E로부터 수요곡선을 따라 E'로 이동한다. 결국 균형가격은 P^*에서 P'로 하락하고, 균형거래량은 Q^*에서 Q'로 늘어난다. 만일 생산요소 가격이 상승하면 공급감소로 이어져서 이는 공급곡선의 왼쪽 이동으로 나타난다. 따라서 균형점은 수요곡선을 따라 위쪽으로 이동한다. 결국 공급이 감소하면 균형가격은 상승하고 균형거래량은 줄어든다.

과거 IMF 경제위기시에 실업자가 늘면서 대체로 임금이 하락하였다. 만일 중국집 배달원의 임금이 하락했다면 중국집에서는 배달원의 고용을 늘리고 짜장면의 생산을 증가시킬 것이다. 이는 짜장면의 공급곡선을 오른쪽으로 이동시키고, 결과적으로 짜장면 가격의 하락과 거래량의 증가를 초래할 것이다.

생산기술의 변화나 미래에 대한 예측변화, 그리고 공급자 수의 변화 등 다른 요인들의 변화에 따른 균형점의 이동도 같은 방법으로 분석할 수 있다. 어떤 변화이든 공급의 증가로 나타날지, 아니면 공급의 감소로 나타날지에 따라, 균형가격의 하락과 균형거래량의 증가, 그리고 균형가격의 상승과 균형거래량의 감소로 귀결될 것이다. 이에 대한 자세한 분석도 독자들에게 맡긴다.

〈그림 1-10〉 공급증가와 균형점의 이동

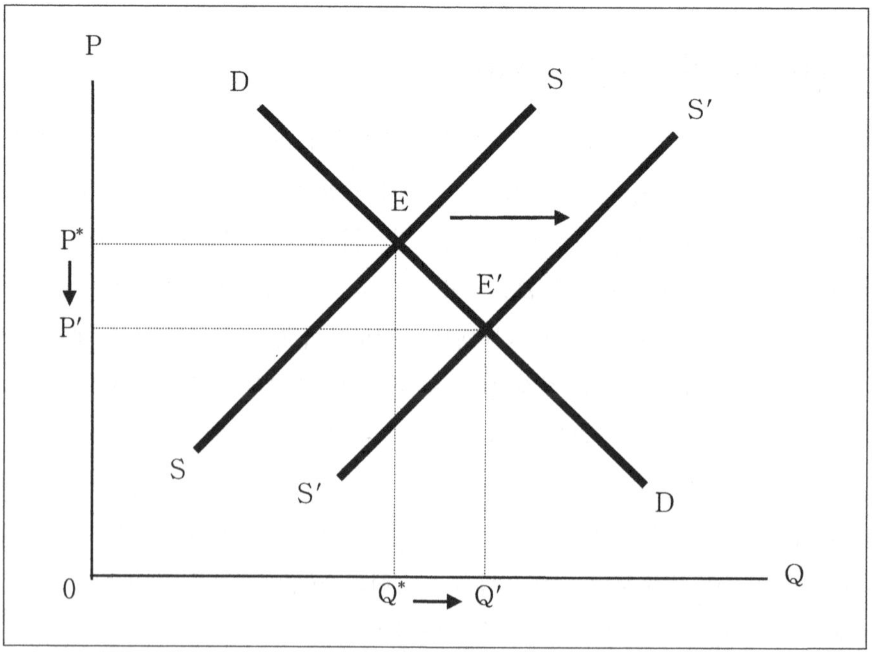

연습문제

1. 다음 용어를 설명하시오.
   (1) 초과수요
   (2) 초과공급
   (3) 시장의 균형
   (4) 시장의 자동조절기능
   (5) 최저가격제
   (6) 최고가격제
   (7) 암시장
   (8) 보완재
   (9) 대체제
   (10) 균형점의 이동

2. 다음 물음에 답하시오.
   (1) 특정지역 아파트 가격 폭등현상의 원인과 해결책을 수요공급 원리에 입각하여 설명하라.
   (2) 주변에 암시장이 형성되는 상품을 찾아보고 암거래를 해소할 수 있는 방법을 모색하라.
   (3) 모든 상품이 열등재가 될 수는 없다. 그 이유를 설명하라.

제 2 장 가계와 소비활동

2.1 소비의 목표

1. 효용이란?

소비자는 상품을 소비함으로써 만족을 느낀다. 사과를 먹거나, 자가용을 타거나, 여행을 떠나거나 하는 모든 소비행위는 소비자가 원하기 때문에 발생한다. 만족을 느끼지 않는다면 구태여 그 상품을 소비할 필요가 없을 것이다.

상품을 소비함으로써 얻어지는 주관적인 만족을 **효용**(utility)이라고 부른다. 효용이란 주관적인 것이기 때문에 한 상품을 소비함으로써 얻는 효용의 크기는 사람마다 다르다. 같은 사과 한 개를 먹을 때에도 갑돌이가 먹을 때의 만족도와 갑순이가 먹을 때의 만족도가 다르다. 육식을 좋아하는 사람은 채식주의자보다 불고기를 먹을 때 더 큰 만족을 느낀다.

한편 효용은 주관적인 개념이기 때문에 그 크기를 정확히 숫자로 표현할 수는 없다. 그러나 앞으로 소비자의 행동을 분석하기 위해서는 편의상 효용의 크기를 숫자로 나타낼 수밖에 없다. 다만 이 때 표현된 숫자에는 절대적인 의미를 부여하지 않는다. 단지 그 순서가 중요할 뿐이다. 예를 들어 어떤 사람이 사과 한 개를 소비할 때의 효용이 10이고, 배 한 개를 소비할 때의 효용이 20이라면, 그는 배를 소비할 때의 만족이 사과를 소비할 때의 만족보다 크다는 것을 의미할 뿐,

꼭 두 배의 만족을 느낀다는 뜻은 아니다.

우리는 사과 한 개를 소비할 때보다 두 개를 소비할 때 만족이 더 크다. 즉 한 개를 더 소비할 때 효용이 증가하는 것이다. 이처럼 상품을 추가로 한 단위 더 소비할 때 늘어나는 효용의 크기를 **한계효용**(marginal utility)이라 부른다. 사과를 두 개 소비하다가 세 개로 늘렸을 때, 또는 아홉 개를 소비하다가 열 개로 늘렸을 때도 효용은 커진다. 어떤 경우든 추가로 한 개를 더 소비할 때 커지는 효용의 크기가 한계효용이다.

〈표 2-1〉 사과 소비의 효용과 한계효용

사과소비량	1 개	2 개	3 개	4 개	5 개
총효용	10	19	27	34	40
한계효용	10	9	8	7	6

<표 2-1>은 어떤 사람이 사과를 소비할 때 나타나는 효용과 한계효용을 보여준다. 처음 한 개를 소비할 때 그의 총효용은 10이고 첫 번째 소비이므로 한계효용도 10이다. 사과 한 개를 더 소비하자 그의 효용은 9가 늘어서 총효용이 19가 되었다. 따라서 두 번째 사과의 한계효용은 9이다. 추가로 한 개를 더 소비하자 효용은 8이 늘어나서 모두 세 개를 소비하는 그의 총효용은 27이 되었다. 이 때 세 번째 사과의 한계효용은 8이다. 이런 방법으로 소비량에 따른 총효용과 한계효용을 계산할 수 있다.

상품을 추가로 소비한다는 것은 그로부터 추가적인 만족을 느끼기 때문이다. 따라서 소비량이 늘어나면 당연히 총효용은 커진다. 총효용이 줄어드는데, 즉 불만을 느끼면서 추가소비를 할 사람은 아무도 없을 것이다. 그런데 추가소비로부터 늘어나는 만족의 증가 정도, 즉 한계효용에 대해서는 좀 더 깊이 생각해 보아야 한다. 같은 상품을 계속해서 추가로 소비할 때 한계효용은 기준이 되는 현재의 소비량에 따라 달라진다. 사과를 처음 한 개 소비할 때의 만족증가분은 아홉 개를 소비하다가 추가로 열 개 째를 소비할 때의 만족증가분보다 훨씬 클 것이다. 이것은 상품의 희소가치를 반영한다고 보아도 좋다. 사과가 먹고 싶을 때 처음 하나를 먹는 만족감은 매우 크다. 그러나 계속해서 다섯 개, 열 개를 먹을 때

의 만족감은 결코 첫 번째 사과만 못할 것이다. 일반적으로 같은 상품을 추가로 계속 소비할 때의 한계효용은 점점 작아지는데 이러한 현상을 **한계효용 체감의 법칙**이라고 부른다. 한계효용이 체감한다는 것은 추가소비로부터 만족의 증가폭이 점점 작아진다는 것이지, 총효용이 작아진다는 의미가 아님을 유의하기 바란다. <표 2-1>에서 사과 소비량이 늘어나면서 총효용은 커지나 한계효용이 체감하고 있음을 확인할 수 있다.

2. 효용의 극대화

소비의 목표는 효용의 극대화, 즉 상품 소비로부터 얻는 만족을 가장 크게 하는 것이다. 상품을 많이 소비할수록 소비자의 총효용은 커진다. 따라서 가능한 한 많이 소비하는 것이 좋을 것이다. 그런데 무제한으로 소비를 늘리는 것은 불가능하다. 여기에는 어쩔 수 없는 제약이 따른다. 그것은 다름 아닌 상품을 구입하는데 필요한 돈이다. 상품구입에 소요되는 지출액은 결국 소비자의 소득으로 제한될 수밖에 없다. 만일 어떤 소비자의 한 달 소득이 100만원이라면, 그의 한 달 동안의 상품구입액은 100만원 이하로 제한된다. 그러므로 소비의 과제는 소득제약 하의 **효용극대화**라고 할 수 있다.

〈표 2-2〉 소비지출액과 효용

상품	효용	1만원	2만원	3만원	4만원	5만원
쌀	총효용	100	115	125	130	133
	한계효용	20	15	10	5	3
옷	총효용	40	48	54	59	63
	한계효용	10	8	6	5	4
사과	총효용	15	20	23	25	26
	한계효용	7	5	3	2	1

이제 소비자가 주어진 소득을 가지고 여러 상품을 각각 얼마나 소비하는 것이 그의 효용을 극대화할 수 있는지를 분석해 보기로 하자. 한 사람이 10만원을 가지고 쌀, 옷, 사과의 세 가지 상품을 소비하려고 한다. 이 상품들을 얼마만큼 소

비하는 것이 그의 효용을 극대화 시킬까? 이 문제를 풀기 위해서는 각각의 상품 소비로부터 얻어지는 효용을 계산해 보아야 한다. <표 2-2>는 각 상품에 대한 소비지출액에 따른 효용의 크기를 정리한 것이다.

쌀은 세 상품 중에서 총효용이 가장 크다. 즉 중요성에 비추어 가장 큰 만족을 주는 상품인 것이다. 그렇다고 해서 10만원으로 모두 쌀을 구입하여 소비하는 것이 효용극대화가 되지는 않는다. 해결의 열쇠는 한계효용이 가지고 있다. 결론부터 말하자면 그는 쌀 4만원, 옷 4만원, 그리고 사과 2만원 어치를 소비하는 것이 효용극대화를 이루는 방법이다. 이때 세 상품의 한계효용이 각각 5로서 동일하며, 총효용은 130+59+20=209이다.

10만원으로 소비할 수 있는 상품묶음은 여러 가지가 있다. 예컨대 쌀 5만원, 옷 3만원, 사과 2만원 어치를 소비한다면 역시 10만원이 다 소요된다. 그런데 이 상품묶음은 효용을 극대화하지 못한다. 이때의 총효용은 133+54+20=207이다. 마지막 1만원 어치 쌀의 한계효용은 3인데, 마지막 1만원 어치 옷의 한계효용은 6이다. 따라서 만일 쌀 소비를 1만원 어치 줄이고 대신 옷의 소비를 1만원 어치 늘인다면, 효용은 쌀 소비감소로 3이 줄어들고 옷 소비증가로 5가 늘어난다. 따라서 총효용은 2가 증가하는 것이다. 10만원으로 소비할 수 있는 어떤 다른 상품묶음도 효용극대화 상품묶음인 쌀 4만원, 옷 4만원, 사과 2만원 어치의 효용수준을 초과하지 못한다는 사실을 확인할 수 있을 것이다. 좀 더 엄밀하게 말한다면 모든 소비 상품에 대한 마지막 1원 어치의 한계효용이 모두 같아지는 상품묶음이 바로 효용극대화 소비량이 된다.

이상의 설명은 효용극대화 원리를 이해하기 위한 지극히 단순한 하나의 예에 불과하다. 현실적으로는 수많은 상품이 소비되고 있으므로 더욱 복잡한 선택의 문제에 직면한다. 그리고 효용이나 한계효용이란 개념을 이해하고 있는 소비자는 드물고, 설령 이해한다 해도 모든 상품의 한계효용을 일일이 계산하면서 상품을 구입하는 사람은 없을 것이다. 단지 가장 만족스러운 상품묶음을 선택할 뿐이다. 그러나 이러한 선택의 이면에는 각 상품에 대한 마지막 지출의 가치를 암묵적으로 비교하여 만족의 극대화를 꾀하고 있는 것이다. 결국 소비자들이 인식하지 못한다 해도 한계효용의 개념이 활용되고 있음을 알 수 있다.

2.2 가계와 가계경제

1. 가계란?

소비의 궁극적인 주체는 개인이다. 우리는 앞서 소비의 목적이 소비자 자신의 만족, 즉 효용의 극대화에 있다고 하였다. 그런데 여기서 자신 만의 만족, 다시 말하면 다른 사람은 전혀 고려하지 않는 자신 만의 효용극대화가 과연 현실적인 목표인지 다시 한 번 생각해 보자. 직장에 다니며 가정을 가지고 있는 한 사람이 자기가 번 돈을 자신만을 위하여 소비하는가? 아니다. 그가 집을 사는 것도 가족 전체를 위한 것이고, 비싼 술집에 가기를 주저하는 것도 가정경제를 의식해서이다. 살림살이를 맡은 아내가 식료품을 사는 것도 자신만을 위한 것이 아니라 가족 전체를 위한 것이다. 자신에게는 조금 불만스럽더라도 가족을 위해 기꺼이 참고 희생하기도 한다. 물론 혼자 살아가는 사람에게는 예외이지만 모든 사람들은 가족의 일원으로 가정을 이루며 살고 있다. 효용극대화의 주체가 반드시 개인이어야 할 필요는 없다. 오히려 많은 소비행위는 가정을 기준으로 이루어진다. 가정은 기본적으로 결혼이나 혈연관계를 기초로 생활을 함께하는 최소의 사회집단이다. 가정을 이루고 살아가는 궁극적인 목적은 행복을 얻기 위해서라고 말할 수 있다. 그것은 노부모를 모시고 사는 대가족이나, 부모와 자녀만으로 이루어진 핵가족이나, 혼자 살아가는 독신가정이나 마찬가지일 것이다. 가정에서는 보다 행복한 생활을 위해서 해결해야 할 수많은 문제에 부딪힌다. 그 중에서 가장 중요한 부분 중 하나가 경제적인 문제이다. 가족간의 사랑과 같은 심리적인 측면이 행복한 가정생활에 필수요소인 것은 물론 사실이지만, 풍요롭고 안락한 경제생활도 그 못지않게 중요하다. 경제학에서는 포괄적인 의미의 가정보다는 독립적 경제단위라는 의미의 가계(household)라는 용어를 사용한다.

가정에서 대부분의 의사결정은 구성원의 합의, 또는 암묵적 동의하에 이루어진다. 경제적 문제에 대한 의사결정도 마찬가지이다. 주택을 언제 구입할 것인가? 단독주택을 살 것인가, 아니면 아파트를 선택할 것인가? 이번 여름휴가는 어디로 갈 것인가? 대학입시를 앞둔 자녀에게 과외를 시킬 것인가, 아니면 조기 유학을 보낼까? 이런 문제에 대해서는 가족간의 충분한 협의를 거쳐 결정할 것이다.

독신가정이 아니라면 가계의 각 구성원의 자율적인 의사에 따른 별개의 경제행위가 있을 수 있다. 그러나 그것은 대단히 제한적인 의미에서 이루어진다. 예를 들어 부양하는 노부모나 자녀들에게 용돈을 주면 그들은 그 한도 내에서 자유롭게 소비할 수 있다. 그렇지만 용돈을 얼마나 줄 것인지, 그리고 그 용도를 어떻게 제한할 것인지에 대해 이미 가족간의 동의가 이루어진 것으로 볼 수 있다. 그것은 돈을 벌어오는 실질적인 가장이나 살림을 맡아 대부분의 생활비를 집행하는 사람에게도 마찬가지이다. 살림을 맡은 아내가 오늘 저녁 식사에 삼겹살을 구울 것인지, 아니면 된장찌개를 올릴 것인지를 혼자 결정한다 하여도, 식단구성에 대해서는 이미 암묵적 동의하에 위임한 것으로 보면 된다. 따라서 구성원 개개인이 독자적인 소비행위를 한다 하더라도 그들의 행위는 가계 구성원 모두의 합의나 동의하에 이루어진 것으로 해석할 수 있다. 가계를 독립적 의사결정의 기본단위로 간주하는 이유는 바로 여기에 있다.

2. 가계경제

어떤 가정은 민주적인 의사결정체제를 중시한다. 시시콜콜한 문제도 가족회의를 열어 의견을 수렴하고 합의를 유도한다. 그런가 하면 어떤 가정은 한 사람이 독재자처럼 모든 의사결정을 주도하기도 한다. 가정내의 경제권을 돈을 벌어오는 남편이 쥐고 있는 경우도 있고, 살림살이를 맡은 아내가 가시고 있는 경우도 있다. 억압적인 분위기 아래서는 다른 구성원은 어쩔 수 없이 동의할 뿐이다. 그러나 어떤 경우라도 가계경제의 목표는 하나이다. 그것은 가계 구성원들의 경제적인 행복을 최대로 하는 것, 다시 말하면 가계 전체의 효용극대화를 추구하는 것이다.

효용은 소비로부터 나온다. 그리고 소비량이 많고 다양할수록 효용은 커진다. 가계의 효용도 소비량이 많을수록 커지겠지만 여기에는 제약이 있다. 바로 소득의 한도 내에서만 소비가 가능하다는 제약이다. 주어진 가계소득으로 어떤 상품을 얼마나 소비할 것인가 하는 문제는 예산제약하의 효용극대화 문제와 같다. 다만 가계의 소비대상 상품에는 집이나 땅과 같은 부동산에서 자동차나 냉장고 같은 내구재, 쌀이나 옷과 같은 일상 생활용품, 교육이나 통신과 같은 서비스, 여행이나 오락과 같은 문화오락서비스 등 수많은 다양한 상품들이 있어서, 각각에 대해 얼마나 지출할 것인지를 결정해야 하므로 좀 더 합리적이고 체계적인 접근이 필요하다.

가계소득도 다양한 원천을 가지고 있다. 다른 사람이나 회사를 위해 일하고 그 대가로 받는 근로소득, 자신이 직접 사업을 해서 벌어들이는 사업소득, 소유하고 있는 재산으로부터 나오는 재산소득 등 여러 가지가 있다. 그리고 이들 소득을 어떻게 하면 더 늘릴 것인가도 개인이나 가계의 중요한 관심사이다. 따지고 보면 개인은 소비자인 동시에 생산활동의 참여자이다. 물론 생산활동에 참여하지 않는 개인도 있고, 전혀 소득이 없이 외부의 보조금으로 생활하는 가계도 있다. 그러나 대부분의 일반적인 가계는 구성원 누군가의 생산활동 참여로부터 소득을 올린다. 직장에 다니거나, 자영업을 하거나, 농사를 짓거나, 가지고 있는 자산을 임대하거나 투자하는 것 모두 이에 해당된다.

그런데 소득의 증대를 목표로 이루어지는 행위는 본질적으로 기업의 행위와 동일하다. 예를 들어 어떤 사람이 가족과 함께 구멍가게를 운영하여 번 돈으로 살아간다고 하자. 그가 가게를 운영하면서 돈을 버는 행위는 일반적인 기업의 행위에 해당된다. 그리고 그가 번 돈으로 상품을 소비하는 것이 소비주체로서 가계의 행위에 해당된다. 농사를 짓거나 가축을 키워 먹고사는 농가의 경우도 마찬가지이다. 자산의 임대나 투자로부터 소득증대를 꾀하는 것도 임대회사나 투자금융회사가 하는 행위와 본질적으로 다를 것이 없다. 그리하여 경제학에서는 소비행위만을 가계의 고유한 행태로 부여하고 생산행위는 기업의 행태로 구분하여 접근한다. 그러나 현실적으로는 가계가 그 둘을 엄격히 구분하여 접근하기는 어렵다. 본장에서는 소비주체로서의 가계에 초점을 맞추되, 예산제약으로서 의미를 갖는 가계소득에 대해서도 그 구성과 성격 등을 살펴볼 것이다.

가계의 소비대상 상품은 대단히 이질적인 수많은 상품으로 이루어져 있다. 그리고 가계는 서로 다른 생각을 가질 수 있는 여러 명의 가족으로 구성되어 있다.

따라서 가계의 효용극대화를 위해서는 즉흥적인 소비가 아닌 사전에 계획된 합리적인 소비의 필요성이 대두된다. 더구나 우리의 경제생활이 오늘 하루의 효용극대화로 끝나는 것이 아니라 죽는 날까지 일생의 효용극대화를 고려한다면 평생의 소비계획도 중요한 의미를 갖는다.

그런 의미에서 저축도 평생의 소비계획에 포함되는 중요한 요소이다. 저축은 미래의 소비를 위하여 현재의 소비를 유보하는 행위이다. 따라서 저축은 현재 시점에서 소비가 아닌 것으로 볼 수 있다. 그러나 저축도 은행예금이나 주식보유, 또는 부동산 구입과 같은 형태로 나타날 것이고, 이는 금융상품의 구입이나 부동산 상품의 구입에 해당한다. 그렇다면 저축도 상품의 소비행위와 다를게 없다. 궁극적으로는 현재의 소비와 미래의 소비 사이에 이루어지는 선택의 과정에서 저축이 구분되고, 이는 장기적인 소비계획의 일환이며, 가계의 장기적 효용극대화 과정의 결과인 것이다.

2.3 가계의 수입과 지출

1. 가계의 수입

1) 수입의 종류

가계의 수입(revenue)은 일정기간 동안 가계에 들어오는 화폐와 현물의 총액을 말한다. 가계수입은 그 원천과 형태가 다양하므로 여러 가지 기준에 따라 구분할 수 있다.

먼저 그 수입이 가계가 가지고 있던 기존 자산을 증가시키는지 여부에 따라 실수입과 실수입 이외의 수입으로 구분한다. 자산이란 어느 시점에서 가계가 보유하고 있는, 그리고 화폐가치로 환산할 수 있는 모든 형태의 물자를 말한다. 그것은 화폐나 현물일 수도 있고, 예금이나 주식과 같은 금융자산일 수도 있고, 집이나 땅과 같은 부동산일 수도 있다. 이 자산에서 같은 시점에서 가계가 지고 있는 부채를 제외하면 순자산이 된다.

실수입은 가계의 순자산을 증가시키는 수입이다. 예를 들면 임금, 이윤, 이자수입, 임대료수입, 상금, 복권당첨, 유산상속, 연금수령 등과 같이 순자산의 증가로 나타나는 수입이 실수입이다. **실수입 이외의 수입**은 반대로 순자산 수준에 영향을 미치지 않는 수입을 말한다. 예를 들면 은행예금을 찾거나 부동산을 팔거나 가지고 있던 물품을 팔아서 생기는 수입은 금융자산이나 부동산 자산에서 화폐자산으로 형태만 바뀌었을 뿐 자산수준에는 변화를 초래하지 않는다. 은행대출을 받거나 이웃집에서 돈을 빌리는 것도 가계에 들어오는 수입이며 자산의 증가로 나타난다. 그러나 한편으로 이는 언젠가 갚아야 할 부채이므로 순자산의 증가로 나타나지 않는다.

실수입 이외의 수입은 만일 이를 소비에 써버린다면 결국 순자산의 감소를 초래할 것이다. 실수입이 많아서 풍요로운 소비생활을 즐기는 것과, 예금을 찾거나 부동산을 팔아서, 또는 은행 빚을 얻어서 흥청망청 소비하는 것과는 이런 점에서 큰 차이가 있다.

가계수입은 그 지속성과 규칙성을 기준으로 경상수입과 임시수입으로 구분된다. **경상수입**은 일정기간을 주기로 계속해서 들어오는 수입을 말한다. 그 주기는 짧게는 하루나 일주일 또는 한 달, 길게는 일 년일 수도 있으나 어떤 경우든 확실하게 예상할 수 있다. 예를 들어 봉급, 임대료, 이자, 배당금, 사업소득 등은 경상수입이 된다. 이 중에는 봉급처럼 예상수입 금액이 확정된 경우도 있으나, 사업소득이나 배당금처럼 확정적이지 않은 것도 있다. 그러나 확정되지 않았다 해도 금액을 대략 예측가능하며 주기적인 수입이 보장되어 있다는 점에서 경상수입으로 간주한다.

임시수입은 금액과 시기를 전혀 예측할 수 없거나, 어느 정도 예상한다 하여도 특별한 경우에 발생할 수 있는 불확정적인 수입을 말한다. 복권당첨이나 상금, 증여, 유산상속과 같은 수입이 임시수입에 해당한다.

가계경제를 운영함에 있어서 경상수입에 기초하여 합리적인 소비계획을 세우는 것은 당연하다 할 것이다. 또 예상치 못한 임시수입이 발생했을 때 이를 함부로 낭비할 일이 아니라 신중하게 그 용도를 결정하는 자세가 필요하다.

2) 소득의 종류

소득(income)은 일정기간 내에 얻어지면서 순자산의 증가로 나타나는 가계수입의 총액을 말한다. 결국 소득은 앞에서 정의한 실수입의 개념과 동일하다. 부동산을 팔거나 은행대출을 받아서 생긴 수입, 즉 실수입 이외의 수입은 소득이라고 부르지 않는다.

소득을 그 원천에 따라 구분하면 근로소득, 재산소득, 사업소득, 이전소득으로 나눌 수 있다. **근로소득**은 육체적 또는 정신적 노동력을 제공하고 그 대가로 얻는 소득을 말한다. 임금, 봉급, 급여라고 불리는 것들이 대표적인 근로소득이다. 그런데 고용주와의 계약에 의해 지급되는 급여와 달리 이른바 자유직업자들의 소득도 있는데 이것도 근로소득이다. 의사, 변호사, 예술가 등에 대한 보수 또는 사례금 등이 여기에 해당한다. 프로 운동선수들의 연봉이나 연예인들의 소득도 당연히 근로소득이다. 근로소득은 그 사람의 능력, 학력, 직업, 지위 등에 따라 큰 차이를 나타낸다. 그렇지만 아주 불안정한 직업을 가진 소수의 예외를 제외하면 근로소득은 대부분의 근로자들에게 아주 안정적인 소득원이 되고 있다. 보다 안정되고 높은 근로소득을 바란다면 꾸준한 자기개발 노력과 성실하고 적극적인 자세가 필요하다 할 것이다.

재산소득은 소유하고 있는 재산을 다른 사람에게 제공하고 그 대가로 받는 소득을 말한다. 여기에는 예금이나 적금의 이자, 보유주식에 대한 배당, 토지나 건물의 임대료 등이 있다. 가지고 있는 주식이나 부동산의 가격이 오르는 것만으로는 소득이 발생하지 않는다. 그것을 팔아서 화폐화할 때 비로소 소득이 실현된다. 미 실현된 재산상의 이익을 소득으로 착각해서는 안된다. 내가 가지고 있는 주식의 가치기 오늘 하루에 백만원이나 올랐다 헤서 소득이 실현된 것처럼 소비해 버린다면 얼마나 어리석은 일인가. 재산은 잘 관리하면 소득이 안정적으로 보장될 수도 있으나, 잘못하면 손실을 초래할 수도 있다. 우리 주변에서 주식이나 부동산의 가격이 폭락하여 재산상의 큰 손해를 입는 경우를 흔히 볼 수 있다.

사업소득은 자기 스스로 사업을 하여 얻는 소득을 말한다. 개인 또는 가계가 경영하는 사업으로는 비교적 규모가 큰 기업부터 구멍가게나 포장마차와 같은 영세점포, 그리고 농가에 이르기까지 다양하다. 사업소득은 총수입에서 그 수입을 올리기까지 소요된 모든 비용을 제외한 나머지, 즉 이윤이 된다. 예를 들어 어느 농가가 쌀농사를 지어 연간 천만원의 총수입을 올렸다고 하자. 그리고 종자, 비료, 농약대금과 농기계 사용료, 인건비 등의 제반비용이 4백만원 소요되었다면, 그의 사업소득은 6백만원이 된다. 사업소득은 개인의 능력과 경영수완 뿐 아니라 자본규모, 경쟁관계, 시장상황 등의 외적 요건에 의해서도 큰 영향을 받는다. 특히 영세사업자의 경우 사업과 가계가 사실상 구분되지 않아서 사업이 실패하면 가계경제가 극도로 어려워질 위험을 안고 있다.

이전소득은 다른 개인이나 기업, 또는 정부로부터 아무런 대가 없이 일방적으로 제공되는 소득을 말한다. 여기에는 수재의연금이나 구호물자 처럼 어려움을 겪는 가계에 일시적으로 제공되는 이전소득도 있지만, 연금, 생활부조금, 실업수당, 기타 사회보장성 이전소득이 중요하다. 대부분의 사람들은 자신의 노력으로 살아가지만, 질병이나 재해, 주 소득원인 가장의 실업이나 사망, 고령화 등으로 인해 스스로 살아가기 어려운 사람들도 많다. 이들을 위해서 정부는 여러 가지 사회복지제도를 갖추고 생활에 도움을 주고 있으나, 개인들도 더불어 사는 사회를 위해 이들에 대한 따뜻한 배려를 아끼지 말아야 할 것이다.

3) 합리적 수입관리

풍요로운 소비생활을 위해서는 무엇보다도 가계소득의 증대가 중요할 것이다. 봉급생활자이든 자유직업자이든, 아니면 자영업자나 농가이든 모든 가계의 구성원들이 소득증대를 위해 최선을 다할 것이다. 여러 가족 구성원들이 가능한 한 근로소득을 올리고 부업을 하는 것은 직접적인 소득증대로 이어진다. 사업을 하거나 농사를 지을 때에도 가족들이 힘을 합쳐 노력하는 것도 이윤이나 소득의 증대에 도움이 될 것이다. 재산의 적절한 관리 운영을 통해서도 재산소득을 증대시킬 수 있다.

한편 소득증대 못지않게 중요한 것이 가계소득의 안정성 확보이다. 안정적인 소득에 근거하여 장기적이고 합리적인 소비계획이 가능할 것이기 때문이다. 안정성 확보를 위해서는 우선 가계소득의 원천을 다양화할 필요가 있다. 근로소득이나 사업소득에 가계수입을 의존하는 가계에서 저축을 통해 재산을 형성하는 것은, 이를 통해 재산소득을 올릴 수 있을 뿐만 아니라 근로소득이나 사업소득에 문제가 생길 때 이를 보완할 수 있는 안전판의 역할을 할 수 있다. 수익자산도 예금, 채권, 주식 등으로 다양화하여 위험을 분산하고 안정적인 소득을 도모하여야 한다.

부채도 엄연한 가계수입의 하나이다. 재해나 질병으로 인해 긴급히 필요한 경우도 있지만 주택구입이나 결혼, 장례, 입학과 같은 가족의 예정된 대소사에 목돈이 필요한 경우에도 부채에 의존할 수 있다. 할부구입도 부채에 해당한다. 기업이 외부자금을 적절하게 활용하는 것이 성공적인 경영에 필수적인 것처럼 가계의 부채도 원활한 소비생활에 도움이 될 수 있다. 그러나 부채는 반드시 갚아야하는 부담이 있으므로 사전에 상환능력을 감안하고 구체적인 상환계획을 수립하여야 한다.

2. 가계의 지출

1) 지출의 종류

가계의 **지출**은 일정기간 내에 가계에서 나가는 화폐와 현물의 총액을 말한다. 지출도 그 성격에 따라 여러 가지 종류로 나누어진다.

우선 순자산의 감소여부에 따라 실지출과 실지출 이외의 지출로 나뉜다. **실지출**은 순자산의 감소를 초래하는 지출이다. 실지출에는 소비지출과 비소비지출이 있다. 가계가 소비를 위하여 의식주에 관한 모든 상품을 구입하는데 지불하는 금액이 **소비지출**이다. 세금이나 공과금, 벌금, 도난 금품, 부채에 대한 이자 상환금처럼 직접 소비와 관련되지 않은 것이 **비소비지출**이다. 우리가 보통 생활비 또는 생계비라고 부를 때는 소비지출만을 의미하는 것으로 해석한다.

실지출 이외의 지출은 순자산의 감소가 일어나지 않는 지출이다. 저축이나 부동산 구입, 부채에 대한 원금상환, 할부대금 상환 등이 여기에 해당한다. 이들은 저축의 증가나 부채의 감소로 자산구성의 변화만 초래할 뿐 순자산 수준에는 변화를 초래하지 않는다.

한편 가계지출은 그 지속성과 규칙성 여부에 따라 경상지출과 임시지출로 구분된다. **경상지출**은 정기적으로 예상되는 지출을 말한다. 식료품비, 주거비, 광열비, 각종 요금 등이 여기에 해당된다. 경상지출에는 한 달 이하의 기간을 주기로 지출이 반복되는 항목이 많으나, 재산세나 자동차세와 같은 세금, 수업료, 적십자회비 처럼 3개월이나 6개월, 길게는 1년을 주기로 반복되는 항목도 적지 않다.

임시지출은 예상치 않은 일로 지출되거나, 어느 정도 예상할 수 있지만 규칙적으로 나타나지 않는 지출을 말한다. 병원 치료비나 약값, 손님 접대비, 결혼축의금, 장례 부조금 등이 이에 해당한다. 자동차나 컴퓨터와 같은 내구재의 구입비용도 사전 계획에 따른 예상된 지출이지만 규칙적으로 반복되지 않는다는 점에서 임시지출로 분류된다.

2) 가계지출 항목

합리적인 가계경제 운영을 위해서는 수입과 지출에 관한 체계적인 관리가 필요하다. 특히 수많은 지출항목을 나름대로 분류하여 정리할 필요가 있다. 일반적인 가정에서 가계부를 작성하는 데에도 알기 쉽게 지출항목을 분류하는 것이 필수적일 것이다. 지출항목은 지출목적과 관계없이 품목에 따라 분류할 수도 있고, 지출용도에 따라 분류할 수도 있다. 보통 가계경제를 분석하는데는 용도별 분류에 따르는데, 이는 같은 상품이라 하여도 용도가 다를 경우에는 서로 다른 항목으로 분류하는 방법이다. 예를 들어 단순히 식사를 하기 위해 외식을 하는 것은 식료품비에 해당하지만, 손님접대를 위해 외식을 했다면 이는 교제비에 포함된다.

〈표 4-1〉 가계지출 항목분류

항목	세부내용
1. 식료품비	주식비, 부식비, 기호품비, 외식비, 급식비 등.
2. 주거비	집세, 지대, 가구, 집기, 주택수리 및 유지비, 화재보험료 등.
3. 광열수도비	전기, 가스, 석유 등의 연료, 수도료 등.
4. 피복비	의류, 침구류, 장신구, 신발, 가방, 세탁비, 수선비 등.
5. 보건위생비	약값, 의료비, 목욕비, 이미용비, 화장품, 비누, 치약 등.
6. 교육비	교과서, 참고서, 문방구, 수업료, 학원비, 과외비 등.
7. 교통통신비	전신전화, 우편, 버스, 전철, 택시, 자가용 유지비 등.
8. 교양오락비	신문, 잡지, 교양서적, 음반, 영화, TV, 관광, 오락, 운동비 등
9. 교제비	축의금, 위로금, 접대비, 선물비, 친목회비 등.
10. 제세공과비	재산세, 주민세, 소득세 등의 세금, 적십자 회비, 사회보험료 등.
11. 저축	예금, 적금, 채권, 주식 등의 매입비, 곗돈, 부채상환금 등.
12. 기타	용돈, 파출부 비용, 헌금, 기부금 등.

그러나 각각의 지출을 그 용도별로 엄격히 구분하기 어렵고 애매한 경우가 많다. 그리고 얼마나 세세하게 이를 구분할 것인지도 일관된 원칙이 없다. 그리하여 개별 가계가 편의에 따라 이를 분류하여 정리하는 것이 바람직하다. <표 4-1>의 항목분류는 일반적으로 제시되는 분류체계의 예이다.

<표 4-1>은 모든 가계지출을 망라하고 있다. 항목 11은 실지출 이외의 지출로서 순자산의 감소를 초래하지 않는 항목이나. 내체로 항목 1에서 9까지를 생활비, 또는 생계비라고 부를 수 있다. 생활비 중에는 의식주에 관련되어 살아가는데 필수불가결한 항목도 많지만, 교양오락비나 교제비와 같이 가계의 사정과 의지에 따라 지출액을 비교적 쉽게 조절할 수 있는 항목도 있다.

도시 가구의 소비지출

지속적인 소득증대와 더불어 가계의 소비지출 구성도 크게 달라지고 있다. 아래 표는 도시 가구의 월평균 소비지출 구성을 보여준다. 과거에 전체 소비지출 중 가장 큰 비중을 차지하던 식료품비의 비중은 1980년에 43.0%를 차지하였는데 2017년에는 14.5%로 크게 하락하였다. 의류신발비의 비중도 하락하였다.

그 대신 오락문화비, 교통통신비의 비중은 크게 높아졌다. 또 외식비, 이미용비, 장신구, 경조비, 회비 및 교제비를 포함하는 기타 소비지출의 비중도 크게 높아졌다. 소득 증가분의 상당부분이 여가 및 취미생활과 휴가나 여행 수요 증가, 자가용 보급증대 및 정보통신 서비스 확대, 그리고 교제비 증가 등으로 나타나고 있는 것이다.

이러한 구성비 변화는 도시가계의 소비지출이 기초생활 관련 의식주 위주의 지출에서 교육, 문화, 정보, 사교 등 정신적 풍요로움을 추구하는 방향으로 고급화하고 있음을 단적으로 보여주고 있다.

도시 가구의 월평균 소비지출 구성

(단위:%)

연도	소비지출	식료품	주거광열 수도	가정용품 가사서비스	의류 신발	보건	교육	오락 문화	교통 통신	기타 소비
1980	100	43.0	12.2	4.5	9.9	6.5	5.5	1.9	5.8	10.1
1990	100	32.7	9.1	5.7	8.3	5.1	7.5	4.6	8.6	18.5
2000	100	27.5	8.4	3.7	5.7	4.1	10.9	5.3	16.4	18.0
2017	100	14.5	11.3	4.4	6.3	6.9	7.7	7.1	20.2	21.4

자료: 통계청

3) 합리적 지출관리

장기적으로 안정되고 원활한 소비생활을 위하여는 저축을 통한 재산형성이 대단히 중요하다. 저축을 하기 위해서는 가능한 한 실지출을 줄여야 한다. 설령 소득수준이 높은 가계라 할지라도 실지출을 관리하여 적절한 재산형성을 도모하는 것이 바람직하다. 실지출을 줄이기 위해서는 우선 지출 세부항목 중에서 그 긴요도를 판단하여 우선순위를 정하는 것이 좋을 것이다. 그리고 그 우선순위에 따라 사전에 항목별 지출배분을 한 후에 이 계획에 따른 지출이 이루어지도록 관리하면 된다.

가계의 지출에는 사전에 그 금액이 정해져 있어서 가계가 이를 조절할 수 없는 지출이 있다. 계약이나 규정에 따라서 지급하는 집세나, 임대료, 세금, 수업료, 부채 상환 원리금 등과 같은 지출이 이에 해당하는데, 주어진 기간 내에서 가계는 더 이상 이를 줄일 수 없을 것이다. 반면 지출금액이 고정되지 않고 가계의 의지에 따라 조절이 가능한 지출이 있다. 음식물비, 피복비, 교양오락비, 교제비 등이 이에 속한다. 대부분 소비지출에 해당하는 이 지출이 가계가 줄일 수 있는 여지가 남아 있는 부분이다.

합리적인 지출관리의 첫걸음은 아마도 가계부를 작성하는 일일 것이다. 사전에 지출계획을 수립하고 꼼꼼하게 가계부를 작성하는 가계가 가계부도 없이 무계획적으로 지출하는 가계보다, 장기적으로 안정적이고 풍요로운 소비생활을 영위할 것이라는 사실은 아무도 부인하지 못할 것이다. 요즘에는 자가용을 사용하고 관리하는데 소용되는 지출만 따로 차계부를 만들어 기록하는 사람들도 많은데, 이는 대단히 바람직한 일이다. 어린 자녀들에게 용돈관리장을 만들어 기록하도록 지도하는 것도 합리적인 지출관리의 습성을 들이는데 큰 도움을 줄 것이다.

근래에는 신용카드의 사용이 빈번해지고, 할부판매나 통신판매 등 소비자의 구매를 부추기는 분위기가 심해지고 있다. 신용카드로 구매할 경우 자칫하면 가계의 수입을 고려하지 못할 수가 있고, 할부구매는 나중에 갚아야 하므로 부채를 발생시키는 지출이다. 이러한 무계획적인 지출과 충동구매를 피하는 것도 유념해야할 사항이다.

3. 수입과 지출의 조화

회계학적으로 본다면 가계의 총수입과 총지출은 항상 같다. 일정기간 동안 들어온 돈과 나간 돈은 항상 일치할 것이다. 그렇다면 가계가 흑자냐 적자냐 하는 것은 무엇을 기준으로 말하는가? 그것은 실수입과 실지출을 기준으로 판단한다. 예를 들어 어느 가계의 실수입이 100만원인데, 실지출이 80만원이라면 그 차액인 20만원이 흑자이다. 이 흑자분이 저축으로 전환되면 가계의 총지출은 100만원이 된다. 그러므로 총수입액과 총지출액은 일치함을 알 수 있다.

〈표 4-2〉 가계의 수입 지출 구조

수입총액(6,650,000)	지출총액(6,650,000)
실수입(1,600,000) 봉급(1,500,000) 이자(100,000)	실지출(1,450,000) 생활비(1,410,000) 제세공과금(40,000)
실수입 이외의 수입(5,000,000) 적금만기상환(5,000,000)	실지출 이외의 지출(5,180,000) 예금(2,180,000) 주식매입(3,000,000)
지난달에서 넘어옴(50,000)	다음달로 넘어감(20,000)

<표 4-2>는 어느 가계의 한 달 동안의 수입과 지출 구조를 보여준다. 먼저 이 가계의 수입 내역을 보면 직장에 다니는 가장의 봉급이 1,500,000원이고, 이웃집에 빌려준 돈의 이자수입이 100,000원으로 실수입이 1,600,000원이다. 한편 3년 동안 붓던 적금이 만기가 되어 5,000,000원을 수령하였다. 적금이 현금으로 전환된 것이므로 이것은 실수입 이외의 수입이다. 그리고 지난달에 쓰고 남은 현금이 50,000원이었다. 따라서 수입총액은 6,650,000원이다.

다음으로 지출 내역을 보면 생활비로 1,410,000원을 지출하였고, 세금과 공과금으로 40,000원이 지출되어 실지출액은 1,450,000원이다. 적금 찾은 돈과 다른 수입 중 일부를 합하여 그 중에서 3,000,000원은 주식을 매입하였고, 2,000,000

원은 정기예금을 들고 180,000원은 보통예금에 넣었다. 예금이나 주식매입은 자산구성에만 영향을 미치는 실지출 이외의 지출로서 그 금액은 모두 5,180,000원이었다. 그리고 월말에 남은 현금 20,000원은 다음 달로 넘어간다. 따라서 지출총액은 6,650,000원이다.

이 가계는 흑자일까, 아니면 적자일까? 한 달 동안 가계에 들어오고 나간 돈의 합계는, 즉 수입총액과 지출총액은 같다. 흑자와 적자의 기준은 실수입과 실지출이라고 하였다. 실수입이 실지출보다 많으면 흑자이고, 반대로 실지출이 실수입보다 많으면 적자이다. 이 가계의 실수입은 1,600,000원이고 실지출은 1,450,000원이므로 150,000원의 흑자를 실현하고 있다. 이 흑자분은 어떤 형태로든 저축으로 전환되든지 아니면 부채상환에 쓰여서 순자산의 증가로 나타날 것이다. 여기서는 적금 만기 상환금과 지난 달 이월금의 일부와 합쳐져서 예금과 주식매입으로 나타나고 있다.

가계 운영의 건전성은 실수입과 실지출을 보면 알 수 있다. 결국 건실한 가계경제를 위해서는 실수입을 고려한 합리적인 지출계획이 필요하다 할 것이다. 물론 장기적으로 안정된 가계 운영을 위해서 실지출 이외의 수입과 지출에 대해서도 계획성 있는 관리가 필요함은 두말할 필요가 없을 것이다.

2.4 저축과 평생소비계획

1. 저축이란?

보통 저축이라 하면 은행예금이나 적금처럼 금융기관에 맡겨 놓은 돈을 말하는 것으로 착각하기 쉽다. 저축(savings)은 본디 소득 중에서 소비하지 않고 남은 금액을 말한다. 저축은 그 형태로 정의되는 것이 아니다. 저축이 예금이나 적금이 될 수도 있고, 주식이나 부동산에 대한 투자로 전환될 수도 있으며, 그냥 현금으로 보유할 수도 있다.

저축을 왜 하는가? 우선 미래의 어느 시점에서 예상된 지출액이 수입액을 초과할 경우 이를 충당하기 위해 저축을 하는 경우가 있다. 예를 들어 일 년 뒤에 새 자동차를 사기로 예정했다면 그 때를 위하여 오래 전부터 저축을 해야만 한다. 물론 그때 가서 대출을 받거나 할부로 구입할 수 있지만 결국 이를 갚기 위해서 저축을 해야만 한다. 우리가 살아가는 동안 충분히 예상할 수 있는 목돈이 필요한 경우는 많다. 컴퓨터나 자동차 등 내구재의 구입, 주택 마련, 자녀들의 입학, 결혼, 해외여행 등에는 큰돈이 소요된다. 그 금액이 매월의 가계수입과 지출에 비추어 부담스러운 정도이면 어떤 기간에든 저축이 필수적이다.

한편 예상할 수 없고 불시에 닥칠 수 있는 일로서 역시 목돈이 소요되는 경우가 있다. 갑자기 집안에 중환자가 생기거나, 화재나 수해를 당할 수도 있고, 집에 도둑이 들어 재산손실을 입을 수도 있다. 이러한 만약의 필요에 대비하여 저축을 한다.

결국 저축은 예상할 수 있는 경우이든 예상할 수 없는 경우이든 미래의 소비를 위하여 오늘의 소비를 유보하고 남겨지는 소득의 일부분이다.

2. 저축과 소비

가계가 저축을 얼마나 할 것인지는 가계의 상황과 사회제도 등 여러 가지 요인의 영향을 받는다. 우선 가계의 소득수준이 중요하다. 먹고 살기도 힘겨운 저소득층에게는 저축이란 그림속의 떡일 뿐이다. 미래에 대한 대비는 고사하고 현재의 소비도 충당하기 어렵기 때문이다. 반면에 소비를 충분히 하고도 여유가 남을 정도로 넉넉한 소득을 올리는 가계는 어렵지 않게 저축을 할 수가 있다.

그런데 소득이 높다고 반드시 저축을 많이 하는 것은 아니다. 소득수준이 비슷해도 저축을 많이 하는 가계가 있는가 하면 저축은 적게 하고 소비를 많이 하는 가계도 있다. 저축이 많고 적고는 가계의 가치관에 따라 크게 좌우된다. 소득이 많지 않아도 검소 절약하여 가능한 한 저축을 많이 하려는 가계가 있다. 미래의 풍요로운 생활을 위해 오늘의 소비를 기꺼이 희생하는 것이다. 그런가 하면 우리에게 내일은 없다는 식으로 소비에 주력하는 가계도 있다. 내일의 풍요보다 오늘의 소비에 더 큰 가치를 두는 것이다. 자신만의 인생관이나 가치관에 근거하여 소비와 저축을 자율적으로 결정하는 것이 시비의 대상이 될 수는 없다. 하지만 불확실한 시대를 살아가는 일반적인 가계를 합리적으로 운영하는 데에는 어느 정도의 저축은 반드시 필요하다고 할 것이다.

사회제도나 사회적 분위기도 가계저축에 큰 영향을 미친다. 저축의 많은 부분은 불확실한 미래를 대비하기 위하여 이루어진다. 잘 나가던 직장에서 갑자기 실직을 할 수도 있고, 가족 중에 중환자가 생길 수도 있고, 화재나 수해 등의 재해를 만날 수도 있다. 언젠가 나이가 들면 경제활동 능력을 잃고 다른 사람의 경제력에 의존할 수밖에 없다. 이런 때를 대비하여 개인적으로 보험에 들거나 개인연금에 가입할 수도 있다. 그런데 생명보험이나 개인연금도 미래를 위하여 소비를 유보하는 것이므로 사실상 저축의 일종이다.

한편 정부도 국민들의 안정된 경제생활을 지원하기 위하여 다양한 사회복지 정책을 실시하고 있다. 실업자들에게 실업수당을, 그리고 노인들에게는 노인수당을 지급하고, 의료보험이나 국민연금제도도 있으며, 저소득층에 대한 생활안정자금을 지원하고, 재해를 입은 가계에 재해복구비용을 지원하기도 한다. 정부가 실질적으로 충분한 사회복지정책을 펴나간다면 개별 가계가 이에 대비하여 저축을 해야 할 필요성은 크게 줄어들 것이다. 실제로 사회복지제도가 잘 구비된 선진국 중에는 저축률이 낮은 경우가 많은데, 이는 미래에 대비한 저축의 필요성이 작음을 어느 정도 반영하고 있다고 할 것이다.

노후준비, 어떻게 하나?

우리나라는 지속적인 생활수준 향상과 보건 의료기술의 발달로 국민들의 평균수명 연장과 함께 노인인구가 크게 늘어나고 있다. 65세 이상의 노인인구가 전체인구의 7% 이상이면 고령화사회, 14% 이상이면 고령사회, 20% 이상이면 초고령사회로 분류한다. 우리나라는 2000년에 7.1%로 고령화사회, 그리고 2017년에는 14.2%로 고령사회에 접어들었다. 세계에서 가장 빠른 고령화 속도를 보이고 있는 우리나라의 노인인구비율은 2030년에는 23.7%, 2050년에는 35.1%에 이를 전망이다.

그런데 최근 핵가족화가 가속화함에 따라 전통적인 부양의식이 감퇴하여 노인만이 사는 세대가 증가일로에 있다. 대부분의 노인들은 경제적으로 어려운 생활을 할 뿐 만아니라 각종 질환에 시달리고 있는데, 정부에서 실시하는 노인복지제도는 노후생활 안정과는 아직 거리가 멀다.

이에 따라 스스로 노후를 대비해야 한다는 의식이 높아지고 있다. 통계청의 표본조사에 따르면 노후준비는 여자보다는 남자들이 많이 하고 있으며, 학력수준이 높을수록 높은 준비율을 보인다.

준비방법으로는 국민연금제도가 정착되면서 국민연금에 대한 의존비율이 가장 높다. 그런데 국민연금 지급액이 안정적인 노후생활을 하기에는 매우 부족한 것이 현실이다. 대체로 학력수준이 높을수록 보다 안정적인 특수연금(공무원연금, 사학연금, 군인연금 등), 개인연금, 퇴직연금에 의존하는 비율이 높다. 과거에는 사적연금의 비중이 공적연금과 비슷할 정도였으나 국민연금제도가 정착되면서 공적연금의 비중이 크게 높아졌다. 연금 다음으로는 주로 예적금 및 저축성 보험을 이용하고 있으며, 부동산 운용에 의존하는 사람도 있고, 일부 사람들은 증권이나 계 등을 이용하고 있다.

노후준비방법(2015년)

(단위:%)

	국민연금	기타공적연금(특수연금)	개인연금	퇴직금(퇴직연금)	예적금보험	부동산운용	주식채권등	기타
전체	36.9	5.8	6.5	5.6	28.0	14.1	0.4	2.9
남자	38.1	7.4	5.2	6.7	26.0	15.1	0.5	0.9
여자	35.0	3.3	8.5	4.0	31.0	12.6	0.3	5.8
무학	45.5	2.2	0	0	32.0	8.8	0	11.9
초졸	42.7	0.8	1.9	1.4	33.0	15.3	0	5.2
중졸	43.6	1.3	4.0	4.8	26.0	15.3	0	4.8
고졸	38.8	4.9	7.2	5.1	28.0	12.5	0.2	2.9
대졸	31.7	8.9	7.7	7.4	26.0	15.5	0.8	1.7

자료: 통계청

3. 평생소비계획

모든 사람들은 결혼을 하여 가정을 꾸리고 난 후 사망할 때까지 예정된 일련의 과정을 거친다. 직장생활을 하면서 주택을 마련하고 무사히 정년퇴직을 하면 노후생활로 들어간다. 자녀를 갖게 되면 유치원과 초 중 고 교육과정을 거쳐 대학에 진학한 뒤 졸업 후에 직장을 갖게 되고 조만간 결혼을 하면서 독립하게 된다. 가계에 따라 직업도 다르고, 결혼 연령도 다르고, 자녀수도 다르며, 교육관도 다를 것이므로 개별 사건의 시점은 가계마다 천차만별일 수 있지만, 충분히 예상할 수 있는 과정들을 거치는 것이다. 이처럼 일반적인 가계에 일관성 있게 나타나는 일련의 과정을 **생활주기**(life cycle)라고 부른다.

생활주기에 따라 가계의 소득과 소비 규모를 예상할 수 있다. 때로는 가계소득이 소비를 초과하기도 하고 때로는 소비가 소득을 초과하기도 한다. 이러한 불균형을 미리 예상하고 장기적인 소득과 소비의 조화를 꾀하는 것이 안정적인 가계운영의 지름길일 것이다. 이제 표준적인 한 가계가 생활주기에 따라 소득과 소비의 조화를 이루어 가는 과정을 살펴보기로 하자.

두 남녀가 만나 결혼을 하면서 독립된 가정을 이룬다. 우리나라 성인의 평균 결혼연령은 2018년 현재 남자가 약 33세, 여자가 약 31세이다. 남자의 나이를 기준으로 이 가계의 수입규모를 먼저 예상해 보자. 부부가 함께 소득을 올리는 가계도 적지 않으나 여기서는 남자만 소득을 올리는 것으로 가정한다. 안정된 직장을 가진 가장의 소득은 호봉 상승과 승진에 따라 점점 높아진다. 그의 소득은 정년퇴직을 하는 55세에 가장 높아졌다가 퇴직 후에 크게 떨어진다. 정년퇴직 후에도 대체로 일정 기간 동안은 재취업을 하거나 다른 소득원을 찾아 일을 한다. 우리나라에서는 65세 이상의 노인을 다른 사람의 도움을 받는 부양 대상자로 분류한다. 이때부터 평균수명인 83세 까지는 근로소득이 없이 그 동안의 저축이나 연금으로 생활을 하여야 한다.

다음으로 이 가계의 소비지출 규모를 예상해 보자. 우선 결혼 초기에 혼수비용과 전세금을 포함한 결혼비용 등 목돈이 소요된다. 그런데 우리나라에서는 대체로 결혼비용을 부모가 부담한다. 부유한 집에서는 주택까지 마련해 주기도 한다. 또 부모의 집에서 함께 살기도 한다. 그런데 통계에 따르면 이렇게 결혼 이전에 주택을 마련하고 출발하는 가정은 약 20%이고 나머지 80%는 결혼 이후에 주택을 마련한다. 그 중에서도 결혼 후 6년에서 9년 사이에 주택을 구입하는 가정이 가장 많다. 우리가 예로 들고 있는 가계는 약 39세에 주택을 구입한다고 하자.

그 사이에 이 가계는 아들과 딸인 두 자녀를 갖게 되었다. 주택 구입 시기 이후에 아이들이 유치원과 초등학교에 다니기 시작한다. 그 이후 중고등학교를 다닐 때까지 교육비가 늘어나는데 대학 입학을 전후하여 그 부담이 가장 커진다. 물론 대학에 가지 않는 자녀들도 있지만 누구나 대학 진학을 기대하고 있다는 점에서 예상지출을 잡아야 할 것이다. 대학 졸업 후 결혼을 하면서 자녀들은 독립된 가계로 분리된다. 자녀들의 결혼비용은 이 가계의 마지막 목돈 지출 부담이 된다. 그 시점은 대략 가장이 정년퇴직을 한 후 십년 정도 지난 때이다.

이상과 같은 생활주기에 따른 가계의 소득과 소비 예상규모가 <그림 4-1>에 그려져 있다.

〈그림 4-1〉 생활주기와 가계의 소득과 소비

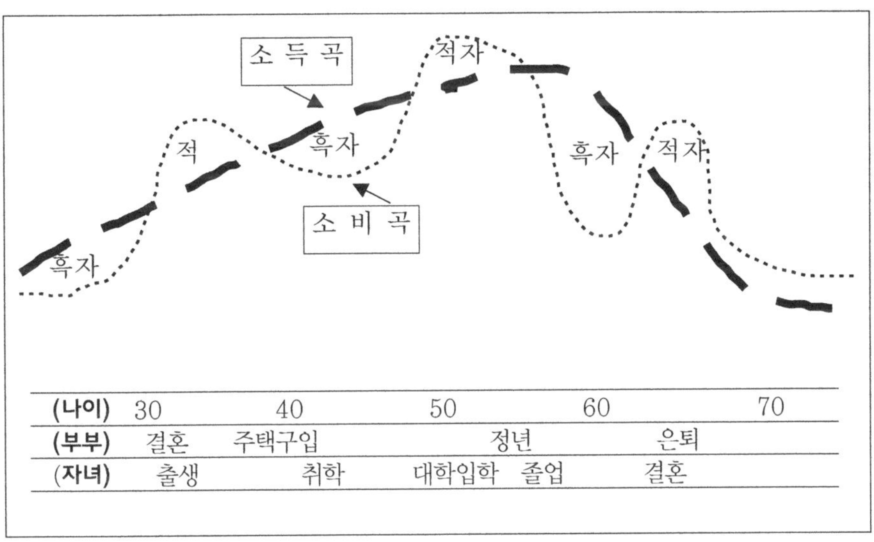

가계소득은 안정된 직장에서 정년에 이를 때까지 꾸준히 상승하다가 정년이후 급격히 감소하고 경제활동에서 완전히 은퇴한 뒤에는 근로소득은 사라진다. 반면에 가계의 소비지출은 상당히 불규칙한 모습을 보인다. 그에 따라 가계는 흑자와 적자가 반복되어 나타난다. 결혼 초기에는 흑자를 실현하다가 주택구입 자금 조달과 상환 시기에는 큰 적자가 나타난다. 그 이후 다시 흑자가 나타나지만 성장한 자녀들의 대학 입학을 전후하여 사교육비의 증대와 대학 등록금과 하숙비 등 교육비의 급등으로 적자를 면치 못한다. 자녀들이 대학을 졸업한 뒤는 소비지출이 크게 줄어든다. 때로는 자녀들이 취직을 하여 가계소득 증대에 기여할 수 있다. 이에 따라 가계는 큰 흑자를 기록한다. 그러나 조만간 자녀들이 결혼함에 따라 다시 적자로 돌아선다. 그 이후 자녀들은 독립했지만 부부의 노후생활은 소득의 격감으로 적자상태로 마감된다.

우리의 생활주기에서 대규모 소비지출이 필요하고 가계경제가 적자로 나타나는 시기는 대체로 세 번에 이른다. 첫 번째가 주택구입 시기, 두 번째가 자녀의 대학입학을 전후한 시기, 그리고 세 번째가 자녀 결혼 시기이다. 이러한 때를 대비하여 평소에 합리적인 소비와 저축을 생활화해야 할 것이다.

지금까지 살펴본 가계는 하나의 예에 불과하다. 앞서 지적한 것처럼 모든 가계는 각각의 사정에 따라 예상 소득과 소비지출의 규모와 시기가 판이하게 다를 것이다. 그러나 평생의 소득과 지출을 예상하여 합리적인 소비생활을 영위하는 것이 풍요롭고 안정된 가계운영을 위해 필수적이라는 사실은 모든 가계에 공통적으로 해당된다고 할 것이다.

연습문제

1. 다음 용어를 설명하시오.
   (1) 한계효용
   (2) 한계효용 체감의 법칙
   (3) 가계
   (4) 실수입
   (5) 경상수입
   (6) 근로소득
   (7) 이전소득
   (8) 소비지출
   (9) 생활주기
   (10) 저축

2. 다음 물음에 답하시오.
   (1) 단돈 만원을 가진 사람이 99만원을 가지고 100만원을 채우고자 하는 사람에게 그 만원을 줄 수도 있다. 이 때 그들의 총효용과 한계효용에 대하여 생각해 보라.
   (2) 평생 절약하여 거액의 유산을 남기고 죽는 사람과 호사스럽게 살다가 한 푼도 남기지 않고 죽는 사람 중 어떤 삶을 선호하는지 자신의 생각을 설명하라.
   (3) 자신의 평생소비계획을 세워 보고 이를 다른 사람과 비교해 보라.

제 3 장

기업과 생산활동

3.1 기업의 역할과 목표

1. 기업의 역할

기업은 경제학적인 의미에서 상행위 또는 기타 영리를 목적으로 시장활동에 참여하는 경제주체를 말한다. 또한 기업은 소비자의 욕구를 충족시키기 위해 재화와 서비스를 생산하는 최종제품 공급자이기도 하다. 반면 기업은 자본, 노동력, 그리고 보유하고 있는 기술력을 결합하여 생산활동을 하므로 생산요소 시장에서는 수요자가 된다. 또한 기업은 최종제품의 생산을 위해서 중간재를 소비하여야 하므로 기업 서로간에도 공급자와 수요자의 역할을 한다. <그림 6-1>은 이와 같은 기업의 역할을 보여준다.

기업은 생산활동을 위해 가장 중요한 생산요소인 노동력을 가계로부터 공급받으며 그 대가로 임금을 지불한다. 대다수의 사람들은 회사에서 경영자, 생산직 근로자, 또는 사무직 근로자 등 봉급생활자로 일을 하는데, 이 경우 가계와 기업은 노동력의 공급자와 수요자로 노동시장에서 만나는 것이다. 또한 기업은 실물자본에 투자를 위해 자본시장에서 자금을 융통하고 그 대가로 주식배당금이나 이자 등 자본소득을 지불한다. 가계가 은행에 예금·적금을 들거나 주식투자를 하거나 사채를 매입하는 등 자본시장에 공급한 자금이 기업의 투자자금의 주요 원천이므로 가계와 기업은 자본시장에서 공급자와 수요자로 다시 한 번 만나는 것이다. 마치 수레의 두 바퀴 중 어느 하나도 없어서는 수레가 굴러갈 수 없듯이 기업과 가계는 경제를 지탱하고 유지시켜주는 필수요소인 것이다.

〈그림 3-1〉 가계와 기업의 상호 관계

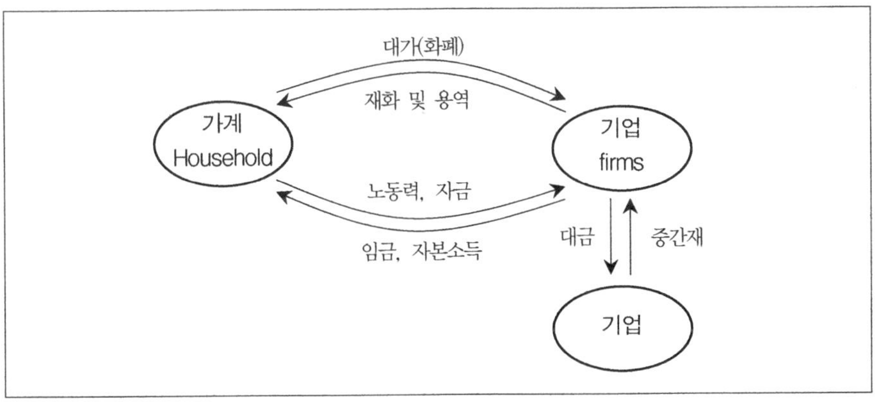

기업은 이와 같이 생산활동을 영위하는 과정에서 살아남기 위해서라도 불가피하게 효율성과 합리성을 추구해야 한다. 이 과정에서 기업은 자원의 효율적 배분을 통해 시장경제의 효율성을 유지하고, 투입된 자본과 노동력에 대한 정당한 대가를 지불함으로써 분배의 형평성을 높이는 역할을 하기도 한다.

기업의 발생원인은 여러 가지 측면에서 찾을 수 있다. 그 중 가장 중요한 요인으로 **특화**(specialization)에 의한 경제적 이득을 들 수 있다. 특화란 곧 전문화를 의미한다. 주변에서 흔히 볼 수 있는 연필을 한 번 생각해보자. 보통 연필 한 자루는 문방구에서 200원 정도로 누구나 쉽게 구해 쓸 수 있지만 개개인이 연필을 만들어 써야 한다고 했을 때는 이야기가 다를 것이다. 나무를 베어 깎아 말리고, 어디에 있는지 모를 흑연을 찾아 연필심을 만들어 나무 두 쪽 사이에 넣고, 어떻게 만들어지는지도 모르는 접착제로 붙이는 과정을 거쳐야만 연필이 만들어지는 것이다. 이런 절차를 거치려면 개개인이 아무리 능숙한 사람이라 할지라도 몇 날 몇 달이 걸려야만 가능한 일일 것이며, 그 최종적인 품질이 지금 200원 정도에 쉽게 구해 쓸 수 있는 수준에는 턱없이 모자랄 것이다. 그러나 특화를 통해 나무를 베는 사람, 말려서 적당한 크기로 잘라주는 사람, 흑연을 채굴하여 심으로 만들어주는 사람, 이 모든 재료들을 구입·배송하여 주는 자재상 등으로 전문화하여 이들의 노력을 유기적으로 연결한 결과 지금처럼 싼값에 질 좋은 연필을 대량으로 생산하여 여러 사람이 혜택을 볼 수 있는 것이다. 가장 간단해 보이는 연필의 경우가 이러할진대, 최신기술과 특수재료들이 사용되는 자동차, 선박, 비행기 컴퓨터 등은 특화를 통한 전문화와 효율화 없이는 생산 자체가 불가능할 것이다.

기업이란 이와 같은 특화의 과정을 통해 작업이 전문화되고 효율화되면서 대량생산이 가능하도록 조직화하는 과정에서 자연스레 탄생하게된 것이다.

2. 기업의 목표

기업은 영리를 추구하는 단체이다. 따라서 경제학에서는 '이윤을 극대화하는 것'이 기업의 일반적인 목표라고 간주되고 있다. 혹자는 기업은 기업활동을 통해 사회에 공헌하고 공익적인 역할을 수행하여야 한다고 주장하기도 한다. 또한 기업은 기업 구성원의 복지를 증진하는 것을 목표하여야 한다는 주장도 있다. 그러나 공익적인 역할이나 구성원 모두의 복지 증진 모두 바람직한 지향점이기는 하지만 기업의 근본적인 목표는 될 수 없다. 이윤을 창출하지 못하는 기업은 장기적으로 도태하기 마련이다. 따라서 살아남기 위해서는 생산활동을 통한 이윤의 창출이 기업의 궁극적인 목표가 되어야 한다. 다만 기업이 처한 사회의 특성에 따라 공익성, 구성원의 복지 증대 등은 그 기업의 수익성 자체에 영향을 미치는 경우가 있다. 이러한 경우 기업은 이윤추구라는 궁극적인 목표 달성을 위해 공익성이나 구성원의 복지 증대라는 중간 목표를 설정하는 것이 합리적인 행동일 것이다.

기업의 공익성 추구를 주장하는 이유로 기업이나 개인이 모두 사욕적인 목표만을 위해 행동한다면 사회는 결속력을 잃게 되며 궁극적으로 지탱 불가능한 사회가 된다는 논리가 제시되기도 한다. 기업이 부당 해고를 단행하고, 환경오염물질을 무단 배출하고, 제품개발이나 기술개발을 통한 긍정적 성장을 꾀하기보다는 정경유착 등의 검은 고리를 통해 반사회적 성장을 꾀하는 등 기업의 불법행위 또는 비윤리적인 행위들이 때때로 행해진다. 그리고 이러한 행위들이 기업의 이윤추구라는 미명하에 이루어지므로 기업의 이윤추구 동기 자체가 반사회적인 특성을 가진다는 논리인 것이다. 그러나 이러한 행위 등은 엄연한 불법·부당행위이므로 설령 궁극적으로 이윤을 극대화하기 위해 그런 불법행위를 행했다 하더라도 그 불법행위 자체가 잘못된 것이지 이윤추구 동기 자체에 문제가 있기 때문은 아닌 것이다.

예를 하나 들어보자. 어떤 사람이 먹을 것을 구하기 위해 일을 하진 않고 도둑질을 했다고 차자. 이 때 비난받아야 할 것은 먹어야겠다는 이 사람의 욕망일까? 아니면 그 욕망을 채우기 위해 행한 도둑질이어야 할까? 당연히 도둑질이 비난받을 일이지 먹어야겠다는 욕망 자체는 비난받을 일이 아니라고 생각할 것이다. 기업도 마찬가지이다. 이윤의 추구를 위해 대다수의 기업은 정당하고 적법한 기업활동을 한다. 하지만 일부의 기업은 부당하고 불법적인 행위를 한다. 이들 일부 기업의 불법적인 행위는 비난받아 마땅한 일이나, 이들 기업의 이윤추구 동기 자체는 비난받을 일이 아닌 것이다.

물론 이윤추구 동기가 모든 기업의 목표를 완전히 대변하지는 않는다. 일부의 기업들은 순수한 경제적인 동기 이외의 기업 내의 사회적, 정치적 목적에 따라 행동하기도 한다. 또한 기업은 경영권의 수호나, 시장점유율의 확대 등의 목적으로 이윤극대화라는 목표를 일시적으로 미뤄 두기도 한다. 그러나 분명한 사실은 장기적으로 경제 전체를 조망하여 볼 때 기업은 이윤의 추구를 목표로 한다고 가정하는 것이 가장 합리적이고 설명력이 높다는 것이다.

아담 스미스의 '보이지 않는 손'과 '사리(私利) 추구'

아담 스미스(Adam Smith, 1723-1790)는 산업혁명 시기의 유명한 철학자이자 경제학자이다. 그는 자유시장경제의 작동 메커니즘과 그 중요성을 인식한 최초의 학자중의 한 사람이자, 고전학파 경제학의 시조격인 사람이다. 그의 불멸의 저서 국부론(The Wealth of Nations, 1776)에서 경제활동의 동기에 대해 그는 다음과 같이 말하고 있다.

"… 개개인은 일반적으로 공익을 추구하지도 않으며 또한 자신이 공익에 얼마나 공헌하는 지도 알지 못한다. … 개개인은 오직 자신의 안녕만을 생각하며, 기업이 가장 효율적인 기업행위를 하지 않으면 안되게끔 함으로써 자신의 이익을 추구함과 동시에, 우리가 흔히 경험하듯이 자신이 의도하지 않았던 일을 어떤 '**보이지 않는 손**(invisible hand)'에 이끌려 하게 된다. … 자신의 이익을 추구하는 과정에서 개개인은 때때로 공익을 추구하려 의도했던 경우보다 더 효과적으로 공공의 이익을 실현하는 경우가 많다. …"

이상에서 아담스미스는 개인적인 이익의 추구가 반드시 공공의 이익에 반하는 것을 의미하지 않는 다는 사실을 이미 오래 전에 간파했다는 것을 잘 알 수 있다. 결국 사익 추구의 동기는 자연스러운 것이므로, 사회가 해야 할 일은 사회 전체의 이익에 반하는 행위는 사익의 추구에도 도움이 되지 않도록 법령과 규칙, 관행을 정비하는 일인 것이다.

3.2 생산과 이윤

1. 생산과 생산요소

기업은 기업 외부로부터 생산원료나 중간재를 구입하여 이를 변형시키는 생산공정을 거쳐 상품을 생산한다. 생산과정에서 투입되는 기업 고유의 요소를 생산요소라 부른다. 생산요소는 크게 **노동력**(labor)과 **물적자본**(physical capital)으로 나뉘며, 생산활동이란 생산요소를 기업이 가진 생산기술을 활용하여 원료나 중간재에 변형을 가하여 이윤을 창출하는 제반 행위를 일컫는 것이다.

자동차회사를 예로 들어보자. 자동차를 생산하기 위해서는 무엇보다도 기업이 가진 생산기술을 검토하여 선택해야 한다. 생산기술의 선택이 이루어지면 이를 실현하기 위해 소요되는 공장용 부지와 생산설비를 알 수 있다. 그러면 이 생산라인에서 일할 생산직 근로자의 자격요건과 수요량도 자연스럽게 도출이 된다. 그러고 나서 이 기본적인 생산활동을 뒷받침할 경영진, 관리직 직원, 판촉 및 영업직원, 애프터서비스 직원, 공장의 가동과 관리를 맡을 현장관리직원 등의 고용에 관한 결정을 내려야 한다.

경제학에서는 분석의 편의를 위해 이렇게 다양한 생산요소들을 크게 물적자본과 노동력으로 분류한다. 노동력은 생산에 투입되는 모든 인적자원을 노동시간으로 환산한 것을 의미하며, 따라서 시간단위가 사용된다. 반면 물적자본이란 바로 토지, 생산설비 및 생산장비, 업무용 집기 등 손으로 만질 수 있는 모든 물리적인 투입요소를 말한다. 이와 같이 다양한 물리적 투입요소를 하나의 단위로 표시하기 위해서 화폐단위를 사용한다. 이들 물적자본을 구입하고 유지·관리하기 위해서는 자금, 즉 화폐자본이 필요하므로 일반인들은 이 두 가지 개념을 혼동하는 경우가 많은데, 물적자본과 화폐자본은 엄연히 구분되는 개념이다. 또한 일반적으로 회사의 회계장부상의 자본을 물적자본과 혼동하기도 하는데, 실물자본은 대차대조표 상의 자본과는 다른 개념이며 오히려 대차대조표 상의 실물자산의 개념에 더 가깝다.

각 생산요소의 투입량이 결정되고 나면 기업은 생산활동을 가동하기 위해 원료와 중간재의 구입에 관한 결정을 내려야 한다. 즉 원료와 중간재는 어떤 것을 얼마만큼 쓸 것이며 이들의 구입처는 어떤 곳으로 할 것인가 등에 대한 결정을 내려야 하는 것이다. 이렇게 모든 생산요소와 원료 및 중간재에 대한 결정이 내려지면 이를 수행하기 위한 자금수요가 도출이 되고 이 자금을 언제, 어떻게, 어디로부터 조달하는가 하는 결정을 내려야 한다.

이러한 기업의 전반적인 의사결정과 이의 집행과정을 통틀어 생산활동이라 부른다. 생산활동이란 실로 복잡하고 다양한 여러 가지 활동을 아우르는 개념인 것이다.

2. 생산성

경제학에서 기업이 생산활동을 얼마나 효율적으로 수행하였는가를 보여주는 가장 중요한 척도가 바로 **생산성**(productivity)이다. 생산성 척도는 곧 기업의 경쟁력 척도인 것이다.

두 기업에서 경영대학 출신과 공고출신 기술자를 각각 1명씩 고용했다고 하자. 이때 A회사는 생산라인에 공고출신 근로자를 그리고 경영분석팀에 경영대학 출신을 배치한 반면 B회사는 이와 반대로 생산라인에 경영대학 출신 근로자를 그리고 경영분석팀에 공고출신 근로자를 배치하였다고 하자. 이 경우 아마도 A회사의 경영실적이 더 좋을 것이다. 이번에는 두 기업이 컴퓨터와 자동차를 각각 1대씩 구입했다고 하자. A회사는 컴퓨터를 경영분석팀에 배당하고 자동차를 애프터서비스팀에 배당한 반면 B기업은 경영분석팀에 자동차를 그리고 애프터서비스팀에 컴퓨터를 배당했다고 가정하자. 이 경우도 역시 A회사의 경영실적이 더 좋을 것이다. 다시 2개의 기업에서 각각 10억원을 들여 건물을 하나 지었다고 하자. A회사는 이 건물을 종업원 복지시설로 활용한 반면 B회사는 이 건물은 간부용 사우나시설로 활용했다고 하자. 이 경우도 역시 A회사의 경영실적이 좋은 것으로 나타날 것이다. 기업의 경영실적은 이렇게 다양한 기업의 생산활동의 효율성에 의해 결정되며, 생산성은 기업 생산활동의 효율성을 한마디로 요약해 주는 개념인 것이다.

그러면 생산성은 어떻게 측정하는가? 생산성의 개념 중 반드시 알아두어야 하는 두개의 개념이 있는데 그것이 바로 **평균생산성**(average productivity)과 **한계생산성**(marginal productivity)이다. 평균생산성이란 한 기업의 총생산량을 생산요소의 총투입량으로 나눈 것을 의미한다. 어떤 기업이 곰인형을 한 해 동안 100만개를 생산했는데 이를 위해 모두 50만 시간의 노동력이 투입되었다고 하자. 이때 이 기업의 평균노동생산성은 시간당 2개(100만/50만=2개/시간)로 계산될 수 있다. 즉 평균생산성의 개념은 어떤 생산요소가 평균적으로 얼마나 효율적으로 활용되고 있는지를 보여주는 척도인 것이다. 반면 한계생산성은 그 생산요소의 전체 투입량 중 제일 마지막에 투입된 생산요소가 얼마나 높은 생산성을 보이는가를 보여준다. 아래의 표에서 노동투입량이 한 단위이었을 때 총생산량은

10개이었으나 2단위이었을 때는 총생산량이 18개이다. 그러므로 두 번째로 투입된 노동력은 추가적으로 8개만을 생산했다는 추론이 가능하다. 따라서 두 번째로 투입된 노동력 한계생산성은 8개가 되는 것이다. 이와 같은 방식으로 계산을 해보면 평균생산성과 한계생산성을 <표 6-2>에서와 같이 쉽게 계산할 수 있다. 여기서는 설명의 편의상 노동의 생산성에 대해서만 설명을 했지만 물적자본에도 똑 같은 개념이 적용될 수 있다.

〈표 3-1〉 생산요소 투입량과 한계생산성

노동투입량	0	1	2	3	4	5
총생산량	0	10	18	24	28	30
평균생산성	0	10	9	8	7	6
한계생산성	—	10	8	6	4	2

한계생산성은 쉽게 계산할 수 없다는 단점 때문에 학술적인 연구논문에서나 자주 사용될 뿐 기업의 일상적인 의사결정에 있어서는 아주 특이한 경우를 제외하고는 실제 활용되지 못하고 있다. 공식적으로 발표되는 국가경제지표에서도 계산이 어려운 한계생산성보다는 평균생산성이 보고되고 있다. 그러나 경영의사결정을 내리는 데 있어서나 경제분석을 하는 데에 있어 평균생산성의 개념보다는 한계생산성의 개념이 훨씬 더 중요하며, 경제와 경영의 원리를 이해하는 데에 필수적인 개념이다.

기업의 한계생산성은 크게 아래 3가지의 패턴을 보인다.

유형1 : 자본의 투입량을 묶어두고 노동의 투입량을 계속 늘려나가면 노동의 한계생산성은 노동의 투입량이 늘어날수록 감소한다. 즉 **'한계수확체감의 법칙'**이 적용된다.

유형2 : 자본의 투입량을 증가시키면 노동의 한계생산성은 증가한다. 노동의 투입량을 늘리면 자본의 한계생산성도 마찬가지로 증가한다. 즉, 노동과 물적자본은 상호보완성을 가진다.

유형3 : 생산기술의 향상은 노동과 자본의 한계생산성을 모두 증가시킨다.

위의 한계생산성의 3가지 유형 중 유형 1은 기업의 단기생산함수가 보이는 유형이며, 유형2는 기업의 장기생산함수가 보여주는 유형이다. 끝으로 유형3은 기업의 초장기 생산함수가 보여주는 유형이다.

단기생산함수는 공장이나, 생산설비의 개·보수 등 물적자본의 투입량을 변경하기에는 짧은 시간, 즉 물적자본 투입량이 고정되어 있는 동안의 기업의 생산활동이 보여주는 패턴을 의미한다. 이와는 달리, 장기는 그 기간이 물적자본의 투입량을 변화시키기에는 충분하나 기술수준의 변화를 실현하기에는 짧은 시간을 의미하며, 끝으로 초장기의 개념은 기술수준의 변화까지도 가능한 시간을 의미한다. 여기에서 알아두어야 할 것은 이와 같은 단기, 장기, 초장기의 개념은 반드시 시간과 연계하여 생각할 필요는 없다는 것이다. 단지 이제까지의 경험으로 미루어 노동투입량의 변화보다는 자본투입량의 변화가 더욱 많은 시간을 소요하였고, 또한 자본투입량의 변화보다는 기술수준의 변화를 경험하는 것이 더욱 많은 시간이 소모된다는 것이 통례이었다. 그러나 한 기업의 초장기가 반드시 다른 기업의 장기보다 더 시간적으로 길어야 할 이유는 없다. 이러한 시간의 개념은 개개 기업의 경영 전략이나, 연구개발투자, 의사결정체제 및 기업의 준비성 등에 크게 좌우되는 것이다.

생산성을 측정할 때 무엇에 대한 생산성을 측정하여야 할까? 생산성의 측정대상으로 총생산량이나 매출액 등의 개념이 가끔 사용된다. 그러나 총생산량이나 총매출액은 나름대로 중요하고 의미 있는 개념이긴 하나 다소 왜곡될 수 있는 측면이 있다. 다음의 경우를 생각해보자. 2개의 기업이 있는데 기업1은 년간 매출액이 1조원이었고 이를 위해 모두 1억시간의 노동력이 투입되었으며, 기업2는 총연간매출액이 4000억원에 총노동투입량은 5000만 시간이었다고 하자. 이 경우 총매출액으로 본 두 기업의 평균노동생산성은 각각 1만원/시간과 8000원/시간으로 측정되며, 따라서 기업1이 더 생산성이 높은 듯이 보인다. 그런데 만약 기업1은 1조원의 매출을 올리기 위해 모두 9000억원의 원료와 중간재를 투입하였고, 기업2는 4000억원의 매출을 올리기 위해 모두 2000억원의 원료와 중간재 투입이 있었다면 다른 결론이 나올 수 있다. 즉 실질적으로 두 기업에서 생산된 부분은 각각 1000억원(1조-9000억)과 2000억원(4000억-2000억)이며, 이 수치를 이용해 생산성을 계산할 경우, 두 기업의 평균노동생산성은 각각 1000원/시간과

4000원/시간으로 나타난다. 이와 같은 개념을 **부가가치**(value-added)라고 하는데, 이렇게 부가가치의 개념을 통해 생산성을 살펴보면 기업1보다는 기업2가 훨씬 생산성이 높고 효율적인 기업이라는 평가를 내릴 수 있는 것이다. 이렇게 어떤 개념을 산출물(output)로 보느냐에 따라 생산성 평가가 달라질 수 있는데, 통상적으로 후자의 개념, 즉 부가가치의 개념이 더 정확하며 유용한 개념이라는 데에 대다수가 동의한다. 기업의 영업성과 뿐만 아니라 국가경제 전체의 성과를 측정하는 데에도 항상 이 부가가치의 개념이 이용되며, 생산성도 이 개념에 바탕 하여 계산되는 것이 옳다.

3. 생산과 이윤극대화

기업은 제품의 판매량을 결정함에 있어 여러 가지 요인을 고려할 것이나 이윤의 극대화가 최우선적으로 고려된다. 그러면 어떤 생산량에서 기업의 이윤이 극대화가 될까? 결론부터 말해 기업의 이윤은 **한계수익 = 한계비용**이 만족되는 점에서 극대화된다. 경제용어에서 한계(marginal)란 기존의 상태에서 한 단위를 더 추가하였을 때 관찰되는 현상을 측정하는 개념이다. 따라서 한계수익(marginal revenue; MR)은 제품을 한 단위 추가로 판매했을 때, 추가적으로 얻어지는 수익을 의미하며, 한계비용(marginal cost; MC)은 제품을 한 단위 추가적으로 생산하였을 때 추가적으로 소요되는 비용을 의미한다.

만약 어떤 상태에서 (MR>MC)의 관계가 나타난다면 이 기업은 마지막 판매된 제품으로부터(MR-MC) 만큼의 이윤을 얻게 된다. 따라서 기업은 이와 같은 조건이 유지되는 한 이윤을 늘리기 위해 생산량을 계속 늘려나갈 것이다. 그러나 만약 (MR<MC)의 관계가 나타난다면 이 기업은 최종적으로 판매된 제품으로 인해 (MC-MR) 만큼의 손실을 입게 된다. 따라서 이 기업은 그 마지막 제품을 판매하려 하지 않을 것이고, 이러한 조건이 계속되는 한 기업가는 손실을 최소화하기 위해 계속적으로 생산량을 줄여나가게 된다. 결국 기업이 이윤을 극대화하기 위해서는 한계수익과 한계비용이 같아지는 점, 즉 **MR=MC**의 조건이 만족되는 점에서 생산량이 결정되어야 한다.

〈그림 3-2〉 기업의 이윤극대화의 조건

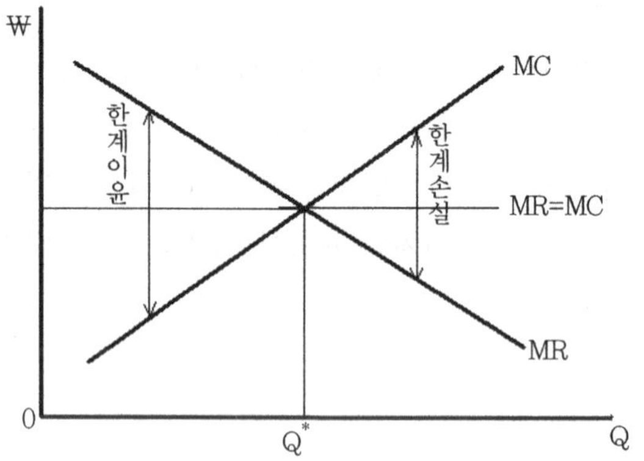

그런데 이와 같은 논리의 저변에는 제품의 생산량이 늘어날수록 한계수익과 한계비용의 차이, 즉 MR-MC는 음(-)의 방향으로 줄어들고, 그 반대로 제품의 생산량이 줄어들수록 MR-MC는 양(+)의 방향으로 늘어난다는 <그림6-2>의 형태의 가정을 하고 있다. 그래야만 MR>MC인 경우는 생산량을 늘리면 궁극적으로 MR=MC가 되고 MR<MC일 때는 생산량을 줄여서 궁극적으로 MR=MC로 만들 수 있는 것 아니겠는가? 도대체 무슨 근거로 이와 같은 가정을 하였을까? 그 열쇠는 앞에서 언급했던 한계수확체감의 법칙(law of diminishing marginal return)에 있다. 한계수확이 체감한다는 것은 생산량이 늘어남에 따라 똑같은 양의 생산요소를 투입하면서도 산출물의 양이 갈수록 감소한다는 말이므로, 이를 거꾸로 해석하면 생산량이 늘어남에 따라 똑 같은 생산물 하나하나를 생산하는데 추가적으로 소요되는 생산요소는 점점 더 늘어난다는 이야기가 될 것이고, 따라서 이들 생산요소를 구입하는 비용은 점점 더 증가한다는 것이다. 결국 한계수확 체감의 법칙에 의해 한계비용은 생산량이 늘어날수록 증가하게 되는 것이다.

그러면 한계수익(MR)은 어떨까? 한계비용이 증가하더라도 한계수익이 더 빠른 속도로 증가하면 생산량이 늘어나도 MR-MC는 점점 더 커질 수 있지 않은가? 그러나 한계수익은 한계비용과는 반대로 생산량(수요자의 입장에서는 구매량)이 늘어날수록 감소하는 양상을 보인다. 왜 그럴까? 그것은 한계수익(MR)이 수요법칙에 따라 감소하기 때문이다. 수요의 법칙에 의해 가격이 상승할수록 구매량은 감소하고 가격이 하락할수록 구매량은 늘어난다. 이를 뒤집어 말하면 구매량(생산자의 입장에서는 공급량)이 늘어날수록 가격은 하락한다는 말이 된다. 그런데 가격이란 생산자입장에서는 정해진 량을 판매할 때 받을 수 있는 개당 가격, 즉 평균수익(average revenue)이다. 평균수익(AR)이 감소하기 위해서는 한계수익(MR)이 평균수익보다 더 빨리 감소해야 한다. 예를 들어 사과의 값이 700원이었을 때는 4개를 팔았다고 하자. 이때의 총수익은 2800원이 된다. 사과의 값이 600원이었을 때 5개를 팔았다면 총수익이 3000원이 되며, 5번째 사과의 한계수익은 200원이며, 평균수익은 사과의 값 600원이 된다. 여기에서 사과의 값이 500원으로 내리고 그 결과 6개의 사과를 팔았다면 총수익은 3000원 그대로 머물게 된다. 이때의 한계수익은 0원이 되며, 평균수익은 500원이 된다. 이 예에서 보는 바와 같이 평균(average)수익의 감소는 대부분 더 빠른 한계(marginal)수익의 감소를 의미한다.

이와 같은 연유로 해서 기업은 MR>MC인 상황에서는 생산량을 계속 늘리고, MR<MC상황에서는 생산량을 계속 줄여서 MR=MC가 되는 점에서 공급량을 결정하게 되며, 이 점에서 기업의 이윤은 극대화된다.

4. 장부상의 이윤과 경제적 이윤

앞의 손익계산서를 살펴보면서 기업의 이윤이 어떻게 산출되는지를 알아보았다. 여기에서 유념하여야 할 것은 기업의 이윤은 장부상의 이윤이며 경제학에서 논의되는 이윤, 즉 경제적 이윤(economic profit)과는 다른 개념이라는 사실이다. 경제적 이윤이란 기업의 장부상의 순이익에서 기업의 투자자, 즉 주주들에게 투자액에 합당한 보상을 지급하고 남는 금액을 의미한다. 여기에서 주주들에 대한 합당한 보상이란 주식배당금을 의미하는 것이 아니고 주주들이 이 회사에 투자하지 않고 다른 곳에 투자하였다면 얻었을 보상, 즉 이 기업의 주식을 소유함으로 인해 포기해야 하는 보상, 기회비용(opportunity cost)을 의미하는 것이다.

만약 10억원을 투자하여 5000만원의 장부상의 순이익을 올렸다고 할 때 이

성과를 어떻게 평가할 것인가? 합리적인 사람은 '10억원으로 다른 무엇을 할 수 있었을까?'하는 의문을 먼저 떠올리게 될 것이다. 예를 들어 은행 예금금리가 10%이고 이자소득세의 세율이 20%라면, 10억원을 은행에 맡겨 두어 세전이익 1억원, 세후이익 8000만원을 벌 수 있을 것이다. 또한 이 8000만원 이외에도 은행과는 달리 투자원금에 대해서도 확실한 보장이 없는 곳에 투자를 함으로서 부담하는 위험(risk)에 대한 보상이 적절히 따라야만 이 사업에 투자를 하게 될 것이다. 그렇게 보면 앞의 예는 안전한 최소한의 투자수익인 8000만원에도 못 미치는 5000만원의 수익을 올렸으므로 경제적인 이윤의 관점에서 보면 최소한 3000만원은 손실을 본 셈이다. 이와 같이 장부상의 순이익에서 투자자에 대한 적절한 보상을 제외하고 남는 이윤을 경제적 이윤이라 한다. 따라서 경제적 이윤이 0원 이상이 되어야만 적절하고 합리적인 투자가 되는 것이다.

경제적 이윤을 산출하는 정확한 방법은 아쉽게도 아직 알려지지 않고 있다. 자본의 기회비용은 사람마다 다 다르게 나타나므로 기업의 경제적 이윤을 정확하게 측정하는 방법은 존재하지 않는다. 다만 객관적인 기회비용의 개념으로 이자율이 이용되는 경우가 많다. 앞의 예에서 장부상의 이윤은 5000만원이었지만, 경제적 이윤은 장부상의 순이익(5000만원)－자본의 기회비용(8000만원)= －3000만원, 즉 3000만원의 경제적 손실을 보게 된 것이다. 이 경우 시중에서 통용되는 정기예금이나 국공채 등의 세후 이자율, 즉 8%가 투자의 기회비용이 되며, 이를 이익률(순이익/총투자금)과 비교함으로써 기업의 영업성과를 평가할 수 있을 것이다.

3.3 기업과 경쟁

1. 경쟁의 형태

시장의 형태는 시장에 참여하는 기업이나 수요자의 수와 같은 여러 가지 시장 조건에 따라 다양하게 나타난다. 그 중에서 가장 기본이 되는 시장의 형태는 완전경쟁시장이다. **완전경쟁**(perfect competition)은 수요자나 공급자 어느 누구도 시장에 대한 지배력이 없는 상황을 의미하며 따라서 완전경쟁시장에 참여하는 모든 공급자와 수요자는 **가격순응적**(price taker)으로 행동을 한다. 즉 수요자와 공급자간의 가격 흥정, 또한 시장조사에 기초한 공급자의 가격조정, 소비자단체의 결성을 통한 소비자의 집단적인 대응 등이 없는 시장 형태를 의미하는 것이다. 이러한 시장에서는 수요자는 상품에 표시된 가격을 보고 상품을 구매할 것인가 말 것인가 만을 결정하며, 공급자도 역시 주어진 시장가격에 자신의 제품을 내다 팔 것인가 말 것인가, 팔면 몇 개를 팔 것인가 만을 결정한다. 완전경쟁시장이 성립되기 위해서는 아래의 4가지 조건이 필요하다.

① 무수히 많은 공급자와 무수히 많은 수요자가 있어야 한다.
② 시장의 진입과 퇴출이 완전히 자유롭다.
③ 공급자와 수요자는 모두 시장에 대해 완전한 정보를 소유하고 있다.
④ 시장에서는 모두 동일한 제품을 취급한다.

그러나 위에 열거된 4가지 조건은 일반적인 현실 인식과 다르다는 것을 쉽게 알 수 있다. 따라서 현실에서는 완전경쟁시장과 비슷한 형태의 시장을 찾을 수는 있어도, 완전경쟁시장을 찾기는 불가능하다. 그렇다면 왜 이렇게 비현실적인 시장형태가 경제학자들의 관심의 대상이 되고 있을까? 그것은 아마도 시장경제 체제하에서는 완전경쟁시장이 경제의 효율성을 가장 극대화시킬 수 있는 이상적인 시장이기 때문일 것이다.

공급자가 자신의 제품을 가급적이면 비싼 값에 팔고자 하는 것은 당연한 심정일 것이다. 그러나 한 판매자가 다소 비싼 값을 제시했다면 시장에 대한 완전한 정보를 가지고 있는 수요자는 동일한 제품을 더 낮은 가격에 제시하는 다른 판매자를 쉽게 찾을 수 있을 것이다. 따라서 어떠한 판매자도 시장에서 형성되는 가격보다 더 높은 가격에 물건을 판매할 수 없다. 이것은 수요자의 경우에도 마찬가지 이어서 어떠한 수요자도 주어진 시장가격보다 더 낮은 가격에 상품을 구입할 수 없다. 이와 같이 완전경쟁시장에서는 가장 적절한 값에 가장 많은 물량이 시장에서 거래되고 이로 인해 사회적 복지수준이 최고로 유지된다.

독점은 완전경쟁과는 정반대로 1인이 시장에 대해 완전한 지배력을 행사하는 경우를 말한다. 생산자 1인이 시장을 좌우하는 경우를 판매독점 또는 간단히 **독점(monopoly)시장**이라고 부르며 구매자가 1인인 시장은 **수요독점(monopsony)**시장이라 부른다. 한국전력이나 KT&G 등과 같은 기업들이 판매독점에 해당한다면, 사회간접자본의 공사 발주나 군수물자를 구입하는 정부, 지역판매망을 좌우하는 거대 유통업체 등은 제품공급자에 대한 수요독점에 해당할 것이다. 독점은 항공산업이나 발전설비 등과 같이 최소생산규모나 기초설비가 엄청나게 큰 데 비해 수요량이 한정된 경우에 많이 발생한다. 또한 우리나라에서 70년대부터 추진 되어 온 기업집중화 정책이나, 80~90년대의 산업구조조정정책 등 정부의 정책에 의해서 발생하기도 하고, 특허권 및 독점 라이선스계약 등과 같은 법제도적인 요인에 의해 발생하기도 한다.

독점 하에서 기업은 시장을 장악하고 있으므로 공급물량과 가격을 자의적으로 조정할 수 있다. 이런 상태에서 수요자는 독점기업에 대한 대응수단이 없기 때문에 일방적으로 당하게 된다. 한국전력의 경우를 가정해보자. 한국전력이 현재보다 전기요금을 100% 인상한다고 할지라도 대부분의 수요자들은 울며 겨자먹기로 한국전력으로부터 전기를 공급받아야 한다. 한전의 입장에서 볼 때 수요자의 전기절약 노력에 의해 전력사용량이 감소하기는 하겠지만 전기요금의 대폭적인 증가로 수익은 오히려 더 증가하게 된다. 수요자는 더 많은 비용을 부담하고서도 더 적은 양의 전기만을 소비하여야 하므로 수요자가 감수해야 하는 복지의 감소는 엄청나게 클 것이다. 결국 독점시장에서는 독점기업의 독점이윤을 극대화하는 수준에서 공급물량과 가격이 결정되며, 통상적으로 사회적으로 최적인 공급량보다 공급량은 적고 가격은 높아지는 결과를 초래한다. 이와 같은 이유로 인해 거의 모든 국가에서 독점기업에 대한 규제를 가하고 있다.

독점과 완전경쟁의 중간 형태로 여러 가지 시장형태가 존재한다. 이 중 우리나라 소비자에게 가장 익숙한 형태의 시장은 아마도 과점시장일 것이다. **과점(oligopoly)**은 2인 이상 소수의 공급자가 시장을 지배하는 형태이다. 과점 중에서도 2개의 사업자가 시장을 분할하여 지배하는 형태를 **복점(duopoly)**시장이라고 불리며, 많은 기업들이 서로 약간의 특색이 있는 동종의 제품을 출시하여 시장에서 경쟁하는 형태를 **독점적경쟁(monopolistic competition)**시장 이라 부른다.

또한 과점시장 하에서 기업들이 단합하여 **카르텔**(cartel)을 결성하고 독점시장에서와 같이 행동하는 등 현실에서는 실로 여러 가지 형태의 시장이 존재한다.

시장의 형태를 판가름하는 가장 중요한 척도는 공급자 또는 수요자가 가지는 시장지배력이다. 기업 또는 기업연합이 시장지배력을 얼마나 가지고 있느냐에 따라 수요자와 국가 전체의 복지수준이 결정되는 것이며, 정부와 일반시민의 관심도 여기에 두어져야 할 것이다.

2. 경쟁조건과 기업의 행동

1) 완전경쟁시장

합리적인 의사결정을 하는 공급자는 MR=MC가 되는 점에서 공급물량을 결정한다는 것을 앞에서 검토한 바 있다. 그렇다면 완전경쟁 하에서 이윤을 극대화하는 기업의 행동은 어떤 균형을 가져다줄까? 이에 대한 답을 알기 위해서는 완전경쟁시장하에서 기업이 당면한 수요곡선의 성격에 대한 이해가 선행되어야 한다.

완전경쟁하에서는 어떠한 기업도 시장에 대한 영향력을 행사할 수 없다. 기업은 시장가격을 주어진 것으로 보고, 공급할 수 있는 물량을 얼마든지 시장가격에 내다 팔 수 있다고 생각을 한다. 그러므로 완전경쟁시장에서의 기업이 '느끼는' (실질적으로 그런 것이 아니고 느끼는) 수요곡선은 주어진 가격에서 평평한 수평선이다. 이 부분은 다소 역설적으로 들릴 수 있다. 즉, '가격이 증가하면 수요는 감소한다'는 수요의 법칙이 엄연히 존재하는데 어떻게 우하향하는 수요곡선이 아닌 평평한 수요곡선이 있을 수 있는가 하는 의문에 봉착하게 된다. 그러나 모순처럼 보이는 상황을 이해하는 열쇠는 '실제의' 수요곡선이 아닌 공급자가 '느끼는' 수요곡선이라는 데에 있다.

공급자가 수요곡선을 수평선으로 느끼려면 어떤 조건이 충족되어야 할까? 바로 앞에서 열거한 완전경쟁의 4가지 조건 중 무수히 많은 공급자와 무수히 많은 수요자가 있다는 가정이 바로 그것이다. 즉, 무수히 많은 수요자가 존재하므로 일단 시장가격이 정해지면 개개의 공급자는 자신의 상품을 무한정 시장가격에 판매할 수 있다고 생각하는 것이다. 이것이 바로 공급자가 '느끼는' 수요곡선이다.

수요곡선이 수평선이 되면 주어진 가격(P)에서 수평한 수요곡선, 즉 평균수익(AR)곡선은 한계수익(MR)곡선과 같아지게 된다. 이윤을 극대화하는 기업은 한계비용(MC)이 한계수익(MR)과 같아지는 점에서 공급량을 결정하나, 완전경쟁하에서 한계수익은 가격과 같으므로 MC=MR=P=AR의 조건이 만족되는 점에서 시장은 균형을 이루게 된다. 이 균형점에서는 수요자가 구입한 제품 하나에 대해 지불하는 가격(P)이 바로 제품을 생산하는데 소요된 한계비용(MC)과 같으므로 사회적으로 가장 효율성이 높은 자원의 배분을 이루는 것이다. 이 균형점에서는 수요자가 제품의 구입을 통해 얻는 만족도의 화폐가치와 생산자가 상품의 판매를 통해 얻는 이윤을 합친 액수, 즉 사회복지의 척도가 가장 크게 나타나는 것이다.

완전경쟁시장의 또 하나의 특징은 장기적으로는 어떠한 기업도 경제적 이윤을 남기지 못한다는 사실이다. 완전경쟁시장에서 단기적으로는 기업에 경제적

이윤이 발생할 수 있으나 장기적으로는 경제적 이윤이 발생할 수 없는 이유는 완전경쟁시장의 4대 조건중의 하나인 기업의 시장진입과 퇴출이 자유롭다는 데에 기인한다. 만약 투자에 대한 적절한 보상 이외에 추가적인 이윤이 발생한다면 다른 기업들도 이 시장에 뛰어들어 이윤을 취하려고 할 것이다. 이는 곧 시장에 공급자가 많아지고 제품 공급이 늘어나는 것을 의미한다. 그렇게 되면 균형가격이 하락하게 된다. 이와 같이 가격의 하락은 경제적 이윤이 발생하는 한 계속되는 신규기업의 진입에 의해 지속될 것이므로 결국 경제적 이윤이 0이 되는 수준까지 가격이 하락하게 되는 것이다.

이런 과정을 통해 완전경쟁시장에서는 최고의 기술력을 가지고 최선의 자원배분을 할 수 있는 기업만이 시장에서 살아남을 수 있고, 가장 저렴한 가격에 많은 제품을 수요자가 소비할 수 있는 여건이 만들어지므로 사회적인 복지수준이 가장 높아지는 이상적인 상황이 실현될 수 있다. 이 부분은 정부의 경쟁정책과 관련하여 중요한 시사점을 남기며, 시장경제체제하에서 대부분의 국가는 시장여건을 가급적이면 완전경쟁시장과 유사한 형태가 되도록 경쟁을 심화하는 방향으로 정책을 세우고 있다.

〈그림 3-3〉 완전경쟁하에서의 기업의 수요곡선

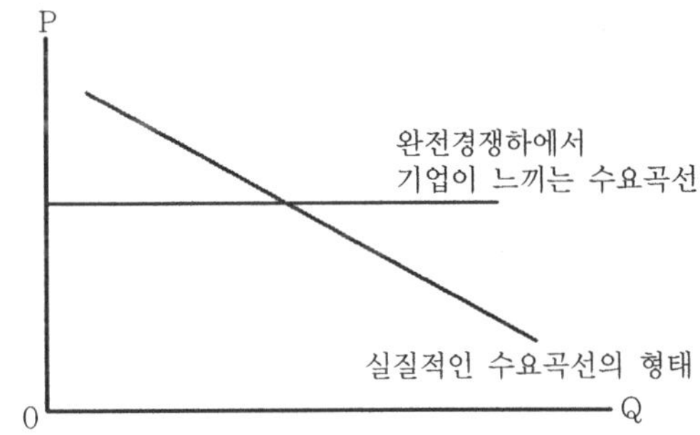

완전경쟁의 4가지 조건은 다분히 비현실적이고 따라서 글자 그대로의 의미의 완전경쟁시장은 존재하지 않는다. 그러나 현실적으로 완전경쟁 시장과 흡사한 형태를 보이는 시장은 얼마든지 존재한다. 가까운 예로는 용산전자상가를 들 수 있다. 용산전자상가에는 전자, 컴퓨터 판매 및 부품 판매 업체가 많다. 이 조건은 무수히 많은 수요자와 공급자라는 조건은 만족하지 못할지라도 그에 준하는 정도의 경쟁여건을 보여주는 것이다. 실제로 현명한 소비자는 여러 군데의 업소를 돌아다니며 가격을 알아본다. 이는 수요자가 시장에 대한 완전한 정보를 가지고 있지는 못한다고 할지라도 충분한 량의 정보를 가지고 있다는 것을 의미한다. 따라서 용산전자상가의 상인은 수요자가 이미 시장에 대한 필요한 만큼의 정보를 가지고 있으며, 또 자신이 적절한 가격을 제시하지 않으면 다른 상점으로 이동할 것을 알고 자신이 제시할 수 있는 최저의 가격을 제시하게 되는 것이다. 그래서 수요자가 몇 군데익 상점을 돌아다녀보면 수요자에게 제시되는 동일 상품의 가격은 결국 같아짐을 알게 된다. 이렇게 완벽한 완전경쟁시장은 존재하지 않지만 완전경쟁시장과 유사한 경쟁시장은 많이 존재한다.

최근에 각광을 받고 있는 전자상거래는 이와 같은 경향을 더욱 촉진시키는 역할을 한다. 전자상거래는 온라인 정보 유통을 통해 전세계 시장과 연결이 가능하므로 무수한 생산자와 무수한 수요자의 조건을 거의 만족시켜줄 뿐만 아니라, 앉은 자리에서 수많은 업소의 제시 가격을 알아낼 수 있으므로 시장정보를 얻는 데에 가장 중요한 제한 요소로 작용하는 교통비용과 시간비용을 절약할 수 있다. 이렇게 전자상거래는 유통의 혁명을 통해서도 시장조건을 개선하고 복지를 증진시키는 효과를 가진다.

2) 독점시장

독점시장은 공급자간의 경쟁이 없는 상태를 의미한다. 경쟁이 없는 상태로 인해 완전경쟁시장과 달라지는 가장 큰 차이는 시장수요곡선이 바로 기업이 당면하는 수요곡선이라는 점이다. 즉 완전경쟁시장하에서는 기업이 실제 시장수요곡선을 보지 못하거나, 또는 보더라도 너무 심한 경쟁으로 인해 수요곡선을 수평선으로 인식하였지만, 독점시장에서는 시장수요곡선이 기업의 수요곡선이 되므로 기업은 시장곡선의 형태를 파악하여 이에 적절한 대처를 한다는 것이다. 따라서 완전경쟁시장하에서 기업은 가격순응적(price taker)인 행동을 하였지만 독점하에서 기업은 가격결정자(price setter)의 행태를 보인다.

독점기업 역시 완전경쟁하에서의 기업과 마찬가지로 한계비용(MC)과 한계수익(MR)이 같아지는 점에서 공급량을 결정한다. 그러나 완전경쟁하에서는 기업이 인식하는 수요곡선이 수평선이었던 것과는 달리 독점기업이 인식하는 수요곡선은 우하향하는 시장수요곡선 그 자체라는 점이다. 또한 완전경쟁하에서 한계수익곡선(MR)은 평균수익곡선(AR), 즉 수평한 수요곡선 그 자체이었지만 독점기업이 당면한 한계수익곡선은 수요곡선과는 별개의 곡선으로 나타난다는 사실이다.

독점하에서 기업은 수요곡선이 우하향한다는 사실을 알고 있으므로, 생산량을 늘리면 평균수익(AR=P) 뿐만 아니라 한계수익(MR)도 같이 감소한다는 사실을 알고 있다. 따라서 완전경쟁의 경우에서처럼 주어진 시장가격에 공급량만 결정하려 하는 것이 아니라, 공급량을 조절하여 균형점에서 받을 수 있는 시장가격을 기업이 결정하며, 따라서 한계수익의 수준도 같이 선택할 수 있는 힘을 가진다. 이렇게 되면 균형 하에서의 독점가격은 한계수익(MC)이나 한계비용보다 커지는, P>MR=MC의 관계가 형성되게 된다. 이 경우 수요자는 제품의 생산에 들어간 비용, 즉 MC보다 높은 가격을 지불하여야 하므로 사회적인 손실이 발생하게 된다. 당연히 독점가격은 완전경쟁하의 균형가격보다 더 높은 수준에서 결정이 되며, 이 때 독점기업의 이윤은 크지만 수요자는 완전경쟁하에서보다 더 높은 가격에 더 적은 수량만을 소비할 수 있을 뿐이다. 결국 독점하에서는 국가 전체가 나누어 가질 수 있는 파이의 크기, 즉 총복지수준 자체가 낮아지므로 독점시장이 가지는 잠재적 폐해는 크다고 볼 수 있다.

독점의 문제는 단순히 여기서 그치지 않는다. 독점은 그 자체로서 시장 진입에 장애가 된다. 무릇 어떤 사업이든 간에 시장에 진입하기 위해서는 초기비용이 발생하는 법이며, 일정한 수준으로 시장점유율을 높여야만 이윤이 발생하게 된다. 그런데 독점시장에 진입하려는 신규사업자는 기존 독점기업의 견제로 인해 적당한 시장점유율을 확보하지 못하고 퇴출될 확률이 높다. 따라서 독점이윤은 장기적으로 유지될 가능성이 높다. 또한 독점이윤은 기업의 입장에서는 손쉽게 벌어들일 수 있는 소득이므로 굳이 연구개발을 통한 기술 혁신이나 원가절감 노력을 하려하지 않는다는 문제가 있다. 게다가 우리가 개발독재시대를 경험하면서 흔히 겪어 왔듯이 독점기업은 막대한 독점이윤을 보호받기 위하여 정책입안자나 정계인사와의 부패의 고리를 형성하게 되며, 장기적으로 국가의 경쟁력을 뿌리부터 흔드는 결과를 초래하기도 한다. 바로 이와 같은 사회적 비효율성과 분배적인 불평등성, 그리고 독점의 독소적 요소를 제거하기 위해서 대부분의 국가는 독점규제정책을 실시하는 것이다.

3) 그 밖의 불완전경쟁시장

시장의 경쟁의 정도를 볼 때 독점시장과 완전경쟁시장 사이에는 여러 가지 시장형태와 균형이 존재한다. 경쟁형태를 보면 가격경쟁, 가격은 고정시키고 생산량 등 가격 이외의 요인을 가지고 경쟁하는 비가격경쟁 등 다양한 경쟁의 형태를 보인다. 시장형태를 보면 두 개의 동등한 규모의 기업이 공존하는 형태의 과점시장, 또는 한 개의 대기업과 몇 개의 중소기업이 공존하는 과점시장, 또는 여러 개의 기업이 비슷하나 서로 특색이 있는 상품을 가지고 경쟁하는 독점적 경쟁시장, 몇 개의 기업이 공존하나 서로 협력하여 기업집단을 형성하고 이를 바탕으로 독점기업처럼 행동하는 카르텔 등 여러 형태의 시장이 존재한다. 이와 같이 다양한 경쟁형태와 시장형태에 따라 기업의 행동방식과 그로 인한 시장균형이 각각 다르게 나타난다. 또한 이들 다양한 형태의 시장균형을 고찰하기 위해서는 좀 더 복잡한 분석이 필요하다.

그러나 한 가지 유념하여야 할 것은 통상적으로 기업 간의 경쟁이 심화되면 심화될수록 사회의 복지수준은 높아진다는 것이다. 따라서 시장여건을 여하히 경쟁적으로 유도하느냐가 경쟁정책 성공의 관건이라고 말 할 수 있다.

연습문제

1. 다음 용어를 설명하시오.
   (1) 기회비용(opportunity cost)
   (2) 한계수익(marginal revenue)
   (3) 한계비용(marginal cost)
   (4) 평균수익(average revenue)
   (5) 한계생산성(marginal productivity)
   (6) 평균생산성(average productivity)
   (7) 경제적이윤(economic profit)
   (8) 특화(specialization)
   (9) 완전경쟁
   (10) 독점

2. 다음 물음에 답하시오.
   (1) 기업의 이윤극대화는 반드시 공공의 이익에 반하는 것인가?
   (2) 어떤 산업이 부가가치가 높은 산업일까?
   (3) 시장지배력을 가진 재벌이나 독점기업에 대한 규제가 필요한가?

제 2 부

국민경제의 운용

제 4 장

국민경제의 구조

4.1 국민경제의 구성원과 그 역할

한 국민경제의 구성원은 가계(household), 기업(firm), 정부(government), 그리고 해외 부문 등 4개의 부문으로 구분된다. 이 중, 가계와 기업은 민간부문으로서 국민경제의 근간을 이루는 핵심적인 역할을 한다. 한 가지 주지할 것은, 이 분류가 경제 구성원(agent) 개개인 자체에 대한 분류가 아닌, 그 구성원이 맡은 역할에 대한 분류라는 것이다. 한 자연인은 당연히 사회를 구성하는 가계의 일원이겠지만, 이와 동시에 기업인이나 정부의 공무원이 될 수 있다. 마치 어떤 배우가 한 드라마에서는 샐러리맨으로 출연했다가 다른 드라마에서는 기업대표로, 또 다른 드라마에서는 대통령의 역할을 할 수 있듯이, 우리 모두는 이렇게 국민경제라는 드라마에서 배역을 맡아 수행하는 것이다. 기업인이나 정부 공무원으로서의 역할은 엄연히 가계 구성원으로서의 역할과 다르다. 경제의 구성원은 서로 거래를 하면서 경제를 지탱한다. 즉, 국민경제란 하나의 큰 시장에서 서로가 가진 것을 팔고 필요한 것을 사면서 거래를 하는 행위의 집합체이며, 이 거래과정에서 경제적 가치가 발생하는 것이다. 본 장에서는 국민경제 안에서 이들 경제 구성원이 수행하는 역할을 살펴보고, 이들의 역할이 어떻게 어울리며 경제가 굴러가는지 보도록 한다.

1. 가계(household)

사회를 구성하는 일반 가정이 가계이며, 가계는 국민경제의 가장 큰 부분을 차지한다. 가족의 형태로 유지되는 가계는 자신이나 자기 가족의 행복을 극대화하기 위해 행동한다. 가계는 크게 소비, 저축, 근로 등 3가지의 경제적인 결정을 통해 시장에 참여한다.

가계는 노동력과 자본이라는 2 종류의 생산요소를 가지고 있다. 인간은 누구나 하루 24시간, 1년 365일의 시간을 부여받았고, 이 시간을 여가와 노동에 어떻게 배분하느냐에 따라서 가계가 기업에 공급하는 노동력의 크기가 결정된다. 가계가 기업에 노동력을 제공하는 행위가 '취업'이며 이는 노동 통계에 '고용'으로 기록된다. 가계는 또한 자본을 가지고 있다. 물론 개인별로 보유한 재산의 크기가 다 다르므로 정도의 차이는 있으나, 가계는 기업에 물적자본을 공급한다. 우리가 기업의 주식이나 채권을 보유하는 행위가 바로 가계가 기업에 자금을 공급하는 행위이며, 기업은 이 자금으로 기계나 생산설비 등 물적자본을 확보하는 것이므로, 가계는 기업에 물적자본을 제공하는 것이다. 가계는 기업에 노동력을 제공하고 그 반대급부로 임금을 수령하며, 자본을 제공하는 반대급부로 주주배당금 또는 이자를 지급받는다. 가계가 기업으로부터 반대급부로 받은 임금은 노동소득(labor income), 배당금이나 이자는 자본소득(capital income)으로 가계의 소득을 구성하는 핵심요소이다.

가계가 벌어들인 소득은 가계 소비의 재원이 된다. 가계의 모든 행위는 행복추구 행위이며, 소비를 통해 효용(utility)을 얻는다. 가계가 기업으로부터 재화(goods)와 용역(services)을 구입하여 소비를 하며, 이 때 지불하는 구입비용은 기업의 수입이 된다. 가계의 총수입에서 소비액을 빼면 나머지는 가계 저축이 된다. 가계는 저축을 통해 부를 축적하고, 이렇게 축적된 부는 다시 기업의 물적자본 형성을 돕는다.

가계가 거래하는 또 다른 주요 대상은 정부이다. 정부는 가계로부터 조세를 징수하고, 그렇게 마련된 재원으로 각종 정부서비스를 제공한다. 즉 가계는 정부 재정지출의 재원을 제공하고 그 반대급부로 공공서비스를 제공 받는다.

〈그림 4-1〉 경제주체로서의 가계의 역할

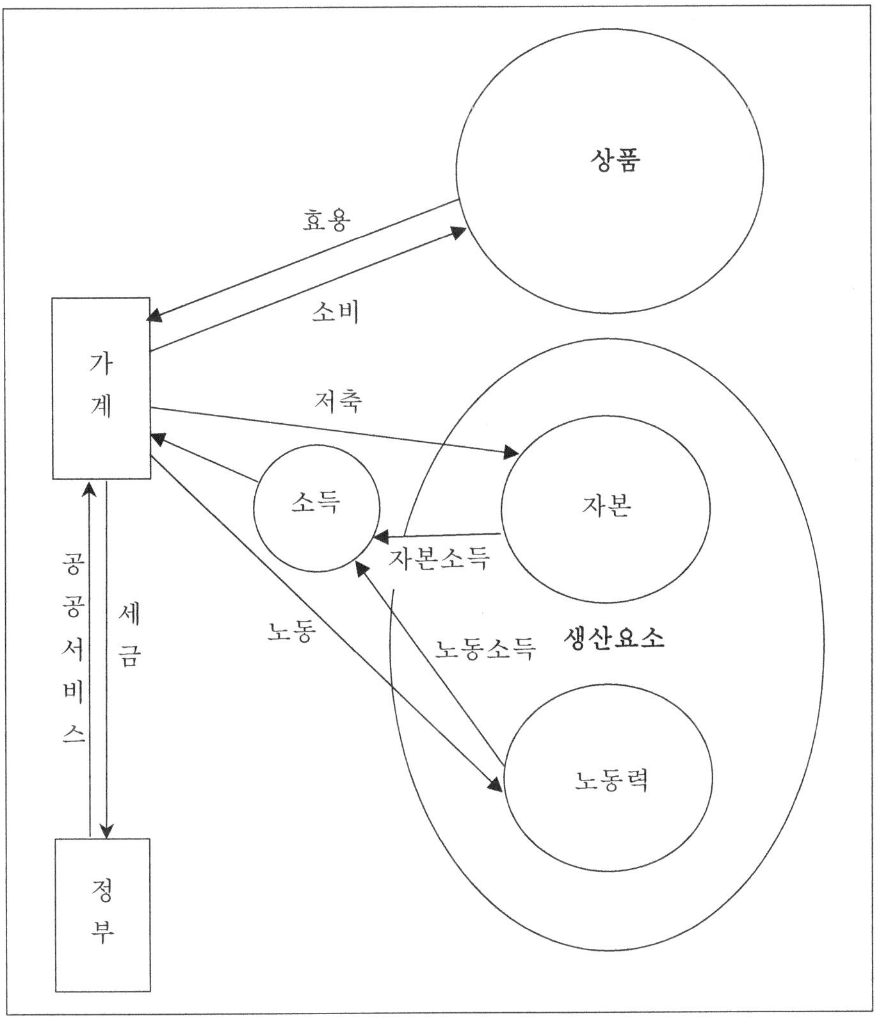

2. 기업(firms)

기업은 설립 목적에 따라 영리와 비영리 두 종류로 나뉘지만 여기서는 이해를 돕기 위해 영리를 목적으로 하는 기업만을 다루기로 한다. 영리를 목적으로 하는 기업은 설립형태에 따라 여러 가지로 분류될 수 있으나, 설명의 편의상 가장 중요한 법인기업에 한정하여 설명하도록 한다. 기업은 이윤을 창출하고, 그 이윤을 기업의 소유자인 주주에게 되돌려주는 일을 한다. 기업의 소유주인 주주들을 최대로 만족시키기 위해서는 그들에게 돌려주는 주주 배당금을 가급적 많이 지급해야 하며, 이를 위해서 기업의 이윤을 극대화 하는 것이 바로 기업의 목표가 되는 것이다.

이윤 창출을 하기 위해 기업은 생산활동을 한다. 생산활동을 위해서는 생산에 절대적으로 필요한 **생산요소**인 노동력과 물적자본을 확보해야 한다. 먼저 기업은 가계로부터 노동력을 공급받아 업무에 배치시킨다. 이 행위가 **고용**(employment)이다. 기업은 고용주(employer)로서 피고용인(employee)의 노력에 대한 반대급부로 임금(wage)을 지급한다. 또한 기업은 생산설비, 사무실, 공장등 생산에 필요한 물적자본(physical capital)을 확보하여야 하는데, 기업이 물적자본을 확보하는 행위를 투자(investment)라고 부른다. 기업은 투자재원을 가계로부터 공급받고, 투자를 통해 확보된 물적자본에 대한 소유권의 징표로 주식을 발행한다. 그러므로 가계는 기업에 물적자본을 공급하며, 그 증표로 주식을 보유한다. 주식을 보유한 가계는 기업의 주주가 되며, 기업이 벌어들인 영업이익을 배분받을 권리를 가진다. 기업이 주주에게 배분하는 영업이익이 곧 주주배당금이며, 가계의 자본소득이 된다. 기업은 주식발행이 아닌 채권발행을 통해 투자 자금을 가계로부터 공급받을 수 있다, 이 경우, 기업은 그 반대급부로 이자를 지급하게 된다.

기업은 확보된 생산요소(factors of production)를 이용하여 생산활동을 하고, 그 결과물로 재화(goods)나 용역(services)을 생산하여 가계에 공급하며, 이들 재화와 용역에 대한 대가로 가계가 지불하는 금액이 기업의 수입(revenue)이 된다. 이렇게 가계와 기업은 생산요소와 제품을 서로 주고받으며 민간부문의 경제 시스템을 구성한다.

〈그림 4-2〉 가계와 기업의 상호 작용

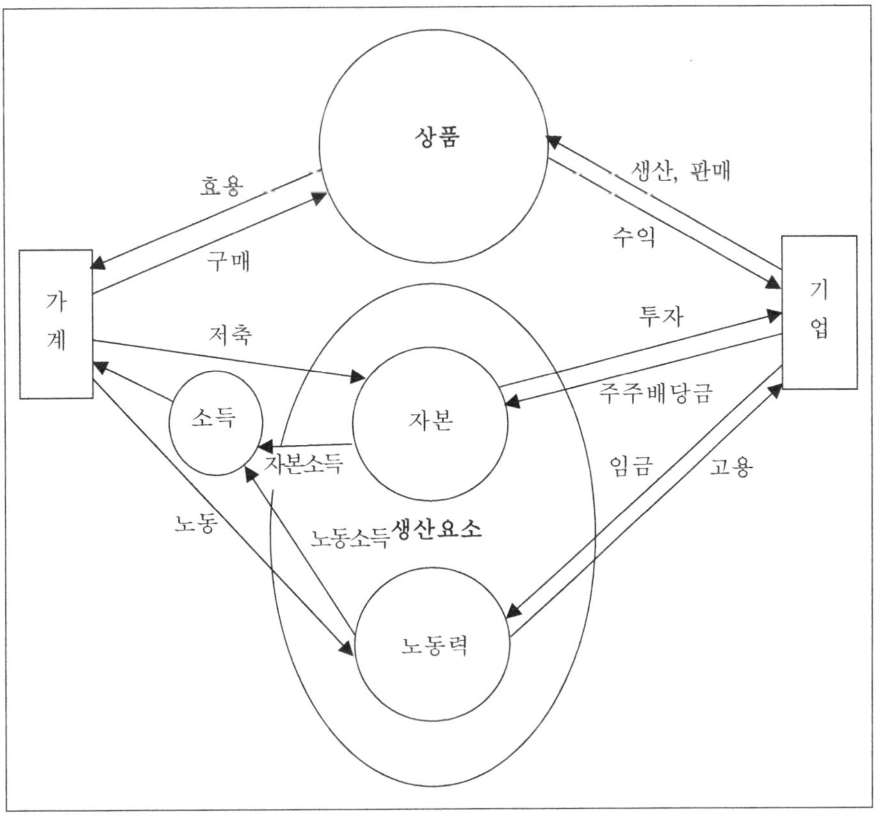

기업이 생산한 재화와 용역은 가계 이외에도 기업, 정부, 그리고 해외로 팔려 나간다. 먼저 기업은 가계가 필요로 하는 **소비재**(consumption goods) 이외에도 다른 기업에게 원료나 부품 등과 같은 **중간재**(intermediatc goods)와 생산설비, 건물 등과 같은 **자본재**(capital goods)를 공급한다. 또한 기업은 정부가 공공서비스를 제공하기 위해 필요한 각종 소모품 및 기계/설비, 그리고 도로, 철도, 항만 같은 **사회간접자본**(social infrastructure)을 생산하여 공급한다.

이와 같은 기업 생산활동을 통해 고용이 확대되고, 부가 축적되며, 생산기술이 발달하여 사회가 발전하는 핵심적인 원동력을 제공한다. 기업의 경쟁력과 기술력은 사회 발전에 필수불가결한 핵심요소이므로 건전한 기업문화를 조성하고 성장동력을 확보하는 것은 국민경제의 매우 중요한 과제이다.

3. 정부(government)

정부는 국민경제를 이루는 또 하나의 축이며, 국가 경제에서 차지하는 비중이 크다. 모든 사회는 그 사회를 경영하는 지배구조가 존재하며, 국가의 경우는 이를 정부(government)라 부른다. 정부는 국가를 유지, 발전시키기 위해 필요한 공공서비스를 가계와 기업에 제공하며, 이에 필요한 비용을 가계와 기업으로부터 조달한다.

정부가 가계와 기업에 제공하는 서비스는 몇 가지로 요약될 수 있다. 그 첫째는 민간부문의 경제 거래가 국내・외로부터의 위협이나 마찰 없이 진행될 수 있도록 안정적인 경제활동 여건을 조성해주는 것이다. 국방, 치안, 외교, 통상 서비스 등이 이에 해당한다. 두 번째로는 경제활동의 비효율성을 초래하는 장애요인을 제거하는 경제정책 서비스이다. 자유 시장경제에는 많은 비효율성 요인이 상존한다. 능력이 뛰어난 개인이나 기업은 점점 더 성장하는 속도가 빨라지는 반면 그렇지 못한 개인이나 기업은 도태되고, 대기업의 횡포로 나타나는 거대기업과 중소기업의 관계, 부의 편중현상으로 나타나는 부유층과 빈곤층의 문제, 즉 사회 양극화 문제가 돌출되게 된다. 이들 현상은 단순히 경제 전체의 비효율성뿐만 아니라, 사회 전체의 안정성에 위협을 가하는 요인이 되기도 한다. 정부는 이와 같은 현상을 완화하기 위해 반독점, 공정거래, 금융 감독, 노동, 환경, 복지 등 다양한 정책을 통해 경제의 비효율성을 제거하고 형평성 있는 사회를 만들기 위해 노력한다. 세 번째로 정부는 경제의 잠재성장력을 높이고 성장 동력을 발굴하기 위한 서비스를 제공한다. 기술의 발전을 위한 R&D, 고급인력을 양성하기 위한 교육서비스, 그리고 유망 선도 산업의 육성・지원을 위한 각종 보조금, 세제, 금융 지원 및 사회간접자본 투자 등이 이에 해당한다. 끝으로, 정부는 상거래의 매개체로 기능하는 통화를 발행하고 관리한다. 거래가 활성화 될 수 있도록 충분한 양의 통화를 공급해야 하며, 또 경기가 과열되어 물가가 치솟지 않도록 적절하게 통화 공급량을 조정하여야 한다.

이와 같은 정책서비스의 제공을 위해서는 막대한 비용이 소요되며 이 비용은 궁극적으로 그 사회의 구성원인 가계와 기업으로부터 충당하여야 한다. 정부는 민간부문에 대한 다양한 조세(tax) 부과를 통해 재원을 충당하고, 이렇게 마련된 조세수입으로 정부서비스를 제공한다. 조세부과는 정부의 정책수단으로도 기능한다. 누진적인(progressive) 소득세 부과를 통한 소득 재분배 정책, 특정부문에 대한 조세의 중과세 및 감면을 통해 해당 분야의 경제활동을 억제하거나 고취하는 등 다양한 정책효과를 거둘 수 있다. 조세제도를 이용하여 정부가 펴는 정책수단을 통칭하여 조세정책이라고 부른다. 또한 통화 공급량의 조정을 통해 물가와 경기를 관리하는 일련의 정책을 통칭하여 통화정책이라 부른다.

따라서 정부의 문제는 그 사회구성원의 복지수준을 극대화하기 위하여 얼마만큼의 정부서비스를 어떤 곳에 어떤 형태로 집행할 것인지를 결정하는 **재정정책**(fiscal policy)의 문제, 그리고 그 비용을 조달하기 위해 얼마만큼의 세금을 어떤 명목으로, 누구로부터 걷을 것인지를 결정하는 **조세정책**(tax policy)의 문제, 그리고 어느 시기에 얼마만큼의 통화를 공급하느냐 발행하느냐 하는 **통화정책**(monetary policy)의 문제로 귀결된다. 이들 세 가지의 정책을 통해 정부는 민간부문과 교류하고, 상호 작용을 하며 국민경제를 구성한다.

〈그림 4-3〉 국민경제의 구성과 작용: 폐쇄경제의 경우

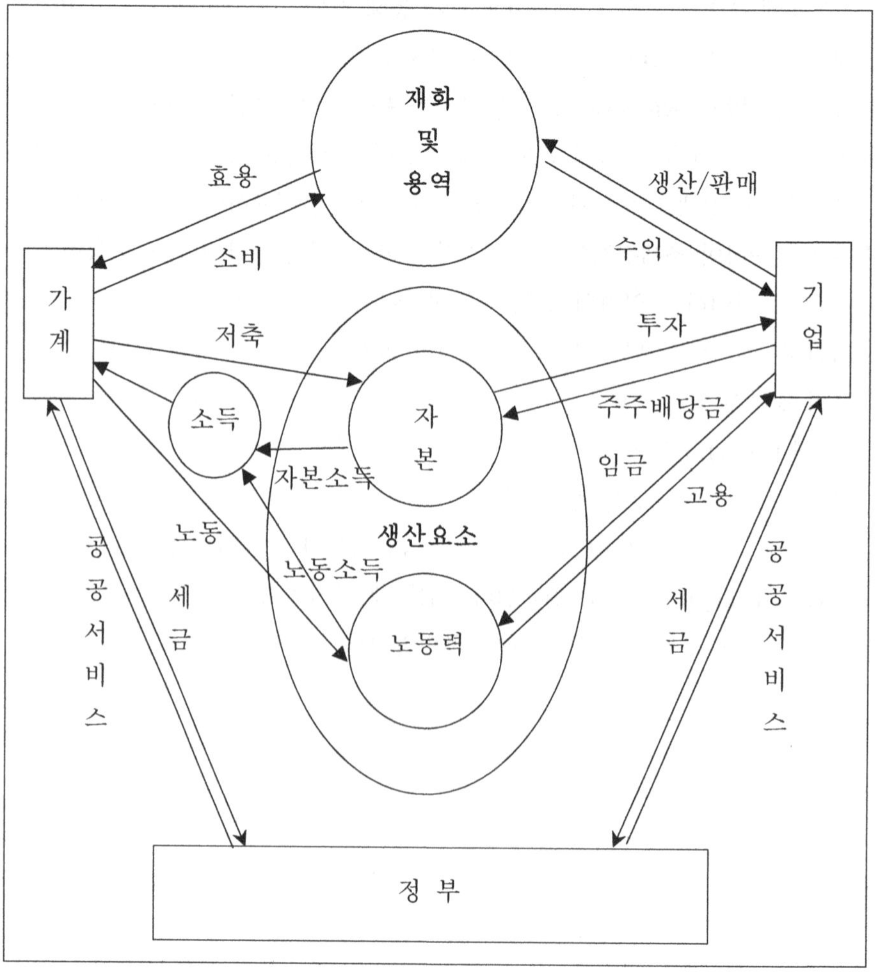

4. 해외부문

한 국가의 경제는 외국으로부터 완전히 독립적일 수 없다. 우리의 경우 에너지의 거의 전부를 외국으로부터 수입하는 원유 및 가스에 의존한다. 제철산업이 발달하였지만 철광석의 대부분을 해외로부터 수입한다. 이들 수입대금은 수출을 통해 외화를 벌어 충당한다. 따라서 외국과의 무역은 한 나라 경제의 필수불가

결한 요소이자, 경제를 성장하게 해주는 견인차 역할을 하기도 한다. 20세기 말부터 국제화가 가속화되어 이제는 국경이 큰 폭으로 개방되고 국적의 구분이 큰 의미가 없는 시대에 살고 있다.

WTO로 대변되는 무역자유화의 흐름, 전통적으로 재화에만 국한되었던 국제무역이 용역으로도 확대되는 20세기 후반의 흐름, 국가 간 자본 이동은 물론, 노동력의 국가 간 이동이 활발해지는 생산요소의 이동성 증가 등 국제경제는 나날이 상호의존성이 높아지는 추세이다.

환율은 국가 간의 거래 흐름을 결정하는 중요한 요소이다. 국가 통화 간의 교환비율인 환율은 각 국가의 경제정책에 따라 등락을 하고, 환율의 등락은 수출입 추세의 변화를 초래한다. 국가별 교역정책, 투자정책, 이민정책 등도 무역과 생산요소 이동에 영향을 미친다. 따라서 한 국가의 경제정책은 다른 국가의 경제상황에 영향을 미치게 되는데, 경제규모가 큰 국가일수록, 국제적인 경제 리더십을 가진 국가일수록 더 큰 영향을 미친다.

이렇듯 해외부문은 하나의 경제를 구성하고, 중대한 영향을 미치는 핵심 요소이므로 국민경제 분석에서 이를 통합적으로 다뤄야하지만, 편의상 2부에서는 해외부문이 없는 폐쇄경제를 다루고, 해외부문은 3부에서 별도로 다루도록 한다.

4.2 국민경제 시장의 구성과 균형

1. 시장의 구성

앞의 1절에서는 경제의 구성원과 그들의 역할에 대해 알아보았다. 경제구성원은 시장에서 거래를 함으로써 그들의 역할을 수행해 나간다. 경제는 여러 개의 시장으로 구성되어 있다. 경제학에서 말하는 시장은 가치를 지닌 경제구성원의 소유물이 거래되는 유·무형의 거래 공간을 의미하며, 이들 모든 시장에서 균형이 동시에 갖추어지는 상태를 거시경제 균형이라고 부른다. 국민경제는 이들 모든 시장에서 균형이 찾아져야만 비로소 거래가 이루어지고, 경제가 돌아가게 되는 것이다. 따라서 경제학에서 시장 균형은 '바람직한 상태'가 아닌 경제 활동이 발생하기 위해서는 반드시 필요한 '필수불가결한 상태'를 의미한다.

본 절에서는 어떤 시장에서 어떤 것들이 거래되는지 알아보고, 균형의 의미를 살펴본다.

1) 실물시장

실물시장은 우리가 일상적으로 소비하는 재화와 용역의 시장이다. 기업은 재화와 용역을 생산하여 소비자에게 제공한다. 가계는 상품의 값을 지불하고 구매하여 소비를 함으로써 스스로의 행복을 극대화 한다. 자동차, 이동통신, 헤어컷, 스파게티, 요가강습, 대학 교육 등 다양한 유・무형의 상품들이 실물시장에서 거래된다.

실물시장의 균형이 형성되는 경로는 이렇다. 설명의 편의를 위해 세상에는 단 두 개의 상품, 자동차와 자전거만이 존재한다고 가정하자. 먼저 자동차 시장은 특정한 가격에 (P_0^a) 수요와 공급이 맞아 떨어졌다고 하자. 그러면 자동차 시장은 균형을 이룬 것이다. 반면 자전거 시장은 특정한 가격에 (P_0^b) 공급이 수요보다 많다고 가정을 해보자. 이런 상황이라면 실물시장의 균형은 아직 이뤄지지 않은 것이다. 부분적으로 자동차 시장의 균형이 이뤄졌다 해도, 전체적인 균형이 동시에 이뤄지지 않는 한, 실제로 어떠한 거래도 발생하지 않는다. 그 이유는 다음과 같다. 우선 불균형 상태의 자전거 시장은 공급이 초과되었으므로 가격이 하락하게 ($P_0^b \rightarrow P_e^b$) 된다. 가격이 하락하면 소비자는 자전거의 구매를 더 늘리려고 하는데, 정해진 소득의 범위 안에서 자전거의 구매를 늘리는 방법은 자동차의 구매를 줄이는 방법 밖에는 없다. 따라서 자전거 가격의 하락과 함께 자전거의 수요량은 증가하고 자동차의 수요는 감소하는 ($D_0^A \rightarrow D_1^A$) 현상이 동시에 발행한다. 그렇게 되면 기존 가격에 균형을 이루었던 자동차 시장에는 초과공급이 생기고, 이를 해소하기 위해 다시 자동차 시장의 가격이 하락하는 ($Po^a \rightarrow Pe^a$) 현상이 나타난다. 이와 같은 조정작업이 완료되어 두 개의 시장에 모두 균형이 갖추어지면, 즉 (Pe^a, Qe^a)와 (Pe^b, Qe^b) 두 쌍의 조합이 완성되면 그때야 비로소 전체 실물시장의 균형이 이뤄지게 되고, 실제로 거래가 발생하는 것이다.

즉 소비자는 정해진 소득 안에서 완벽한 지출계획이 완성되고, 이 수요를 정확하게 충족시켜줄 자동차와 자전거 공급자가 나서며 거래가 개시되는 것이다.

〈그림 4-4〉 서로 다른 시장의 상호 작용

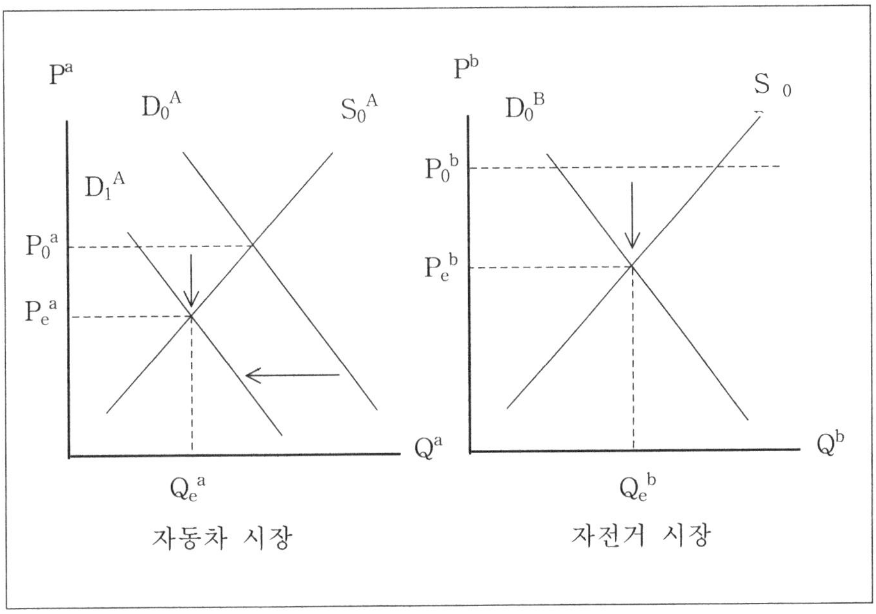

현실에서는 수없이 많은 다양한 상품이 거래되는데, 이들 모든 시장에서 이와 같은 균형 조정과정이 수시로 이뤄진다. 설명을 보면 이런 균형조정 과정이 시차를 두고 순차적으로 진행된다고 오해하기 쉽다. 그러나 이런 균형조정과정은 매우 빠른 속도로 동시다발적으로 정확하게 이뤄지며 그 결과에 따라 우리가 일상적인 거래를 수행한다는 것이 경제학의 기본 입장이다. 어느 누구도 의도적으로 치밀하게 시장가격과 수급량을 조절하지 않음에도 불구하고, 이와 같이 신비한 균형 조정 과정이 행해지는 현상을 일찍이 아담스미스(Adam Smith)는 **'보이지 않는 손'**의 작용이라는 은유적인 비유를 한 바 있다.

요약하자면, 실물시장의 균형은 이러한 모든 상품의 수요와 공급이 정확하게 맞아 떨어질 때 성립되며, 이때의 가격을 균형가격이라고 부른다. 단 거시경제학에서의 실물시장 균형은 분석의 편의를 위해 개개 상품을 종합하여 GDP (또는

GNP) 같은 추상적인 상품개념을 고안하고, 이를 분석에 활용한다. 우리가 흔히 말하는 '물가'라는 것도 이와 같은 여러 개의 상품을 종합한 추상적인 상품의 가격인 것이다. GDP와 물가의 개념은 다음 절에서 자세히 알아보도록 한다.

2) 노동시장

자본과 노동력이라는 두 개의 핵심적인 생산요소 중 노동력이라는 생산요소가 거래되는 무형의 거래시장이 바로 노동시장이다. 가계는 주어진 소득을 가지고 소비와 저축을 행한다. 크게 보아 가계의 소득은 근로소득과 자본소득으로 나뉘는데, 대다수의 가정에서는 근로소득이 가계소득의 대부분을 차지한다. 가계는 자신이 당면한 임금수준에 따라 자신이 공급할 노동력의 양을 결정하게 되는데, 노동공급 의사결정은 풀타임 직장의 경우 정해진 보수에 따라 자신이 그 직장에서 근무할지 말지를 결정하는 것이고, 파트타임의 경우는 정해진 보수에 맞추어 주당 몇 시간을 일할 것인지를 결정하는 일이 된다. 이와 같은 개개인의 노동공급 의사를 다 모아서 임금 수준에 따른 경제 전체의 노동 공급 의사를 표기한 것이 바로 노동공급 곡선이다. 반면 기업은 특정한 임금수준에서 얼마나 많은 노동력을 활용할 것인지를 결정한다. 경제 내의 모든 기업의 노동력 활용 의사를 다 합하면 이것이 노동 수요곡선이 된다.

노동시장은 특정한 임금 수준에서 노동 수요와 노동 공급이 일치할 때, 비로소 균형을 갖추게 되며, 이 때 노동거래가 이루어지는 것이다. 노동시장은 실물시장과 밀접하게 연관되어 있다. 앞서 실물시장의 균형은 모든 상품의 공급과 수요가 일치하는 점에서 균형이 이루어진다고 하였다. 그런데 실제로 상품을 공급하려면 먼저 생산을 해야 하는 것이고, 생산을 하려면 생산요소를 투입하여야 한다. 이는 실물시장과 노동시장이 동시에 균형이 이뤄져야만 실질적인 생산과 판매, 그리고 구매와 소비가 동시에 일어날 수 있다는 것을 의미한다.

3) 통화시장

실물시장과 노동시장을 논할 때, 아마도 독자들은 이들 시장에서의 거래가 너무나 당연하게도 돈이라는 매개체를 통해 이뤄졌을 것이라고 생각했을 것이다.

사실 그렇다. 모든 거래에는 통화, 즉 '돈'을 필요로 한다. 돈의 필요성이나 역할에 대해서는 뒷장에서 자세히 배우겠지만, 모든 거래에 돈이 필요하다는 것은 누구나 알고 있는 사실이다.

그렇다면 통화시장이란 무엇인가? 사람은 여러 가지 목적으로 돈을 보유한다. 어떤 사람은 상품거래를 위해서, 어떤 사람은 재산의 가치를 보전하기 위해서, 또 어떤 사람은 비상금으로 등등 다양한 이유로 돈을 보유한다. 이렇듯 다양한 이유로 사람들이 돈을 보유하고자 하는 욕구를 '통화수요'라고 한다.

그런데 통화를 보유하는 데에는 대가가 따른다. 예를 들어 한 사람이 1억원을 가지고 있다고 하자. 이 사람은 이 1억원을 모두 현금으로 보유할 수도 있고, 그 1억원 중 당장 필요한 1000만원만을 현금으로 보유하고 나머지는 정기예금에 넣어 놓을 수 있다. 이 둘의 차이는 후자의 경우 9000만원에 대한 이자를 1년 후에 원금과 함께 받지만, 전자의 경우는 1년 후에도 그저 9000만원만 남아있을 뿐이다. 이때, 현금을 보유함으로써 포기해야 하는 이자가 바로 통화 보유의 대가인 것이다. 이자를 가지고 우리는 음식을 사먹을 수도 있고, 여행을 할 수도 있다. 이와 같은 소비의 가능성을 포기한다는 것은 분명한 대가를 치르는 것이다. 당연히 통화보유의 대가는 이자율이 높으면 크고, 이자율이 낮으면 작아진다. 예금이자율이 10%라면 9000만원에 대한 이자는 900만원이며 이 돈으로 안락한 유럽여행을 다녀올 수 있다. 포기하기에 너무 큰 매력인 것이며 아마도 대부분의 사람들은 통화를 보유하기 보다는 예금을 하려고 할 것이다. 그러나 이자율이 1%라면 1년 후에 받는 이자는 90만원이며 이 돈은 작다고 할 수는 없지만 갑자기 돈이 필요할 경우도 돈을 빼 쓸 수 없는 불편함이나 은행계약을 위해 준비하는 서류나 왕래 시간 등의 소소한 불편을 생각하면 차라리 9000만원을 현금으로 보유하고자 하는 사람도 생겨날 것이다.

요약하자면 화폐를 보유하는 것에는 대가가 따르며, 그 대가의 크기는 화폐보유의 가격인 실질이자율의 크기에 따라 결정된다는 것이다. 실질이자율의 변화에 따른 통화 보유 의사 금액의 변화를 그래프로 표현한 것을 통화수요곡선이라고 부른다. 반면 통화의 공급은 중앙은행이 담당한다. 자세한 통화공급 메커니즘은 뒷장에서 탐구하겠지만, 중앙은행은 화폐를 발행하고, 화폐의 정상적인 유통을 보장하는 역할을 함으로써 경제가 무리 없이 돌아갈 수 있게 한다.

통화시장의 균형은 특정한 실질이자율에서 통화수요량과 통화공급량이 정확하게 일치하는 점에서 발생한다. 그러나 앞서의 경우에서 살펴본 바와 같이, 통화시장의 균형은 독립적으로 이뤄지지 않고, 다른 시장과의 균형이 동시에 이뤄졌을 때에야 비로소 성립이 되는 것이다. 즉, 실물시장에서의 상품거래에 필요한 통화보유, 기업의 임금지급 및 주주배당금, 채권매입금 등에 필요한 통화보유 등 다양한 통화 보유 동기가 모여 통화수요량이 결정되는 것인데, 이들 다른 시장이 균형상태가 아니라면 당연히 통화수요량이 확정될 수 없으며, 따라서 통화시장의 균형도 달성될 수 없는 것이다.

4) 자산시장

앞부분에서 설명의 편의를 위해 독립적으로 결정되는 듯 다루었던 통화수요는 사실 전체적인 자산구성의 일부에 불과하다. 개인의 자산이란 상속이나 증여받은 재산과 과거부터 현재까지 축적되어온 저축을 합하여 그 규모가 결정된다. 가계는 자신의 부(wealth)를 어떤 형태로 보유할 것인지를 결정한다. 은행 예·적금이 가장 먼저 떠오르는 부의 축적 수단이 될 것이나, 이 외에도 집이나 건물, 토지 등 부동산의 형태, 주식이나 채권 등의 유가증권의 형태, 또는 개인금고에 현금을 보관하는 형태 등 실로 다양한 형태로 자신의 부를 관리하며, 이 과정에서 가계의 통화수요량도 결정이 되는 것이다. 법인도 마찬가지이다. 기업은 창출된 이윤 중 일부를 배당금으로 분배하지 않고 재투자할 목적으로 자산을 확보해 놓는 것이 일반적인데, 자산의 구성을 어떻게 하느냐가 기업의 수익성에 중요한 영향을 미치기도 한다.

〈그림 4-5〉 자산의 보유 옵션

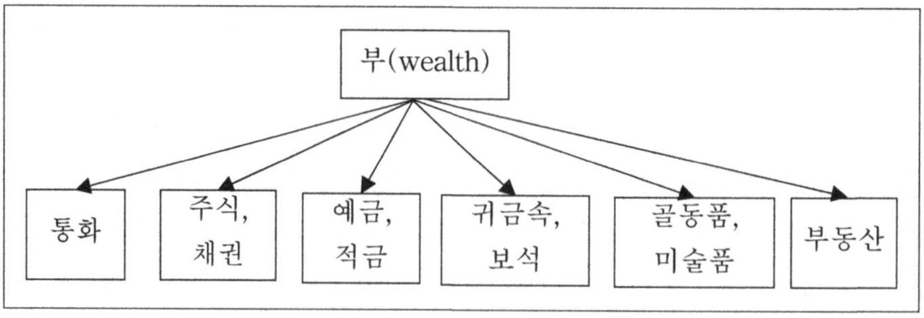

개인이나 법인이 보유한 부(wealth)의 구성 형태를 자산 포트폴리오(port folio)라 하는데, 모든 경제주체는 이 자산구성을 최적화함으로써 자신의 목표를 달성하고자 한다. 자산 포트폴리오 구성의 변화는 부동산 가격의 부침이나 주가지수 변동 등 중요한 국민경제 변수의 변화에 영향을 미치는 중요한 요인이 된다.

이와 같은 자산 포트폴리오 구성 과정에서 가계는 기업의 투자 재원을 제공하는 역할을 한다. 주식을 보유한다는 것은 해당 기업의 자본의 일부를 소유하고 있다는 것을 의미한다. 예를 들어 기업이 주식분할이나 신주발행을 통해 증자를 할 때, 이들 주식을 산다면 해당기업의 자본의 일부를 소유하는 대가로 그 기업에 자금을 제공하는 것을 의미한다. 기업이 발행하는 채권을 매입한다는 것은 일정한 이자를 보장 받고, 해당기업에 자금을 빌려주는 것을 의미한다. 기업과 직접적으로 거래하지는 않더라도 은행에 예·적금을 한다면 은행이 기업에 대출해 줄 때 간접적으로 기업에 자금을 제공하게 되는 것이다. 기업은 이렇게 조달한 자금을 인건비나 자재구입비 등 경상운영비로 쓸 수도 있고, 공장신설이나 기계설비 구입 등과 같은 물적자본 형성에 투입할 수도 있는 것이다.

2. 거시경제균형

앞서 우리는 4개의 시장에 대하여 알아보았다. 이들 4개의 시장은 각각 균형이 존재한다. 각 시장에서 특정한 가격지표 값에서 수요와 공급이 일치할 때 균형을 이루며, 이와 같은 개별 시장의 균형을 **부분균형**(partial equilibrium)이라 부른다.

국민경제에서는 이들 4개의 시장에서 동시에 균형이 이뤄져야만 경제 전체의 균형이 성립한다. 이와 같은 모든 시장의 동시적인 균형 상태를 흔히 거시경제균형 또는 **일반균형**(general equilibrium) 이라고 부른다. <그림 4-6>은 거시경제균형을 개념적으로 요약한 것이다. 한 국가의 경제 안에서는 가계, 기업, 정부라는 3개의 경제주체가 노동시장, 실물시장, 통화시장, 자산시장 등 4개의 시장에서 서로의 필요에 따라 거래를 하며, 각 시장에 참여하는 3개 주체의 거래의사가 4개의 시장에서 동시다발적으로 충족될 때 이 국가의 경제는 거시경제균형 상태에 도달하며, 그제야 비로소 각 시장에서 거래가 실제로 성사되고, 경제가 돌아가기 시작하는 것이다.

〈그림 4-6〉 거시경제균형의 개념도

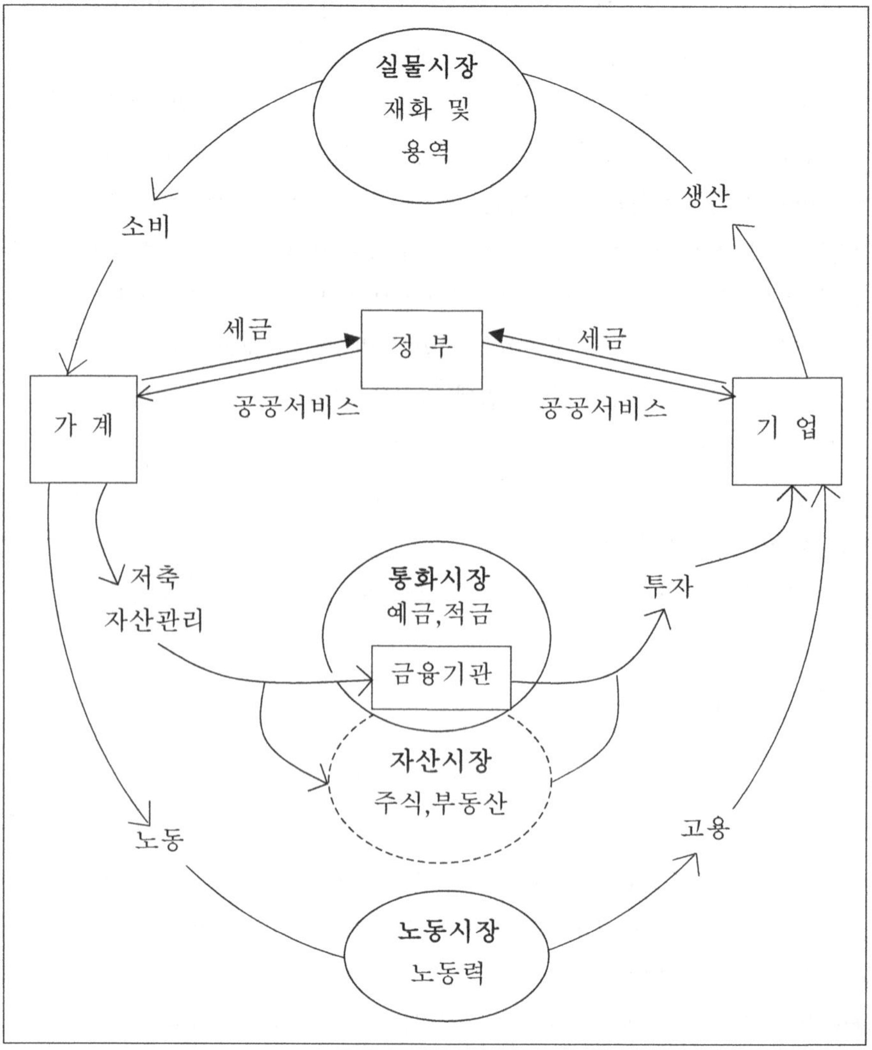

자동차여행을 비유로 들어보자. 자동차 여행이 성공적이기 위해서는 크게 4가지 요소가 필요하다. 첫째는 엔진이다. 엔진이 제대로 작동해야만 동력이 만들어지고 차가 움직일 수 있다. 그러나 엔진 하나만 잘 돌아가서는 자동차가 작동하지 않는다. 엔진에서 만들어진 동력을 변속기, 전동축, 구동축을 거쳐 바퀴까지 잘 전달해야만 차가 움직이기 시작한다. 따라서 두 번째 요소인 동력전달체계가 반드시 필요하다. 그러나 이 두 요소만으로는 안전한 운행을 할 수 없다. 원하는 곳으로 안전하게 차량을 운행하기 위해서는 조향장치와 제어장치가 무리 없이 작동을 해야만 하는 것이다. 따라서 조향・제어장치라는 차량조정시스템이 필요한 것이다. 그리고 마지막으로 자량을 운행할 운전자의 운전 능력이 있어야 하는 것이다. 이렇게 4개의 요소가 갖춰져야만 목적지 까지 운행을 할 수 있는 것과 마찬가지로, 국민경제도 이 4개의 시장에서 균형 메커니즘이 제대로 작동해야만 거시경제 균형에 도달하게 되며, 비로소 경제가 돌아가기 시작하는 것이다.

그런데 <그림 4-6>을 주의 깊게 살펴보면, 타원형으로 표시된 시장 중, 오직 3개만이 실선으로 표시된 것을 알 수 있다. 이는 왈라스(L. Walras)의 법칙을 상기시키기 위한 것이다. '왈라스의 법칙'은 4개의 시장이 있을 때, 3개의 시장에서 균형이 동시에 이루어진다면 나머지 한 개 시장에서도 균형이 자동적으로 이뤄진다는 것을 의미한다. 이것은 마치 앞의 자동차 여행의 예에서, 자동차의 엔진(노동시장), 동력전달장치(실물시장), 조정장치(통화시장) 등 세 가지 요소가 정상적으로 작동했는지 (균형을 이루는지) 확인만 하면, 자동차가 목적지에 잘 도착했다는 사실 만으로도 ('왈라스의 법칙'에 따라) 운전자가 운전능력이 있는지 (자산시장의 균형을) 굳이 확인할 필요가 없다는 것과 유사한 비유인 것이다.

'왈라스의 법칙'에 따라, 전체 국민경제의 균형을 분석할 때, 노동시장, 실물시장, 통화시장 등 3개 시장의 균형만을 검토하며, 4번째 시장인 자산시장은 별도로 분석하지 않는다. 따라서, 거시경제균형은 노동시장, 실물시장, 통화시장 등 3개 시장의 동시적 균형 상태를 의미한다.

4.3 생산활동

1. 생산요소와 부가가치

앞 절에서 우리는 국민경제라는 큰 운동장 안에서 거래를 하며 경제활동을 영위한다는 것을 배웠다. 그렇다면 인간은 무엇을 위해 경제활동을 하는가? 또한 경제활동을 한다는 것은 구체적으로 무엇을 의미하는가? 여기에서는 이와 같은 본질적인 의문을 탐구한다.

인간은 삶의 과정에서 끊임없이 행복을 추구한다. 인간이 경제활동을 하는 것도 행복 추구의 일환이다. 경제활동을 관통하는 핵심 개념은 생산과 소비이다. 인간의 경제활동은 한 편으로는 인류의 행복을 증진시켜줄 수 있는 재화와 용역을 생산하고, 다른 편으로는 이를 구매하고 소비하는 행위이다. 생산된 유·무형의 생산품을 소비함으로써 인간은 행복을 느끼며, 그 행복이 곧 인간이 추구하는 가치인 것이다. 즉, 생산활동은 '행복'이라는 '가치'를 창출하는 행위이다. 요약하자면, 생산활동은 '부가가치의 창출 및 거래와 관련한 제반 인간 행위'를 의미한다. 여기서 **부가가치**(value-added)는 자연 상태로 놓아두면 발생하지 않았을 터이나 생산활동을 통해 새로이 생겨나는 가치를 의미한다.

〈그림 4-7〉 생산활동과 부가가치의 창출 개념도

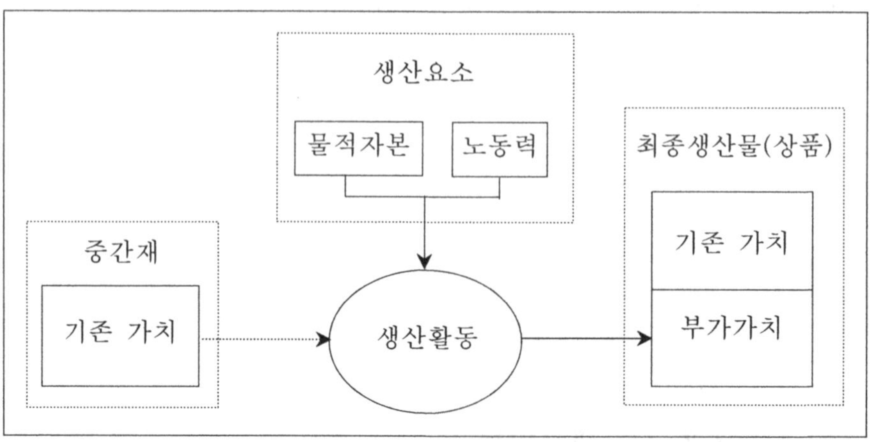

생산활동을 위해 투입되는 요소를 **생산요소**(factor of production)라 부른다. 대표적인 생산요소에는 **노동력**(labor)과 **물적자본**(pyisical capital)이 있다. 노동력은 인간이 생산활동에 투입되어 일하는 시간으로 측정되는 정신적, 육체적 노력을 말한다. 물적자본은 생산활동에 투입되는 사옥, 공장, 생산설비, 기계, 운송장비 등 물리적인 실체가 있는, 내구성을 가진 재화를 총칭하여 부르는 용어이다. 이들 생산요소는 생산활동에 투입되어 부가가치를 창출하는 역할을 함과 동시에 그 부가가치 창출에 따르는 반대급부인 소득을 취득하는 소득원이 된다.

먼저 농부의 예를 들어보자. 한 농부가 살고 있고, 너른 들판에 벼가 자라고 있다. 이 벼는 그냥 놔두면 시들어버리거나, 볍씨가 땅에 떨어져서 또 벼가 자라게 될 것이다. 이 벼는 그 자체로는 그저 존재하는 자연의 일부일 뿐 아무런 가치가 없다. 그러나 농부가 이 벼를 수확하는 순간 부가가치가 발생한다. 농부가 열심히 땀 흘려 일하여 1000kg의 벼를 수확했다고 하자. 농부는 들판에서 일을 함으로써, 즉 생산요소인 노동력을 투입함으로써, 1000kg의 쌀을 생산한 것이며, 따라서 쌀 1000kg의 부가가치를 창출한 것이다. 그런데 이 상태에서 농부가 농사에 트랙터를 투입하면, 즉 또 다른 생산요소인 물적자본을 투입하면, 어떻게 될까? 새로 투입한 트랙터를 운전하여 농부는 이제 논을 조성하고, 경작할 수 있으며, 그 결과 5000kg의 쌀을 생산할 수 있게 되었다. 즉, 노동력에 더하여 투입된 트렉터라는 물적자본은 추가적으로 쌀 4000kg의 부가가치를 창출한 것이다. 결과적으로, 노동력과 물적자본을 복합적으로 투입하여 생산활동을 함으로써 창출된 부가가치는 도합 5000kg이 되는 것이다.

이번에는 기업의 예를 들어보자. 기업도 역시 노동력과 자본을 투입하여 생산활동을 수행한다. 자동차를 생산하는 기업을 예로 들어보자. 자동차 생산을 위해서는 공장이나 조립라인 같은 물적자본과 노동력이라는 두 생산요소를 투입하지만, 추가적으로 중간재라는 것을 투입한다. 가죽이나 철판 같은 원자재, 나사나 유리, 타이어 등과 같은 부품 등이 그 예이다. 또한 회사 운영을 위해서는 종이, 필기구, 도장 등과 같은 사무용품 등도 필요하다. 이들처럼 생산요소 이외에 생산과정에 투입되는 모든 것들을 경제학에서는 **중간재**(intermediate goods)라 총칭한다.

중간재는 생산과정을 거치면서 그 물리적 실체가 상품의 출고와 함께 사라진다. 자동차 생산에 투입되는 철판, 나사, 유리 등 중간재를 보자. 철판의 경우는 자동차의 몸체나 문짝 등으로 물리적 형태가 변형되어 자동차의 일부가 된다. 또한 나사나 유리 등은 물리적 형태가 변형되지는 않으나 자동차의 부속품으로 들어가 자동차를 구성한다. 즉, 자동차를 출고하고 나면 이들은 자동차 공장에

남아있지 않는다는 공통점이 있다. 커피믹스, 잉크, 종이 같은 사무용품도 마찬가지이다. 이들은 자동차의 일부를 구성하지는 않으나, 자동차 생산 및 판매를 위한 각종 활동에 사용되면서 소모되어 없어진다. 즉 중간재는 생산과정이 종료되면 그 물리적 실체가 회사에 남아있지 않는다. 그러나 물적자본은 그 반대로 생산과정이 종료되고 난 이후에도 물리적 실체가 회사에 남는다. 자동차 공장 건물, 생산라인, 용접로봇 등은 생산과정에 투입되어 자동차가 생산되고 나서도 그 물리적 실체가 남아 있으므로 다음 생산활동에 계속적으로 다시 투입될 수 있다. 이것이 물적자본과 중간재의 가장 두드러지는 차이점이다.

생각해 보기: 물적자본과 '내구성 있는 중간재' 간의 현실적인 차이는 무엇일까?

물적자본이라고 해서 영원히 물리적 실체가 존속하는 것은 아니다. 기계도 건물도 수명이 있으며, 그 수명이 다하면 망가지거나 쓸모가 없어져서 폐기되게 마련이다. 그 반대로 중간재라고 해서 반드시 생산과정에서 물리적 실체가 소멸되고 변형되는 것도 아니다. 그 예로 회사에서 사용하는 스테플러(stapler)를 생각해 보자. 스테플러는 소모품이 아닌 내구재로서 오랜 세월 동안 사무실에서 사용되지만 일반 사무용품으로 분류되어 중간재로 취급된다. 생산활동에 기여하는 측면에서 본다면 두 재화 간에 근본적인 차이점은 발견하기 힘들다.

이 두 재화를 가르는 실용적인 측면의 차이점은 회계법 상 '비용처리' 개념을 차용하면 이해가 쉬워진다. 내구성을 지닌 재화가 생산활동에 투입된다 하더라도 그 금액이 그리 크지 않으면 중간재로 취급하여 곧바로 100% 비용처리가 가능하다. 그러나 그 금액이 큰 건물이나 기계 등은 구입비용이 매우 크다. 따라서 곧바로 100% 비용처리를 할 수 없고 법에 정해진 '감가상각(depreciation)' 비율에 따라 비용처리를 하게 된다. 이 경우 물적자본으로 분류된다. 이와 같은 이유로 같은 내구재라도 스테플러는 중간재로, 공장건물은 물적자본으로 분류된다.

2. 가치의 측정: 가치(value)와 가격(price)

부가가치를 알기 위해서는 생산 단계별 상품의 가치를 알아야 한다. 앞의 농부의 예에서처럼 생산 단계별 생산물(output)이 모두 쌀로 측정된다면 '증가하는 쌀의 산출량'으로 부가가치를 계산하면 된다. 그러나 자동차회사의 경우, 자동차 1대를 생산하기 위해 타이어 4개, 시트 5개, 볼트/너트 1000개, 철판 1톤 등 다양한 중간재가 투입된다. 자동차 1대의 가치에서 이들 중간재의 합의 가치를 빼면 비로소 자동차 생산활동의 부가가치가 될 터인데, 과연 그 가치는 얼마나 될까? 이 문제는 서로 다른 제품의 상대적 가치를 설정해야 하는 매우 어려운 문제이다.

어떤 재화에 주관적인 가치를 부여하는 것은 전적으로 그 재화를 소비하는 당사자의 사용방식, 소비패턴, 정서, 문화, 기호 등에 의해 결정되고, 이는 사람마다 다 다르다. 예를 들면 밥을 주식으로 하는 한국인은 밀보다 쌀의 가치를 더 높게 쳐주지만, 빵을 주식으로 하는 유럽인들은 쌀보다 밀의 가치를 더 쳐주는 것과 같다. 같은 한국인이라도 쌀을 주로 먹었던 과거에는 쌀이 상대적으로 더 귀한 대접을 받았지만, 빵을 많이 소비하는 최근에는 쌀의 상대적인 가치가 낮아진 것도 같은 이치인 것이다. 즉, 지역이나 시대, 그리고 문화의 차이에 따라 재화의 주관적인 가치는 다 다르다는 것이다. 따라서 다양한 재화의 가치를 결정하는 모두가 수긍할 수 있는 절대적인 잣대는 존재하지 않는다.

이렇게 다양한 요인에 의해서 사람마다 다 다르게 결정되는 상품의 가치를 명확하게 규정할 수 있는 능력이나 자격을 갖춘 사람이나 기관은 존재하지 않는다. 따라서 시장경제에서는 이를 시장에서 거래되는 **교환가치**, 즉 **가격**으로 결정한다. 시장에서 실제로 거래된 가격을 부가가치의 평가기준으로 삼음으로써 가치판단의 주관성을 배제하고 객관성을 확보하는 것이다. 시장경제에서는 상품이 시장에서 거래될 때 거래 당사자 간에 가치를 결정하는 다양한 요소들이 고려되고, 이에 따라 결정된 가격에 동의하는 당사자들이 실제 거래에 임하기 때문이다. 물론 어떤 상품의 시장가격에 대해서 자신의 주관적 가치에 비해 지나치게 비싸다고 생각하는 소비자들이 있을 수 있다. 또한, 생산자들 사이에서는 자신이 생산에 들인 노력에 비해 지나치게 가격이 낮게 책정되었다고 생각할 수 있다. 그러나 이런 생산자나 소비자들은 당연히 거래에 참여하지 않을 것이다. 자유로이 거래가 이루어지는 시장에서 생산자와 소비자 사이에 거래가 이뤄졌다는 사실은 결정된 가격에 대한 합의, 즉 가치판단이 일치했다는 사실을 의미한다.

생각해 보기: 가격과 가치

아래 그림은 1988년의 무선전화와 2018년의 무선전화의 가격을 보여준다. 왼쪽은 1988년에 도입된 최초의 이동전화기로 벽돌과 비슷한 크기에 성능과 편의성 측면에서는 한손에 쏙 들어오고 다양하고 강력한 성능을 가진 오늘날의 무선전화와는 비교가 되지 않을 정도로 열악했다. 그러나 그 당시의 가격은 4,000,000원에 달했으며, 이를 소비자물가지수를 이용하여 2018년의 가격으로 환산하면 무려 12,000,000원에 해당한다. 이 전화기를 2018년의 최신형 이동전화의 가격 950,000원과 비교하면 초기의 이동전화의 가격이 얼마나 높게 설정되었는지를 알 수 있다.

〈그림 4-8〉 휴대폰의 가격과 가치

1988년(4,000,000원)

2018년(957,000원)

그러나 과연 이 가격이 비정상적으로, 비합리적으로 높았다고 할 수 있을까? 그건 절대 그렇지 않다. 재화와 용역의 가치는 생산의 기술적 난이도, 투입되는 생산요소의 총량, 희소성, 사회의 문화적 정서, 개개인의 기호 등 다양한 요인에 의해서 결정된다. 당시의 무선전화기는 생산의 난이도로 인해 생산원가가 비싸기도 했겠지만, 이 전화기의 소유자는 다른 사람보다 더 빨리 업무처리를 할 수 있고, 시간과 장소에 구애받지 않고 업무를 처리할 수 있음으로 인해 더 많은 사업기회를 획득할 수 있었을 것이다. 즉, 무선전화기를 소유함으로써 얻어지는 경제적 이득도 매우 컸을 것이다.

시장에서 거래가 될 때에는 각 재화의 상대적 가치를 표시하는 기준이 되는 재화를 필요로 하며, 각 재화의 가격은 표시 기준이 되는 재화와의 교환비율로 표기된다. 이와 같이 재화 가격의 결정 기준이 되는 재화를 **표준재**(Numeraire)라고 부른다. 현대 경제에서는 '돈'을 표준재로 사용한다. 따라서 시장경제에서 재화의 가치는 재화와 교환되는 돈의 액수로 표시한다. 우리는 이를 **가격**(price)이라 부른다. 즉 표준재인 돈 1단위의 가격은 항상 1원이며, 다른 재화와 용역의 가격은 교환되는 돈의 개수로 표시되는 것이다. 그리고 재화 간의 교환비율은 통화단위로 표기된 각 재화의 가격의 비율로 계산할 수 있다. 사과가 1000원이고 바나나가 2000원이라면 사과와 바나나의 교환비율은 2:1, 즉 사과 2개는 바나나 1개와 맞바꿀 수 있다는 것을 의미한다.

$$\text{사과}:\text{바나나} = 1000\text{원}:2000\text{원} \qquad \Rightarrow \qquad 1\times\text{바나나} = 2\times\text{사과}$$

그러나 모든 재화의 가치가 다 시장에서 결정되는 것은 아니다. 예를 들어, 집에서 김장을 하는 것과 같은 자가 생산 활동이나 정부가 제공하는 국방이나 치안 등과 같은 정부서비스 등은 시장에서 거래되는 것이 아니므로 시장가격이 형성되지 않는다. 또한 시장경제 체제가 아닌 공산주의 사회에서 이뤄지는 생산활동은 수요와 공급에 의해 시장가격이 결정되지 않고, 국가의 계획에 따라 생산과 공급이 이뤄지므로 이들 생산활동에 대한 객관적인 가치판단이 매우 어려울 수밖에 없다. 그러나 이와 같은 어려움에도 불구하고, 시장경제 국가에서의 대부분의 생산과 소비는 수요와 공급의 법칙에 따라 시장에서 그 가격이 결정되며, 우리는 이 가격을 통해 생산활동의 객관적인 가치를 측정할 수 있다.

연습문제

1. 다음 용어를 설명하시오.
   (1) 생산활동
   (2) 부가가치(value-added)
   (3) 생산요소(factor of production)
   (4) 중간재(intermediate goods)
   (5) 물적자본(physical capital)
   (6) 투자(investment)
   (7) 부분균형(partial equilibrium)
   (8) 일반균형(general equilibrium)
   (9) 표준재(numeraire)

2. 다음 물음에 답하시오.
   (1) 국민경제의 구성원을 들고 그들이 하는 역할이 무엇인지 논하라.
   (2) 중간재와 물적자본 간에 어떤 차이가 있는지 논하라
   (3) '보이지 않는 손'이란 무엇을 의미하는가?
   (4) 가치의 크기는 어떻게 결정되는가?

제 5 장

국민경제 지표

한 사람의 건강상태를 알아보려면 여러 가지 지표를 살펴본다. 키, 몸무게, 혈압, 시력, 청력 등 다양한 지표를 보고 종합적으로 건상상태를 판정하는 것이다. 이와 같이, 경제의 건전성도 몇 개의 주요 지표를 통해 판정하게 된다. 본 장에서는 이들 주요 국민경제 지표의 의미를 살펴보고, 그 지표들을 판독하는 방법을 알아본다.

5.1 생산과 소득

1. 국내총생산(GDP)과 국민총생산(GNP)

1) 국내총생산

국내총생산(Gross Domestic Product; GDP)은 한 경제의 경제적 성과를 측정하는 경제성적표로서, 가장 중요한 경제지표 중의 하나이다. 국내총생산은 '한 국가의 국경 안에서 일정 기간 동안 새로이 생산되어 거래된 최종재화 가치의 총합'이다. 이 정의의 개념을 자세히 들여다보자.

먼저, GDP는 새로이 생산된 **최종재**(final goods and services)의 가치를 측정한다. 최종재란 다른 재화나 용역을 생산할 목적으로 거래되는 상품이 아닌 최종

소비를 목적으로 거래되는 상품을 의미한다. 따라서 하나의 상품이 어떻게 사용되어지느냐에 따라 그 재화는 최종재가 되기도 하고, 중간재가 되기도 한다. 예를 들어 아이스크림 제조업체에서 우유를 구입하여 아이스크림을 만들어 판매한다고 하면, 이 때 투입된 우유는 중간재가 되는 것이다. 그런데 그 우유를 가정에서 구입하여 아침 식탁에 올린다면 이 때 우유는 최종재화가 되는 것이다. 국내총생산은 이 중 최종재화로 소비된 상품의 가치만을 측정한다.

〈표 5-1〉 GDP의 계산

		목축업자 (가)	빙과업자 (나)	총계 (다) = (가)+(나)
중간재 투입액 (A)		-	우유 10억원	10억원
매출액	중간재 매출액 (B)	우유 10억원	-	10억원
	최종재 매출액 (C)	우유 5억원	빙과 20억원	25억원
	총 매출액 (B)+(C) = (D)	우유 15억원	빙과 20억원	35억원
부가가치 창출액 (D)-(A) = (E)		15억원	10억원	25억원

최종재화의 가치 측정은 개념적으로는 명확하지만 실제로 측정하기에는 어려운 측면이 있다. 어떤 상품이 최종재화로 소비되고, 어떤 상품이 중간재로 투입되었는지를 추적하기가 현실적으로는 매우 어려운 일이기 때문이다. 그러기에, 거래된 최종재화의 가치를 측정하는 대신 부가가치(value-added)를 측정하기도 한다. 즉, GDP는 '한 국가의 국경 안에서 한 해 동안 창출된 모든 부가가치의 총합'으로 대체되어 측정될 수 있는 것이다. 부가가치는 기업의 생산활동을 통하여 새로이 창출된 가치를 의미하며, 따라서 기업의 매출액에서 투입된 중간재 및 원자재의 비용을 제외한 금액이 되는 것이다. 앞의 우유의 예를 조금 더 구체화하여 알아보기로 하자.

목축업자가 150킬로리터의 우유를 생산해서 100킬로리터는 10억원에 빙과업체에 팔고, 나머지 50킬로리터는 일반 소비자에게 5억원에 판매했다고 하자. 그리고 빙과업자는 10킬로리터의 우유를 매입하여 아이스바 100만개를 만들어 하나에 2000원씩에 판매하여 20억원의 매출을 올렸다고 하자. 이 때, 목축업자가 창출한 부가가치는 총매출에서 중간재 투입액 0원을 제하고 남은 15억원이 된다. 제과업자는 목축업자로부터 구입한 중간재(우유)를 10억원어치 투입하여 20억원어치의 빙과 매출을 올렸으므로 빙과업자가 창출한 부가가치는 매출액 20억원에서 중간재 투입액 10억원을 제한 10억원이 되는 것이다. 그러므로 GDP는 부가가치의 총합인 25억원이 되는 것이며, 이는 모든 기업의 매출액 총계 35억원에서 모든 기업의 중간재투입액 총계 10억원을 차감하고 남은 25억원과 같아지는 것이다. 이는 최종소비재 생산/판매액인 25억과 정확하게 일치한다. 이렇게 GDP의 측정은 '최종재화의 가치의 총합' 또는 '창출된 부가가치의 총합'으로 측정되는 것이다.

GDP는 또한 '어디에서' 생산하였는가를 측정한다. GDP는 국적을 불문하고 해당국가의 국경 안에서 생산된 최종재화의 가치를 측정한다. 그러므로 해외 소재의 우리나라 법인기업이 생산한 것은 우리나라의 GDP에 포함되지 않으나, 우리나라에서 생산된 외국 국적 기업이 생산한 것은 우리나라의 GDP에 포함된다. 즉 GDP는 국경의 개념을 중시하여 집계하는 경제성적표인 것이다.

끝으로 GDP는 유량(flow)의 개념이다. 즉, 기간을 정하여 그 기간에 생산된 부가가치를 측정하는 것이다. '우리나라의 강수량은 얼마인가?' 라는 질문에 대답할 수 없다. 비는 세월이 흘러도 계속 내릴 것이고, 시간의 흐름은 영원하므로 우리나라에 내리는 강수량은 무한대가 될 것이기 때문이다. 그러나 `우리나라에 2017년 한 해 동안 내린 강수량은 얼마인가?' 라는 질문과 같이 기간을 명확하게 정해 놓으면 정확하게 답할 수 있다. 이와 같은 변수를 유량(flow)변수라고 한다. GDP나 GNP는 기간을 명확히 정해야만 그 의미를 해석할 수 있는 유량변수이다. 우리나라에서는 GDP나 GNP를 매 분기별로 작성/공표한다.

2) 국민총생산

국민총생산(GNP; Gross National Product)은 '한 국가의 국민이 일정 기간 동안 생산하여 거래된 모든 최종재화의 가치 총합'이다. 국민총생산은 국내총생산(GDP)과 매우 유사한 개념이나, 국경 안에서 행해진 경제행위가 아닌 국민이(즉, 국적 안에서) 행한 경제행위를 측정한다는 면에서 다르다. GNP는 그 나라의 국적을 가진 사람(또는 기업)이 세계 어디에서든 생산한 최종재화의 가치를 측정한다. 따라서 해외의 한국법인에서 생산된 재화는 GNP에 포함되는 반면, 우리나라 안의 해외법인에서 생산된 재화는 GNP에 포함되지 않는다. GDP와 달리 GNP는 국경보다는 국적의 개념을 중시하여 집계하는 경제지표인 것이다.

〈표 5-2〉 GDP와 GNP의 개념 비교

종류	언제	어디서	누가	무엇을
GDP	한 해 동안	국경안에서	어느 누구든	최종재화 (또는 부가가치)
GNP	한 해 동안	어디에서든	그 나라 국민이	최종재화 (또는 부가가치)

<표 5-2>와 같이 GDP는 국경 내에서 행해진 생산활동, GNP는 국적자들이 행한 생산활동을 기록하는 것이 두 개념의 핵심적인 차이점이다. 따라서 GDP를 GNP로 변환하기 위해서는 이들 각각의 수치를 가감하여 계산한다. 전 장에서 살펴 본 바와 같이, 생산활동에 투입되는 생산요소는 자본과 노동력이 있으며, 이들 생산요소의 투입의 대가로 지급하는 소득, 즉 자본소득과 노동소득을 총칭하여 요소소득(factor payment)이라 부르는데, 외국 국적의 개인이나 기업이 국내활동을 통해 수령하는 노동소득이나 자본소득은 우리의 입장에서는 요소소득을 지급하는 것이며, 우리나라 국적의 개인이나 기업이 해외 경제활동을 통해 수령하는 노동소득이나 자본소득은 우리 입장에서는 요소소득의 수취이다. 우리의 요소소득 수취액에서 우리가 지급하는 요소소득 지급액을 뺀 금액을 **순수취 요소소득**(net factor payment; NFP)이라고 부른다. 따라서 GNP는 GDP에 순수취 요소소득(NFP)을 더한 금액과 같아진다.

$$GNP = GDP + NFP \quad (5\text{-}1)$$

GNP는 국적의 개념이 투영되는 만큼, 국민소득의 개념을 내포한다. 즉 우리나라 사람들이 얼마나 많은 소득을 올렸느냐를 보는 개념으로 볼 수 있다는 것이다. 반면 GDP는 우리나라 경제의 생산활동이 얼마나 활발했는지를 보는 개념으로 적당하다. 세계화의 흐름과 함께 시장이 개방되고, 자본과 노동의 이동이 빈번한 현대 경제에서는 국경의 의미가 많이 퇴색되고, 자국민과 외국인에 대한 구분의 필요성이 감소하고 있다. 이와 같은 이유로 선진국일수록 GNP보다는 GDP를 경제활동지표로 더 선호하고 있으며, OECD 국가들은 모두 GDP를 공식 경제활동지표 통계로 사용하고 있다. 우리나라도 1994년부터 GDP를 공식 경제활동지표로 사용하고 있다.

우리나라에서 생산하는 GM은 영업이익(자본소득)을 미국의 GNP로 가져가지만, 많은 직원을 고용함으로써 그보다 더 큰 피용자보수(근로소득)를 지급하고, 국내의 협력업체로부터 부품 및 소모품, 서비스 등을 공급받고 그 대금을 지급함으로써 우리나라 경제에 기여한다. 반면 미국의 현대자동차는 영업이익(자본소득)을 우리나라에 GNP로 들여오지만, 현지 인력을 고용함으로써 지급해야 하는 대다수의 노동소득은 미국에 귀속되므로, 우리 경제에 기여하는 크기는 그리 크지 않다. 이와 같은 이유로 각 국가들은 문호를 개방하여 국적을 불문하고 현지에 외국기업의 직접투자 유치를 위해 노력하는 것이다.

GDP와 GNP의 차이는 각 국가의 개방 정도나 경제 여건, 산업구조 특성 등 여러 가지 요인에 의해서 다르게 나타난다. 한 국가의 경제를 진단하는데 있어, 분석 목적에 따라 필요한 개념을 적절히 사용하는 지혜가 필요하다. 폐쇄경제에서는 GDP와 GNP는 같아진다. 따라서 본 파트에서 이 둘의 차이는 무시하기로 한다.

2. 삼면등가의 원칙

앞서 우리는 GDP를 생산의 측면에서 정의하였다. GDP는 시장 거래의 기록이므로 반드시 생산자(공급자)와 구매자(소비자)가 존재하기 마련이다. 생산되어 판매된 재화나 용역은 반드시 이를 구매한 당사자가 있게 마련이며, 생산되어 판매된 재화와 용역의 총액은 구매자가 판매대금으로 지출한 지출총액과 정확하게 일치하여야 한다. 이와 같은 생산액(판매액) = 구매액 항등식 관계를 '생산-지출 등가의 원칙'이라고 한다.

〈그림 5-1〉 생산된 재화 및 용역의 구매

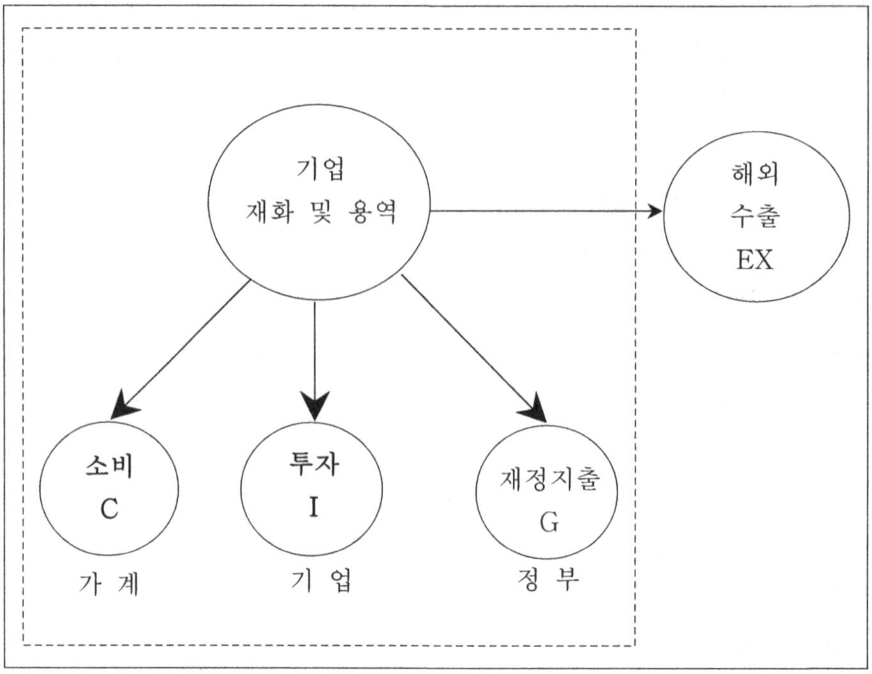

한 경제가 생산한 최종생산물을 누가 구매하는가? 구매의 주체는 당연히 그 경제를 구성하는 구성원이며, 이들 구성원은 가계, 기업, 정부, 그리고 외국 등이다. 가계가 구매하여 행하는 소비를 우리는 소비(consumption; C)라고 부른다. 가계는 생산요소만을 제공할 뿐 공식 GDP로 산입되는 생산행위는 하지 않는다. 따라서 가계가 구입하는 모든 재화와 용역은 최종소비재로 취급한다. 반면 기업은 생산활동을 하므로 두 가지 형태로 상품을 구입한다. 첫 번째 형태는 자신의 생산물을 제작하기 위해 투입하는 중간재 구매이다. 그러나 이는 최종소비가 아니므로 당연히 GDP에 포함되지 않는다. 기업이 행하는 또 다른 형태의 구매는 **투자**(investment; I)이다. 투자는 추후의 생산활동에 투입할 목적으로 기계, 사무실, 공장, 생산시설 등 유형고정자산, 즉 자본재를 축적하는 활동이다. 경제학에서는 투자용도로 구매하는 자본재를 최종재로 분류한다. 정부도 정부서비스를 제공하기 위해 종이, 컴퓨터, 자동차, 무기, 제복 등 다양한 제품을 구매하여 소비한다. 정부가 행하는 소비를 경제학에서는 **정부지출**(government expenditure; G)이라 부른다. 우리나라에서 생산한 최종제품을 구매하는 마지막 소비처는 외국이다. 외국 역시 가계, 기업, 정부로 구성되어 있고, 외국의 기업도 중간재와 자본재를 구매하여 생산활동에 투입할 것이다. 그러나 우리의 입장에서는 이러한 구분의 필요성을 느끼지 않으므로, 외국이 구매한 우리나라의 생산품 구매액을 통칭하여 **수출**(EX; export)이라고 부른다.

따라서 한 경제가 생산한 최종생산물은 가계(C), 기업(I), 정부(G), 그리고 외국(EX)에 의해 구매되며, 이들을 합하여 GDP를 계산할 수 있다. 그러나 여기서 한 가지 조정해야할 항목이 있다. 외국이 우리나라의 상품을 구매하는 것과 마찬가지로 우리나라도 외국의 상품을 구매하여 사용한다. 이를 **수입**(IM; import)이라고 하는데, 수입된 제품은 가계, 기업, 정부 등이 구매하여 소비하는 것이다. 우리나라 가정에서는 미국, 유럽, 일본 등에서 자동차를 수입하여 사용하고 있고, 정부는 외국으로부터 무기를 구입하며, 반도체 업계는 일본 등으로부터 반도체 생산장비를 구입하여 생산라인에 설치해 사용한다. 즉 우리나라 경제주체가 행하는 모든 소비, 즉 C, I, G 안에는 수입제품이 포함되어 있고, 이들은 우리 경제가 생산한 재화가 아니므로 우리의 GDP 추계에서는 제외되어야 한다. 따라서 우리 경제의 구성원들이 구매한 총 구매액, 즉 (C+I+G)에 순수출(net export; NX)을 더한 금액이 우리가 생산한 상품 구매액의 총합계이며, 이는 정확하게 우리가 생산하여 판매한 금액의 총합계와 같아져야 하는 것이다. 즉 아래와 같은 (생산액 = 구매액)의 등가원칙이 성립되는 것이다. 여기에서 순수출(NX)은 $NX \equiv EX - IM$ 관계를 가진다.

$$GDP = 총생산액(Y) = 총구매액(C + I + G + NX) \quad (5\text{-}2)$$

GDP는 또 다른 관점에서 재구성이 가능하다. 생산활동을 통해 창출된 부가가치는 그 생산에 참여한 경제주체들이 어떤 형태로든 나누어 갖게 된다. 경제주체들이 나누어가진 부가가치가 바로 경제주체들의 소득이 되며, 경제주체들이 나누어 가진 소득을 모두 더하면 생산활동을 통해 창출된 부가가치와 정확하게 일치해야 한다. 따라서 '생산액 = 총소득'을 만족하는 등가의 법칙이 적용된다.

앞서의 빙과업체의 경우를 보도록 하자. 빙과업체는 모두 20억원의 매출을 올렸는데 이는 기업의 손익계산서 상의 수입(revenue) 항목에 기록된다. 이 중 목축업자로부터 구입한 10억원 상당의 우유 대금은 중간재 구입비로 지출되었고 이는 손익계산서 지출항목에 비용으로 기록된다. 나머지 10억원은 앞서 설명한 바와 가치 이 기업이 창출한 부가가치로서 GDP를 구성한다. 그런데 GDP를 소득의 측면에서 다음과 같이 재구성할 수 있다.

제과업체는 자신이 고용한 직원들의 임금을 지급하여야 하므로 추가적인 비용이 발생한다. 이 비용이 손익계산서 상의 피용자보수 7억원이며, 기업의 입장에서는 매출액 20억 중 자신에게 발생한 총비용(total cost) 17억원을 차감하고 남은 금액 3억원이 자신의 영업활동의 성과물, 즉 영업이익이 되는 것이다. 영업이익을 그 회사의 소유자, 즉 주주들이 모두 나누어갖는다고 할 때, 영업이익 3억원은 주주배당금으로 지급되며, 경제학적인 관점에서 이 금액은 자본소득으로 기록되는 것이다. 반면 기업이 지급한 피용자보수, 즉 임금은 노동자들이 노동을 제공한 대가로 수령한 금액이므로 이 금액은 경제학적으로 노동소득으로 기록된다. 이 경우, 한 경제 내의 모든 경제주체들의 소득을 추계해 보면, 자본소득 3억원과 노동소득 7억원이 되고, 그 합은 10억원이 되는데, 이와 같은 방법으로 GDP를 소득의 관점에서 재구성할 수 있는 것이다.

〈표 5-2〉 기업계정과 국민계정의 비교

<table>
<tr><th colspan="4">기업 회계 장부 (손익계산서)</th><th rowspan="2"></th><th colspan="3" rowspan="2">국민계정 (GDP)</th></tr>
<tr><th>수입</th><th colspan="3">비용 및 영업이익</th></tr>
<tr><td rowspan="5">총매출액
빙과류
20억원</td><td rowspan="3">총비용</td><td colspan="2">중간재(우유) 구입
10억원</td><td rowspan="5">vs</td><td colspan="3">중간재는 이중계산 방지를
위해 국민계정에서 제외됨</td></tr>
<tr><td rowspan="2">피용자
보수
7억원</td><td>세후수입
5억원</td><td colspan="2">임 금(노동소득) 5억원</td><td rowspan="4">부가가치</td></tr>
<tr><td>근로소득
세 2억원</td><td rowspan="2">조세
수입
3억원</td><td>근로소득세
2억원</td></tr>
<tr><td rowspan="2">영업이익</td><td rowspan="2">영업
이익
3억원</td><td>법인세
1억원</td><td>법 인 세
1억원</td></tr>
<tr><td>세후이익
2억원</td><td colspan="2">배당금(자본소득)
2억원</td></tr>
</table>

그런데 <표 5-2>에서와 같이 정부가 조세징수를 하는 경우를 살펴보자. 정부는 근로자가 받은 인건비 7억원 중 2억원을 근로소득세로 징수하고, 기업의 영업이익 3억원에 대한 법인세를 1억원 징수했다고 하자. 이 경우, 생산과정으로부터 얻어진 총부가가치 10억원은 노동자, 자본가, 정부 3개 경제주체가 나누어 가지게 되는데 그 금액은 노동자 5억원, 자본가 2억원, 정부 3억원이 되어 도합 10억원이 된다. 정확하게 부가가치 총액과 같다.

물론 현실에서 소득자료를 취합하여 GDP를 재구성하는 작업은 훨씬 더 복잡하다. 소득세뿐만 아니라 생산의 각 과정에서도 정부는 세금을 징수하며, 징수된 세액은 제품이 가격에 전가되므로, 소비세 형태의 세금(부가가치세)도 부가가치에 포함되어 정부의 수입, 즉 정부의 소득을 구성한다. 기업도 반드시 모든 영업이익을 주주에게 배당하지 않는다. 새로운 사업기회에 투입하기 위해 기업은 영업잉여의 일부만을 배당금으로 지급하고 나머지는 회사에서 보관한다. 따라서 기업의 사내유보 영업이익금도 소득에 합산되어야 한다. 그러나 원리는 명확하다. 한 경제가 생산한 최종재화의 총 가치는 그 경제를 구성하는 모든 구성원의 소득의 총합과 같아야 한다. 이를 (생산=소득) 등가의 원칙이라 부른다.

〈그림 5-2〉 GDP 삼면등가의 원칙

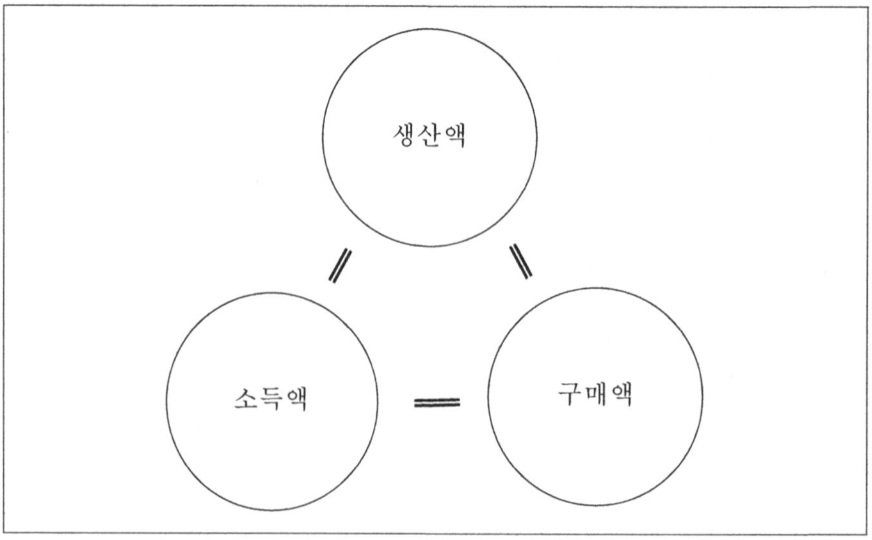

이들 등가의 원칙을 모아놓으면 <그림 5-3>에서 보는 바와 같이 (생산액=소득=구매액)이라는 삼면등가의 원칙이 완성된다. **삼면등가의 원칙**은 국민경제를 이해하는 가장 기본이 되는 항등식이며, 이에 대한 이해를 전제하지 않고서는 국민경제의 흐름을 이해하는 것이 불가능하다. 한 경제 내에서 자신들이 가진 생산요소인 노동력과 자본을 투입하여 생산활동에 참여한 사람들은 그 반대급부를 받아 소득을 벌어들이고, 벌어들인 총소득에서 세금을 내고 남은 가처분소득으로 제품구매를 함으로써 가계는 효용을 얻고, 기업은 미래의 생산활동에 필요한 물적자본을 확보한다. 정부는 거둬들인 세금으로 정부서비스를 제공하여 국가시스템이 큰 마찰 없이 잘 유지되도록 노력한다. 즉, 경제주체인 가계, 기업, 정부는 경제활동에 참여하여 자신이 추구하는 목적을 달성하면서, 계속 돌고 도는 경제를 지탱하는 역할을 수행하는 것이다.

3. 소득 추계의 문제점

1) 비시장재

새로이 생산되어 시장에서 거래된 모든 재화나 용역에 대해, 생산 단계별 가격의 차이를 이용하여 계산한 부가가치를 구하여 합산하면 한국가가 생산한 '총생산'이 되며, 이것이 한 국가의 소득 지표로 사용된다. 그런데 시장에서 실제로 거래된 기록만으로 측정하는 생산활동의 부가가치 결정은 문제가 없지 않다. 기업의 생산활동은 생산된 상품이 시장에서 거래되고 그 기록이 보고되므로 투명하게 그 부가가치를 정확하게 산출하는 것이 가능하다. 그러나 문제는 '시장거래의 기록이 없는 생산활동'도 상당량 존재한다는 데에 있다. 시장거래의 기록이 없는 재화 및 용역을 비시장재라 부르는데, 현실 경제에는 다양한 비시장재가 존재한다. 이하에서는 비시장재의 생산과 가치에 대해 알아본다.

(1) 가계생산

기업만 생산활동을 하는 것이 아니다. 일반 가정도 생산활동을 한다. 가계가 소비하는 상당수의 제품은 대부분 그 자체로 소비되기 보다는 추가적인 생산과정을 거쳐 부가가치가 더해진 결과물을 소비하는 경우가 많다. 마트에서 배추와 고춧가루를 샀다고 하자. 가계에서는 이를 그냥 소비하는 것이 아니라 김치를 만들어 김치를 먹는다. 가계가 김치를 생산하는 것이다. 김치회사가 배추와 고춧가루라는 중간재를 이용하여 김치를 생산하는 과정에서 부가가치를 창출하듯, 가계도 동일한 과정을 거치며 부가가치를 창출한다. 단지 시장에서 거래되지 않아 기록이 남아있지 않을 뿐이다. 자동차를 샀다고 하자. 가계는 자동차를 그냥 소비하는 것이 아니라 직접 운전을 하여 집에서 직장까지 운송서비스를 생산하여 소비한다. 이는 대리운전 기사나 택시기사가 제공하는 운송서비스 생산활동과 동일한 생산활동이다. 이 역시 거래기록이 없을 뿐이다.

이와 같이 가정에서 행해지는 생산활동을 **가계생산**(home production)이라고 하는데, 일반적으로 잘 알려지진 않았지만 국민경제에서 가계생산이 차지하는 비중은 매우 높다. 집안 살림, 부모의 아기 돌보기, 각종 은행 및 관공서 업무 처리 등은 각각 가사도우미 서비스, 영유아원 등록, 심부름센터 서비스 등의 구매액으로 환산하여 보면 가계생산으로 인해 GDP에서 누락되는 경제활동의 크기가 얼마나 큰지 짐작할 수 있을 것이다. 일찍이 UN은 이와 같은 문제점을 직시하고 각 국가별로 대안적인 국민계정의 위성계정 작성을 권고하고 있다. 이와 같은 권고에 따라 주요 선진국에서는 위성계정을 개발·작성하고 있으며, 우리나라도 2018년에 통계청에서 가계생산 위성계정 개발을 완료하여 공표한 바 있다. 이 통계에 따르면, 2014년에 우리나라 무급 가사노동의 경제적 가치는 약 360.7조원으로 전체 GDP의 24.3%에 달하는 규모를 보이고 있다.

위 통계수치를 보면 기존의 GDP 추계가 간과하는 가계생산의 크기가 얼마나 큰지 알 수 있다. 가계생산으로 인한 생산액 누락은 경제가 발달할수록 비중이 작아지는 경향이 있다. 규모가 크고 선진화된 경제는 분업화가 잘 돼 있다. 따라서 개개인은 자신의 생산성이 가장 높은 특정 업무에만 집중하고, 다른 것은 시장에서 구입하게 된다. 따라서 시장에서 거래되는 경제활동의 비중이 매우 높아지는 것이다. 반면 개발도상국에서는 산업생산이 활발하지 않고, 상당수의 생필품을 가내수공업이나 자체생산으로 해결하는 경향이 있다. 따라서 후진국의 경우에는 시장에서 거래되지 않는 가계생산의 비중이 선진국보다 매우 높아 국민소득이 상대적으로 낮게 추계되는 경향이 있다.

(2) 정부와 공공재

정부도 역시 생산활동을 한다. 정부는 국가의 안정성과 영속성을 유지하며 국민의 행복을 극대화하는 목표를 가지고 각종 행정행위를 한다. 이를 위해서는 정부의 다양한 역할이 요구된다. 이 역할을 수행하는 과정에서 정부도 생산활동을 한다.

정부는 국방서비스 및 치안서비스를 제공한다. 인력과 물자를 투입하여 군대와 경찰 조직을 운영하며, 이를 통해 국가의 안녕과 민생의 안정을 도모한다. 각종 경제활동을 장려하고 기업이 자유롭고 창의적인 생산활동에 전념할 수 있도록 경제 정책을 만들고 집행한다. 도로, 항만, 공항, 통신시스템 등 중요한 사회간접자본(social infrastructure)을 조성하여 경제의 효율성을 높이고 경제활동을 활성화 한다. 이 모두 인력과 물자가 투입되는 생산활동이다. 사회적 약자를 돌보는 각종 복지정책을 수립하고, 자연자원을 보호하고 쾌적한 생활환경을 조성하는 것도 역시 정부가 해야 할 일이다. 이 모든 일이 정부가 행하는 생산활동이다.

정부가 공급하는 공공서비스는 모두 공공재(public goods)라는 공통점을 가지고 있으며, 시장에서 거래되지 않는 비시장재이다. 국방, 치안, 환경보호, 공원조성 등과 같은 공공재는 개인이 생산할 수 없을 정도로 사업규모가 크기도 하지만, 더 근본적으로는 개인이 이를 제공할 이유가 존재하지 않는다. 막대한 비용을 어찌어찌 조달하여 이들 공공재를 생산한다 하더라도 그 혜택을 누리는 다른 사람들로부터 그 대가를 받아낼 방법이 마땅치 않기 때문이다. 이와 같은 이유로 정부가 존재하지 않는다면 우리의 주변 환경은 황폐화 되고, 자연은 파괴되며, 혼란하고 불안정한 사회로 퇴화할 것이다. 따라서 정부는 국리민복을 위해 공공재를 제공할 의무를 지닌다. 정부는 인력(공무원)을 고용하고 물적자본을 투입하여 공공재를 생산하여 국민에게 공급한다. 이들 공공재는 시장에서 거래되지 않으므로 국민에게 무상으로 제공되며, 그 생산비용의 충당을 위해 정부는 세금을 거둬들이는 징세권을 가진다. 정부서비스는 시장에서 거래되는 상품이 아니므로 객관적인 가치 평가가 어렵다. 따라서 정부서비스의 가치는 생산활동에 투입된 비용으로 평가한다. 이러한 이유로 정부서비스 생산활동의 부가가치액 산출은 부정확하다.

정부의 역할과 규모가 구체적으로 얼마나 다양하고 어느 정도 규모로 행해져야 하는지에 대한 학자들의 생각은 다양하다. 고전학파 경제학자들로 분류되는 일련의 학자집단은 시장경제의 효율성과 안정성이 높으므로 정부의 역할은 아주 중요한 최소한의 범주에 그쳐야 한다고 주장한다. 반면 케인즈학파 경제학자들로 분류되는 일련의 학자집단은 시장경제는 비효율성 요인이 많고 근본적으로 안정성이 결여돼 있어 정부가 광범위하게 적극적으로 시장에 개입해야 한다고 주장한다. 그러나 학자들의 논쟁과는 별개로 현대 사회에서 정부가 전체 경제에서 차지하는 규모는 점점 증가하는 추세를 보이고 있다.

(3) 지하경제

GDP 추계가 불완전한 또 다른 이유로는 지하경제에 있다. 지하경제는 시장에서 거래가 이뤄지기는 하나, 마약거래, 무기거래, 매매춘, 사채시장, 무자료거래

등 법테두리 밖에서 행해지는 다양한 거래 형태를 의미한다. 이들 거래는 불법적이므로 시장거래의 기록이 존재하지 않는다는 공통점을 가진다. 논란의 소지가 있기는 하지만 이들 지하경제도 거래당사자에게는 효용을 가져다주는 거래인 것은 분명하다. 국가에 따라 이들 거래가 지하경제가 아닌 합법적인 경제행위로 인정받는 경우도 있다. 우리나라에서는 대마초와 같은 마약류 거래나 성매매 행위 등이 모두 불법으로 금지되지만, 네덜란드와 같은 일부 서부 국가에서는 이들 행위가 모두 합법적인 상거래로 행해지고 있다. 이 경우, 그 나라에서는 합법적인 거래이므로 거래실적이 GDP로 산입되지만, 우리나라에서는 불법이므로 지하경제로 숨어들어 그 거래현황이 파악되지 않는 것이다. 따라서 이들 거래 역시 GDP 추계에 혼선을 가져다주는 하나의 요인이라고 볼 수 있다.

미국의 금주법(1919~1933)

미국은 보수적인 기독교단체들 주도로 금주법운동이 시작되어 수정헌법 18조(1919.01.16)와 볼스테드법을 통해 주류의 양조·판매·운반·무역을 금지하는 내용을 골자로 하는 금주법시대가 열렸다. 일간에는 1차세계대전으로 험악해진 미국과 독일의 관계로 인해, 당시에 양조업에 많이 종사하던 독일계 이민자들을 핍박하기 위한 것이었다는 평가를 하기도 한다.

이 법으로 인해 1940년대까지 미국의 알코올 소비량은 크게 줄어들었고, 따라서 금주법이 성공적이었다는 평가를 내리는 사람도 많다. 그러나 이 법은 필연적으로 밀주 제조와 주류밀매라는 지하경제를 탄생시켰고, 그 때 만들어진 범죄조직이 후일 마약밀매 사업으로 사업영역을 옮기면서 더 큰 사회적 문제를 만들어냈다고 보는 견해도 있다. 이 기간에 발호한 유명한 범죄조직으로 마피아 알카포네 일당이 있다.

또한 술을 구하기 어려운 일반 서민들은 메틸알코올을 섭취하여 많은 사람이 목숨을 잃기도 하였다. 1929년 대공황 시절에는 미국의 많은 주에서 재정악화로 큰 곤욕을 치렀는데, 이는 주류법으로 인해 주세를 거둬들이지 못하게 된 데에 그 연원이 있기도 하다.

우리의 경우 일반적인 주류거래는 GDP 통계에 포함되지만 탈세목적의 일부 유통 및 판매는 통계에 잡히지 않는다. 탈세를 위한 무자료거래의 경우 세율이 높은 국가일수록 무자료거래의 비중이 높아질 수 있어 지하경제의 비율이 국가 정책변수에 따라 달라지기도 한다. 이와 같이 지하경제는 그 나라의 법체계나 환경여건에 따라 통계 수집여부가 갈린다. 따라서 이와 같은 차이를 간과하는 GDP의 통계의 국가 간 직접비교는 조심스럽게 진행되어야 한다.

(4) 환경과 자연자원

환경이나 자연자원과 같은 공공재의 경우도 비슷한 문제를 야기한다. 개선된 자연환경이나 도시환경 등은 그 자체로 효용을 증가시키지만, 다른 상품의 거래와 맞물려 소비되면서 소비의 효용을 더 높여주기도 한다. 강변 카페의 카페라테는 같은 4000원에 팔리지만 아름다운 주변 환경과 어울리면 더 큰 효용을 가져다준다. 그러나 GDP 통계는 개선된 환경으로 인한 카페라떼의 효용의 개선효과를 잡아내지 못하고 똑 같은 4000원을 기록할 뿐이다. 상품이 자연환경이나 공원, 문화예술 거리 등과 같은 공공재와 함께 소비될 때 GDP는 이들 공공재로 인한 효용 향상효과를 제대로 기록하지 못한다.

환경파괴나 자연자원의 고갈은 더 큰 문제를 야기한다. 우리는 창출된 부가가치를 측정할 때, 자연에서 채집·수확한 것들을 모두 창출된 부가가치로 측정을 한다. 즉, 어부가 잡은 물고기, 산에서 채집한 각종 나물, 버섯류, 광산에서 캐낸 각종 귀금속 등 모두가 장출된 부가가치로 산입된다. 그러나 과연 그것이 인류의 노력만으로 창출된 것일까? 그것들은 오랜 세월 동안 자연이 만들고 키워온 것들이다. 그러나 인류는 이들을 채취할 때 대가를 지불하지 않는다. 대가를 지불할 대상인 소유권자가 없기 때문이다. 또한 우리는 경제활동을 하며 자연을 훼손하고 환경을 망가뜨린다. 그럼에도 불구하고 이에 대한 대가를 지불하지 않는다. 자연과 환경의 소유권자가 없기 때문이다. 자신의 행위에 대해 정당한 댓가를 지불하지 않는다면 반드시 남용과 남획 현상이 발생한다. 이것이 환경경제학에서 말하는 '공유지의 비극(tragedy of commons)'이라는 개념이다. 내가 가져가지 않으면 남이 가져갈 것이므로 그럴 바에는 내가 가져가겠다는 생각을 모두가 하게 되고, 그 결과 인류 공동의 재산인 자연자원과 환경은 훼손되고 망가지는 것이다. 우리는 이미 근해의 어족자원 고갈, 농경지 확장을 위한 생태계 서식지 파괴로 인한 각종 동식물이 멸종, 미세먼지와 지구온난화와 같은 환경 위기 등을 겪고 있다. 그러나 문제는 이들이 우리의 경제활동의 기반이 되는 핵심요소들이라는 데에 있는 것이다. 바다에 물고기가 없으면 수산업은 도태한다. 미세먼지로 인해 인류의 건강이 악화되고 조기사망률이 높아지면 노동력을 상실하게 된다. 지구온난화로 이상 기후와 기상 이변이 발발하면 가용 토지 면적이 줄어들고, 기후 피해가 막심해져서 산업기반을 무너뜨린다. 장기적으로 경제발전이 지속되기 어려워진다는 것을 의미한다. 그러나 GDP 추계는 이와 같은 자연자원의 고갈이나 환경의 파괴로 인한 생산기반 파괴를 기록하지 않고 간과한다. GDP 추계를 하면서 있던 것이 없어지는 것에 대한 고려는 하지 못하는 것이다. 최근에 UN을 필두로 환경・자원계정을 보완한 국민계정을 만들기 위한 노력이 펼쳐지고 있지만, 아직 공식 GDP 추계에는 포함되고 있지 못하는 실정이다.

2) 생산활동과 효용

반면에 기록이 있어 GDP 추계가 이뤄져도, 생산활동 자체의 효용에 대한 의구심이 생기는 것들이 있다. 예를 들어 의료산업의 성장이 그런 경우이다. 원래 아팠던 사람을 더 많이 치료할 수 있게 되어 의료산업이 성장하였다면 좋은 일일 것이고 GDP의 증가는 국민의 복지 증진을 제대로 반영하는 것일 것이다. 그러나 생산활동으로 인해 환경오염이나 유해물질이 증가하고, 이로 인해 더 많은 사람이 질병을 앓게 되어 의료산업이 성장하게 되었다면 이때의 GDP의 증가는 국민의 복지수준 변화를 제대로 반영하지 못하는 것일 수 있다. 법원이나 검찰, 경찰의 충원으로 인한 정부서비스의 증가 역시 GDP의 증가로 나타난다. 그러나 국민 간의 쟁송이 증가하고, 범죄 발생빈도의 증가가 그 원인이라면 GDP의 증가가 무슨 의미가 있을까? 국가 간의 분쟁이 고조되어 국방비를 증액한다면 이때 나타나는 GDP 증가는 국민 복지에 무슨 긍정적인 효과가 있을까? 이런 문제들을 고려하면 합법적이고 기록이 존재하는 생산활동이라 하더라도, 그래서 GDP 추계가 정확하게 이뤄진다 하더라도 GDP의 문제점은 고스란히 남아 있게 되는 것이다.

이상에서 살펴본 바와 같이, 현행의 GDP 추계는 비시장재 문제를 포함하는 다양한 문제를 내포하고 있다. 선진국과 국제기구는 GDP 추계를 개선하기 위해 다양한 노력을 기울이고 있다. 그 일례로 자연자원 고갈 및 환경파괴로 인한 성장동력 약화의 문제 해결을 위해 인류는 1992년 리우환경회의에서 '지속개발(sustainable development)'이라는 개념을 도입하고 이를 체계화 하려는 노력을 기울여오고 있으며, 사회분배구조 양극화 및 불평등도의 악화를 반영하기 위해 인간개발지수(Human Development Index)와 같은 새로운 지표도 개발되어 활용하고 있다. 또한 프랑스는 2008년에 '경제성과 및 사회발전도 측정 문제 개선 위원회(Commission on the Measurement of Economic Performance and Social Progress)'를 설치하고 GDP의 문제점 및 개선방안에 대한 연구를 하였다. 이 위원회는 2001년 노벨경제학상 수상자이자 World Bank 부총재, 미국 정부 경제수석을 역임한 콜롬비아대학교 경제학과 교수 Joseph Stiglitz를 위원장으로 초빙하여 18개월간 GDP 추계의 문제점을 연구하고 결과를 발표한 바 있다. 이와 같은 다양한 노력에도 불구하고, GDP 추계는 이들 문제를 완전하게 극복하지 못하고 있다.

GDP가 이와 같이 다양한 문제점을 안고 있음에도 불구하고, GDP는 아직도 경제를 분석하기 위한 대표적인 경제지표로 활약하고 있다. 그 이유는 물론 이들이 완벽한 지표이어서가 아니라, 현존하는 지표 중에서는 가장 신뢰할 수 있고 유용한 정보를 제공하기 때문이다. GDP 추계의 장점과 한계를 명확하게 인식하고, 경제지표를 조심성 있게 활용하여야 할 것이다.

5.2 물가와 인플레이션

1. 물가지수: 명목과 실질

한 경제 내에서 생산되는 모든 제품 생산과정에서 창출되는 부가가치를 합산하기 위해 제품의 판매가격을 각 제품의 가치를 나타내는 지표로 취급하여 각 최종 제품별 거래액을 합산하여 GDP를 계산한다는 것을 앞에서 살펴보았다. 서로 다른 제품의 상대적 가치를 평가하는 객관적 기준으로 시장 가격을 사용하는 것은 매우 유용한 방식이다. 그런데, 바로 그 시장가격이 우리에게 착각을 불러일으키기도 한다. 실제로 생산량은 동일하나 물가가 오른다면 GDP는 더 크게 계산이 되고, 따라서 더 많은 생산을 한 것처럼 착각을 불러일으킬 수 있는 것이다. 이와 같은 착각을 방지하기 위하여 정부는 매월 물가지수(price index)를 작성하여 공표한다.

물가지수는 기준년도를 100으로 하여 비교년도의 물가가 얼마나 높고 낮은지를 비교하도록 한다. <표5-3>을 보자. 햄버거의 가격(P^H)은 2005년의 5,000원에서 2015년에는 8,000원으로 60%가 상승했다. 반면 노트북(P^N)의 가격은 2005년의 100만원에서 2015년에 130만원으로 상승하여 30%의 상승률을 기록하였다. 이렇게 제품 하나 하나의 물가 변화를 알아보는 것은 쉽다. 그런데 한 국가의 경제는 다양한 상품이 거래되고 있고, 또 상품별로 가격 상승률이 다 다를 것이므로 경제 전체의 물가 동향을 알아보는 것은 많은 노력을 필요로 한다.

그러면 다양한 상품이 거래되는 경제의 물가 동향은 어떻게 알아볼 수 있을까? <표 5-3>의 예에서 노트북의 가격 상승률 30%와 햄버거의 60% 증가율을 평균하여 45% 증가했다고 보는 것도 일견 타당해 보인다. 그러나 이런 단순평균 방식은 각 재화의 중요성을 반영할 수 없다는 문제가 있다. 각각의 재화가 한 경제에서 차지하는 비중은 크게 차이가 난다. 우리가 일상적으로 소비하는 두부나 햄버거의 가격 변화는 우리가 별로 접해볼 기회가 없는 고급 식재료인 캐비어(caviar)나 송로버섯(truffle)의 가격변화 보다 훨씬 더 중요하다. 이 중요도는 우리가 얼마나 자주 구매하느냐에 의해 결정되므로 각각의 가격에 구매량을 가중치로 사용하여 물가 변화를 계산하는 것이 합리적일 것이다. 이 때 가중치로 사용하는 거래량을 기준년도의 거래량으로 사용하거나 비교년도의 거래량으로 사용할 수 있는데, 기준년도의 거래량을 가중치로 사용하는 지수를 라스페이레스(Laspeyres) 지수라 부르며, 비교년도의 거래량을 가중치로 사용하는 지수를 파쉐(Paache) 지수라 부른다.

$$\text{물가지수} \equiv \frac{P_1^H \cdot Q^H + P_1^N \cdot Q^N}{P_0^H \cdot Q^H + P_0^N \cdot Q^N} \qquad (5\text{-}3)$$

식 (5-3)에 따라 계산한 물가지수는 라스페이레스지수와 파쉐지수가 다르게 나타난다. 각각의 물가에 부여되는 가중치가 다르므로 당연하게도 다르게 나타난다. 다만 대체적으로 라스페이레스 지수가 물가상승률이 더 크게 나타나는 경향이 있다. 그 이유는 물가가 크게 증가한 제품은 수요의 법칙에 따라 거래량이 감소하는 경향이 있는데, 라스페이레스 지수는 기준년도의 거래량을 가중치로 사용하므로 거래량이 감소하는 효과를 반영하지 못하기 때문이다. 그러나 파쉐지수는 그 반대의 문제가 있으므로 어느 지수가 더 우월하다고는 말할 수 없다. 단지 두 지수의 장단점을 잘 이해하고 시의 적절하게 활용하면 되는 것이다.

〈표 5-3〉 물가지수의 계산

항 목		2010	2020	증가율(%)
햄버거(H)	수량	20,000	15,000	
	가격	5,000	8,000	60%
노트북(N)	수량	100	130	
	가격	1,000,000	1,300,000	30%
Laspeyres	매출액	200,000,000	290,000,000	
	물가지수	100	145	45%
Paache	매출액	205,000,000	289,000,000	
	물가지수	100	141	41%

이와 같이 물가지수는 한 경제 내의 다양한 상품의 가격 변화추이를 요약하여 보여주는 주요 경제지표이다. 국민경제 흐름을 나타내 주는 주요 물가지수로는 소비자물가지수(consumer price index; CPI), 생산자물가지수(producer price index; PPI), GDP deflator 등이 있다. 이들 물가지수는 언론에서 자주 다루는 개념인 만큼 명확하게 이해를 해 둘 필요가 있다.

소비자물가지수는 가계의 최종소비자들이 주로 구매하는 물품을 선정하여 이들의 물가동향을 측정하는 것으로서 전체 최종소비재 구매액 중 일정 비율 이상을 차지하는 품목의 물가를 측정하며, 매월 공표한다. **생산자물가지수**는 도매물가지수라고도 불리며, 생산되어 1차로 거래되는 상품 및 서비스에 대한 물가를 측정한다. 이 역시 1차로 거래되는 상품 매출액의 일정비율 이상을 차지하는 제품을 조사 대상으로 한다. <그림 5-3>에서 보는 바와 같이 주요 물가지수는 같이 움직이는 경향이 있다. 또한, 조사대상이 기계 부품이나 원자재, 원료 등인 경우가 많은 생산자물가지수는 생산 및 유통 과정의 흐름상 최종소비재를 조사대상으로 하는 소비자물가지수보다 한 발 앞서 진행되는 경향이 있다. 이들 물가지수는 물가의 변동에 대한 정보 뿐 만 아니라, 향후 경제상황에 대한 정보를 포함하고 있어 주의 깊게 살펴봐야 할 경제지표이다.

〈그림 5-3〉 우리나라의 주요 물가지수 추이

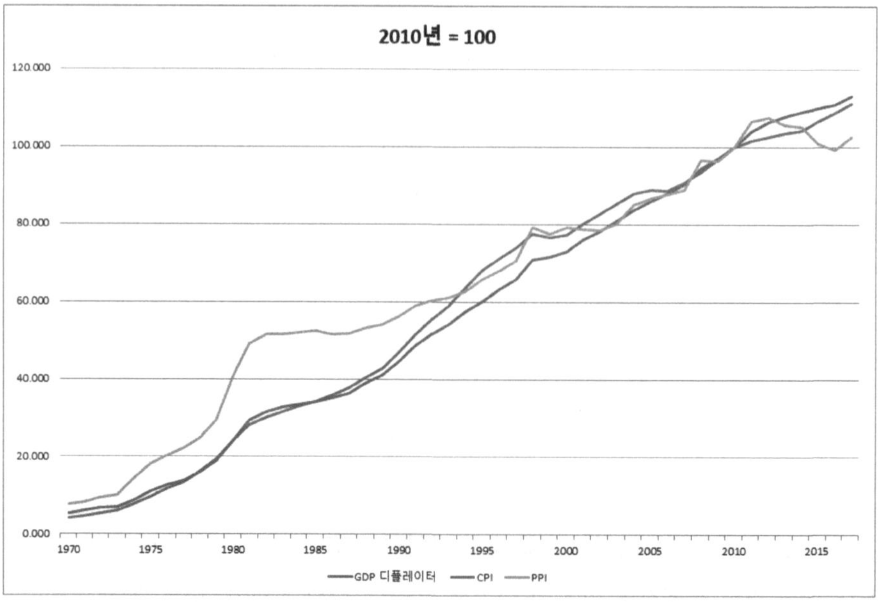

한 국민경제 전체의 물가동향을 보여주는 지표로는 GDP deflator가 있다. 한 국가의 경제는 최종소비재 뿐만 아니라, 각종 생산설비, 중간재 등이 거래되는

시장이다. 따라서 이들 각 부문의 특성을 종합적으로 고려한 물가지수의 개발을 필요로 하는 것이다. GDP deflator는 ‘소득’이라는 가상의 제품의 가격이라고 볼 수 있다.

앞서 살펴본 바와 같이, GDP 추계를 할 때에 최종재화의 생산량을 거래가격으로 곱하여 합산을 하는데, 이를 명목(nominal) GDP라 부른다. <표 5-4>의 예를 보자. 소비재인 햄버거와 자본재인 크레인이 있다고 할 때, 2020년의 햄버거와 크레인의 생산량은 2010년에 비해 각각 50%씩 증가했으므로 GDP도 50%가 증가한 것으로 계산이 되어야만 정확한 경제 현실을 반영할 수 있다. 그런데 명목 GDP는 물가상승으로 인해 1조2천억원에서 2조4천억원으로 증가한 것으로 나타나므로, 수치에 둔감한 사람들은 경제가 100% 성장하였다는 착각을 할 수 있다.

〈표 5-4〉 GDP deflator의 계산

항 목		2010	2020	상승률(%)
햄버거	생산량(천개)	20,000	30,000	50.0
	가격(천원)	10	20	100.0
	판매액(백만원)	200,000	600,000	200.0
크레인	생산량(천개)	10	15	50.0
	가격(천원)	100,000	120,000	20.0
	판매액(백만원)	1,000,000	1,800,000	80.0
명목 GDP(백만원)		1,200,000	2,400,000	100.0
실질 GDP(백만원, 2005년 가격)		1,200,000	1,800,000	50.0
GDP deflator		100.0	133.3	33.3

이와 같은 명목GDP의 착시효과를 제거하기 위해 통계 당국은 물가의 변화를 제거한 순수한 생산물량의 동향을 측정하는데, 이를 실질(real) GDP라고 부른다. 실질GDP는 가격변화로 인한 명목 GDP의 크기 변화를 제거한 것이므로, 실질 GDP와 명목 GDP의 비율은 기준년도 대비 비교년도의 국가 경제의 생산물 가격 비율로 해석을 할 수 있는데, 이것이 곧 GDP deflator이다. 즉, GDP 디플레이

터의 변화 추이를 보면 우리나라 경제 전반의 물가동향을 알 수 있는 것이다.

$$\text{GDP 디플레이터} \equiv \frac{\text{명목 } GDP}{\text{실질 } GDP} \times 100 \qquad (5\text{-}4)$$

GDP deflator의 계산을 위해, 통계당국은 먼저 각 부문별로 기준년도의 물가를 이용하여 비교년도의 실질생산량을 추계한다. 각 부문에서는 부문별 실질생산량을 계산한다. 즉, <표 5-4>에서 기준년도(2005년) 가격으로 계산한 비교년도(2015년)의 최종재 생산량의 가치를 계산하면, 햄버거는 10,000원×3천만개 = 3천억원, 크레인은 1억원×15,000개 = 1조5천억원이 되어서 경제 전체의 실질 GDP는 1조8천억원이 된다. 2005년은 기준년도이므로 명목GDP나 실질GDP의 크기가 1조2천억원으로 동일하다. 실질 GDP의 증가율은 50%로 경제 현실을 정확하게 반영하는 것이다. 이 때, 식 (5-4)를 이용하여 2015년의 GDP deflator를 계산하면 133.3이 된다. 따라서 기준년도인 2005년의 GDP deflator과 비교하여 2005년~2015년 10년간 이 경제 전체의 물가상승률은 33.3%가 된다는 계산이 나온다.

2. 인플레이션

물가가 지속적으로 상승하는 현상을 인플레이션(inflation)이라고 부른다.

인플레이션은 두 가지의 형태로 나타나는데, 그 첫 번째 형태는 <그림 5-4a>에서와 같이 총수요가 증가하여 발생하는 경우인 **수요견인(demand-pull) 인플레이션**이다. 수요견인 인플레이션의 원인은 다양하다. 신제품의 출현, 해외경기 활성화나 환율상승과 같은 대외적인 요인, 정부정책의 변화 등 다양한 원인에 의해 총수요는 영향 받는다. 수요견인 인플레이션은 물가와 함께 소득도 같이 상승한다는 것이 특징이다. 경제의 확장기에 주로 이러한 형태의 인플레이션이 관찰된다.

인플레이션의 두 번째 형태는 <그림 5-4b>와 같이 총공급이 감소하며 발생하는 인플레이션이다. 예를 들어, 국제유가 인상으로 인해 제품의 제조원가가 계속 올라가는 경우, 주어진 가격에 기업의 공급여력은 계속 감소한다. 이 경우, 실물시장의 총공급곡선이 계속 좌측 또는 상방향으로 이동하는 변화를 초래하는데, 실물시장의 균형은 총수요곡선을 따라서 좌상방으로 연속적으로 이동하게 된다. 이렇게 공급 측면의 원인으로 발생하는 인플레이션을 **비용상승(cost-push) 인플레이션**이라고 부르며, 이 경우는 물가와 소득이 서로 다른 방향으로 움직인다. 비용상승 인플레이션의 원인으로는 국제시장의 원유가격이나 원자재, 곡물 등 수입제품의 가격 인상, 국제경기의 하락, 국가경쟁력 악화, 자연재해 피해로 인한 공급여력 유실 등 다양한 형태로 나타난다. 비용상승 인플레이션은 물가는 계속 오르는 반면, 소득은 계속 감소한다는 데에 있으며, 한 경제가 경험할 수 있는 최악의 시나리오이다. 이와 같은 인플레이션 현상을 **스태그플레이션**(stagflation)이라고 부른다.

〈그림 5-4〉 인플레이션의 형태

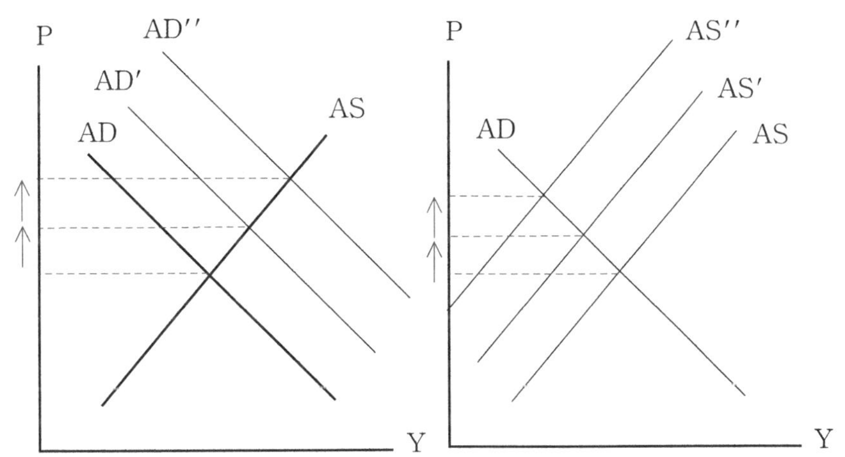

(a) 수요견인(demand-pull)　　(b) 비용상승(cost-push)

인플레이션의 문제점은 무엇일까? 우선 가장 중요한 생산 및 소득의 변화를 살펴보면 비용상승 인플레이션의 경우는 물가가 오르면서 생산량이 줄어드는 아주 나쁜 결과를 초래하지만, 수요견인 인플레이션의 경우는 물가가 올라도 생산이 늘어나기 때문에 전체적으로 실질국민소득은 증가한다. 따라서 거시적인 차원에서 인플레이션이 생산이나 소득 측면에서 반드시 나쁘다고 결론 내릴 수는 없다.

미시적인 차원에서 인플레이션은 경제주체 개개인에게 미치는 영향이 다르게 나타난다. 인플레이션의 영향을 가장 피부로 느끼는 사람들은 임금소득자들일 것이다. 흔히 **'월급쟁이'**라 불리는 임금소득자는 정해진 월급을 받는데 물가가 올라가면 자신이 받는 월급의 구매력은 그만큼 감소하게 된다. 근래에는 임금 인상률을 인플레이션률에 맞추는 경향이 있지만, 물가지수는 소비자들이 직접 시장에서 느끼는 체감물가 인상률보다 항상 낮게 계산되는 경향이 있어, 인플레이션은 이래저래 임금소득자들에게는 불이익을 가져다준다. 이를 뒤집어 생각하면 기업은 물가가 오르면 그 혜택을 온전히 누리는 반면 물가가 오르는 만큼 임금을 인상해주지 않으므로, 임금소득자에 비해 상대적으로 인플레이션으로 인한 이득을 본다. 인플레이션은 또 채권자와 채무자에게 다른 영향을 미친다. 만일 채권자가 100만원을 빌려주고 1년 후에 다시 돌려받았다고 하자. 빌려줄 시점의 청바지 가격이 10만원이었다면 구매력 기준으로 청바지 10벌을 빌려준 것이다. 그런데 1년 후 청바지 가격이 11만원으로 10% 상승하였다면 100만원을 돌려받는 시점에서는 청바지 9벌을 돌려받는 셈이 된다. 따라서 돈을 빌려준 채권자는 인플레이션으로 인해 손해를 보게 된다. 반면 돈을 빌렸던 채무자는 10벌 값을 받아 9벌 값만 돌려주므로 이득을 보게 된다. 이렇게 인플레이션은 채권자에게는 손해를, 채무자에게는 이득을 가져다준다. 인플레이션은 또 실물자산을 보유한 사람과 현금자산을 보유한 사람에게 다른 영향을 미친다. 두 사람이 동일한 아파트에 살지만 한 사람은 그 아파트를 소유하고 있고 다른 사람은 그 아파트에 전세를 들어 산다고 하자. 인플레이션이 발생하고 아파트의 값이 오르면 아파트를 소유한 사람의 자산가액은 증가하지만, 전세 들어 사는 사람의 자산은 전세보증금 금액 그대로인 것이다. 인플레이션으로 인해 구매력이 떨어지게 되므로 현금자산을 보유한 사람은 인플레이션으로 인해 막대한 손해를 보게 된다.

인플레이션에 대응되는 개념이 **디플레이션**(deflation)인데, 디플레이션은 물가가 지속적으로 하락하는 현상을 의미한다. 디플레이션은 인플레이션과 정반대의 모습을 보이며, 발생하는 이유도 정반대이다. 디플레이션이 유발하는 문제 역시 인플레이션의 정반대로 나타난다. 임금소득자는 이득을 보지만 기업은 손해를 보는 경향이 있다. 채권자는 이들을 보지만 채무자는 손해를 보게 된다. 현금자산 보유자는 이득을 보지만 실물자산 보유자는 손해를 보게 된다.

사회의 효율성 측면에서도 물가의 변동은 그 자체로 부정적인 영향을 미친다. 물가는 단순히 상품간의 교환비율을 결정하는 역할 뿐 아니라, 모든 경제활동의 준거가 되는 정보를 제공하기도 한다. 기업은 전반적인 물가수준을 예측하여 자기 제품의 가격을 결정하고, 가계는 물가를 예측하여 저축 및 구매 의사를 결정한다. 그러나 물가의 변동이 심해 안정적인 예측이 어려워지면 모든 경제주체는 더 조심스럽고 소극적으로 경제활동에 임하게 된다. 가계는 주택구입이나 내구재의 구입 시기를 더 오래 저울질해야 하고, 노동조합은 물가상승으로 인한 피해를 최소화하기 위해 더 치열한 임금투쟁을 하게 된다. 채권자는 인플레이션으로 인한 피해 보상을 위해 더 높은 이자율을 요구하게 되고, 채권자는 그렇게 높은 이자를 감당하고도 남을 만큼 수익을 올릴 자신이 없어 차입을 꺼리게 된다. 물가의 변동이라는 측면에서 디플레이션은 인플레이션과 동일한 성격을 가지며, 따라서 인플레이션과 유사한 경제주체들의 반응을 유발한다. 이 모든 것이 경제활동을 저해하는 요인이며, 물가 변동이라는 불확실성으로 인한 피해를 최소화하기 위해 사회가 더 많은 자원을 투입하게 된다. 경제적 비효율성이 발생하는 것이다. 이와 같은 인플레이션의 경제적 비효율성을 최소화하기 위해 대부분 국가의 중앙은행은 '물가안정화'를 최상의 목표로 두고 통화정책을 수립하고 있다.

<그림 5-5>는 우리나라의 소득(실질GDP) 증가율과 물가(GDP디플레이터) 상승율을 보여준다. 두 변수는 때로는 같이 움직이고, 때로는 반대로 움직이는 현상을 볼 수 있다. 대체적으로는 소득과 물가가 같이 움직이는 수요견인 인플레이션의 특성을 보여주고 있지만, 1973년과 1980년대 초의 2차 오일쇼크, 1998년도의 IMF 모라토리엄 사태, 2008년 경의 서브프라임 경제위기 등의 국면에서는 총공급의 위축으로 인한 비용상승 인플레이션의 특징이 나타남을 보여준다.

〈그림 5-5〉 소득과 물가의 관계

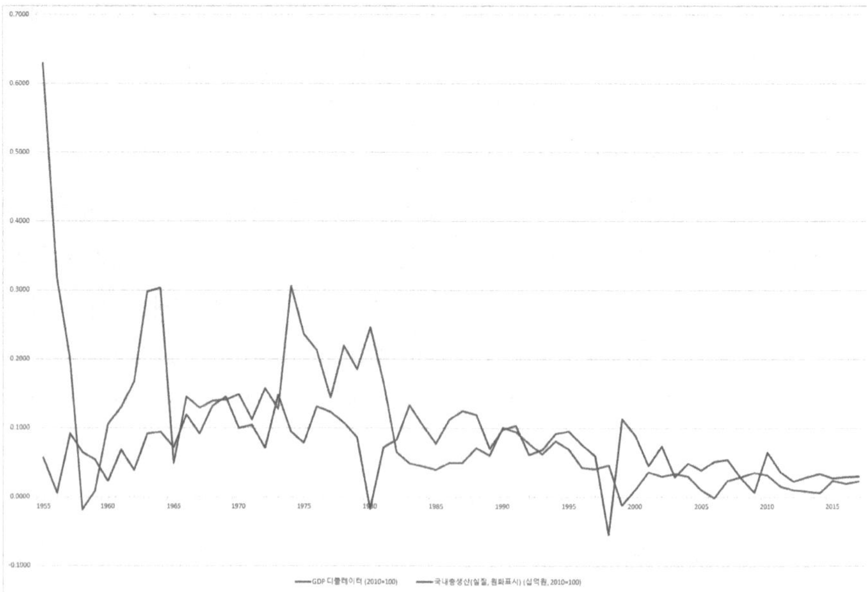

5.3 고용과 실업

1. 고용 통계

1) 실업률(Unemployment rate)

아마도 소득 다음으로 중시되는 개념이 고용일 것이다. 일부 자산가를 제외한 대부분의 사람들은 오로지 근로소득에 의지해 생활을 꾸려나간다. 따라서 이들에게는 고용상황이 초미의 관심사가 될 수밖에 없다. 한 나라의 고용상황을 한 눈에 알아볼 수 있게 만든 지표로 실업률이나 고용률이 많이 사용된다.

한 국가를 구성하는 구성원을 유형별로 나누어보면 전체 인구 중 일을 할 수 있는 사람들과 일을 할 수 없는 사람들로 나눌 수 있다. 이들을 획일적으로 구분

지을 수 있는 명확한 잣대는 없으나, 통계수집의 편의상 만 15세~64세의 연령층을 일을 할 수 있는 사람이라 정의하고 이들을 **'생산가능인구'**라 칭한다. 생산가능인구 이외의 국민은 자연스럽게 비생산가능인구로 분류된다. 우리나라가 노령화사회로 진입하면서 생산가능인구 비율이 점차 줄어들고 있으며, 평균수명 연장과 낮은 출산률로 인해 생산가능인구의 비율이 더욱 낮아질 것으로 예상되어, 우리 경제의 성장동력 측면에서 어두운 그림자를 드리우고 있다.

생산가능인구 중 경제활동에 참여할 의사가 있는 사람들을 구분하여 **'경제활동인구'**라 부른다. 한 경제가 보유한 노동력의 크기는 경제활동인구의 크기에 의해 결정된다고 볼 수 있다. 그리고 생산가능인구 중 경제활동인구에 속하지 않는 사람들, 즉 경제활동에 참여할 의사가 없는 사람들을 **'비경제활동인구'**라 부른다. 비경제활동인구는 학생, 노약자, 재소자, 전업주부 등 경제활동에 참여할 수 없거나 참여할 의사가 없는 사람들이다. **'경제활동참가율'**, 즉 생산가능인구 중 경제활동인구의 비율은 국가가 가진 사회·경제 여건에 따라 다르게 나타난다. 일례로 20세기의 우리나라 사회는 여성의 노동을 그리 반기지 않는 사회였다. 따라서 여성노동자가 많지 않았고, 설령 일을 하다가도 결혼을 하면 전업주부로 전향하는 경우가 많았다. 반면 서구사회는 여성이 결혼 전은 물론 결혼 이후에도 경제활동에 적극 참여함으로써 대부분이 경제활동인구에 포함되었고, 따라서 경제활동참가율이 우리보다 높게 나타난다. 또한 우리나라의 경우 대학진학률이 높고, 학생 1인당 평균 교육기간이 길어 그만큼 늦게 사회로 진출하는데, 이 역시 경제활동참가율을 낮추는 주요 요인이 되기도 한다.

〈표 5-5〉 노동통계 작성방법에 따른 인구 분류

<table>
<tr><th>구분단계</th><th>1단계</th><th>2단계</th><th>3단계</th><th>기호</th></tr>
<tr><td rowspan="4">총인구</td><td rowspan="3">생산가능인구
(15세~64세)</td><td rowspan="2">경제활동인구</td><td>취업자</td><td>A</td></tr>
<tr><td>실업자</td><td>B</td></tr>
<tr><td colspan="2">비경제활동인구
(학생, 환자, 가사노동자 등)</td><td>C</td></tr>
<tr><td colspan="3">비생산가능인구
(15세 미만 및 65세 이상 인구)</td><td>D</td></tr>
</table>

경제활동인구 중 일을 하기 원하지만 취업을 하지 못해 일을 하지 못하고 있는 사람들을 **'실업자'**라 부르며, 현재 취업을 하여 일을 하는 사람들을 **'취업자'**라 부른다. **'실업률'**은 경제활동인구 중 실업자의 비율이며, <표 5-5>의 기호에 따르면 실업률은 다음과 같아진다.

$$\text{실업률} = \frac{\text{실업자인구}}{\text{경제활동인구}} \times 100 = \frac{B}{(A+B)} \times 100 \qquad (5\text{-}5)$$

우리 정부가 발표하는 공식 실업률은 OECD 국가 중에서도 비교적 낮은 편으로 단순비교로는 우리의 고용상황이 매우 좋은 것처럼 인식될 수 있다. 그러나 실업률 통계 조사 방법은 국가마다 조금씩 달라 직접비교는 바람직하지 않다. 우리나라의 경우 실업률 통계는 통계청에서 매월 15일이 포함된 1주일간 32,000여 가구를 표본조사 하여 발표하는데 조사시점을 기준으로 '지난 4주간 1시간 이상 일을 한 사람'은 취업자로 분류한다. 따라서 단순 아르바이트 근무자나 어쩌다 일이 생기는 일용직 노동자도 조사 시점을 전후해 하루라도 일을 했다면 모두 실업률 통계에서 제외된다. 또한 자영업 영업장의 가족노동 종사자 등과 같이 일을 하고는 있으나 별도의 소득은 없는 사람들도 모두 실업률 통계에서 제외되는 등 외국에 비해 실업률이 과소평가되는 요인이 많다.

2) 고용률

실업률 통계 집계방법을 떠나서라도 실업률의 정의 자체가 고용상황에 대한 인식오류를 가져오는 경우도 있다. **'실망실업자(discouraged worker)'**가 그 좋은 예이다. 실망실업자는 오랜 기간 동안의 구직활동에도 불구하고 실업상태가 계속되는 데에 지쳐 더 이상 구직활동을 하지 않는 사람을 말한다. 실망실업자는 더 이상 구직활동을 하지 않으므로 비경제활동인구로 분류되며, 따라서 실업률 통계에서 제외된다. 또한 취업학원에 다니는 학원생 등도 현재는 구직활동을 하지 않으므로 비경제활동인구로 분류된다. 이와 같은 경우는 경제의 실업률을 실제보다 좋아보이게(낮게) 만드는 요인이다. 반면 **'자발적실업(voluntary unemployment)'**은 일정한 임금수준의 직장은 구할 수 있으나, 보수가 더 높은 직장을 구하기 위해 자발적으로 실업상태에 머무는 것을 말하는데, 이 경우는 실업률을 현실보다 더 나빠보이게(높게) 하는 요인이 된다.

이와 같은 실업률 통계의 인식오류를 개선하기 위해 최근에는 '**고용률**'을 더 중시하는 경향이 나타나고 있다. 고용률은 전체 생산가능인구 중 취업인구가 차지하는 비유을 나타내는 수치로서, 아래의 식과 같이 정의된다.

$$\text{고용률} = \frac{\text{취업인구}}{\text{생산가능인구}} \times 100 = \frac{A}{A+B+C} \times 100 \qquad (5\text{-}6)$$

통상적으로 실업률이 낮으면 고용률이 높고, 실업률이 높으면 고용률이 낮은 것이 보통이나, 우리나라의 경우는 실업률이 낮음에도 불구하고 고용률이 매우 낮은 현상을 보이는 것이 특징이다. 이는 앞서 잠깐 언급했듯이 우리나라는 전업주부, 학생, 실망실업자 등 아예 구직활동을 하지 않는 비경제활동인구의 비율이 높아 경제활동참가율이 매우 낮은 국가이기 때문이다.

2. 실업률과 성장률의 관계

노동은 생산함수에 투입되는 생산요소이므로 실업률(U)은 실질GDP(Y)와 밀접한 관계를 가진다. 예일대학의 오쿤(A. Okun)교수는 1962년에 실질GDP와 실업률 간의 상관관계를 규명하는 논문을 발표하는데, 이 관계를 '오쿤의 법칙(Okun's Law)'이라 부른다. 식 (5-7)은 오쿤의법칙을 묘사한다.

$$\frac{\Delta Y}{Y} = a - b \cdot \ \Delta U \qquad (5\text{-}7)$$

여기에서 a는 국가별 실질GDP 잠재성장률이다. 이 식은 한 국가의 실질GDP 성장률($\frac{\Delta Y}{Y}$)은 실업률이 1% 변할 때 마다 b%씩 감소한다는 것을 시사한다. 이때 b는 국가의 경제적 특성에 따라 다른 값을 가지고 나타난다. 미국의 경우, a=3, b=2의 값을 가지는 것으로 보고되고 있다. <그림 5-6>은 식(5-7)의 '오쿤의 법칙'을 우리나라의 1998년 외환위기 이후의 자료를 이용하여 추정해본 것이다. 이 관계에 따르면, 우리나라의 실질GDP 잠재성장률은 대략 4% 정도가 되며, 실업률이 1% 줄어들 때마다 실질GDP는 약 2% 가량 늘어나는 것으로 나타난다. '오쿤의 법칙'은 이론적으로 도출된 관계라기보다는 통계적인 관계를 묘사하는 수준이다. 간단하게 생각해 봐도, 실질GDP와 고용은 매우 밀접한 관계를 가질 수 밖에 없다. 다른 상황에 변화가 없다면, 실업률이 줄어든다는 것은 고용이 늘어난다는 뜻이고, 따라서 생산량도 늘어난다는 뜻이 되는 것이다. 오쿤의 법칙은 이와 같은 일반적인 관찰을 정리한 것이다.

〈그림 5-6〉 우리나라의 오쿤의 법칙 적용례

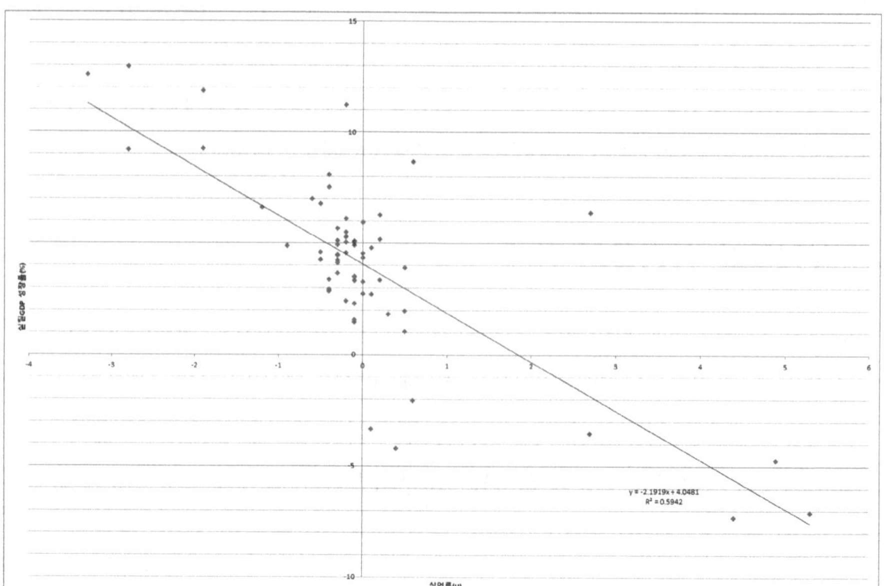

5.4 통화와 이자율

1. 통화와 통화정책

1) 통화정책의 기원과 특성

(1) 통화의 기원

우리가 '돈'이라고 부르고, 무심코 사용하는 통화는 어떻게 생겨나서 어떤 기능을 하는지 알아보자. 통화의 기원에 대해서는 여러 가지 설이 있어, 무엇이 최초의 통화라고 단정하기 어렵다. 그리고 그것은 다행스럽게도 경제학도에게는 중요한 탐구거리가 아니다. 한 가지 분명한 것은 통화는 인류가 오랜 동안 행해 왔던 물물교환의 비효율성을 타파하기 위해 자연적으로 발생하였다는 것이다. 예를 들어보자.

농부는 쌀을 생산하고, 대장장이는 낫을 생산하고, 디자이너는 의복을 생산한다. 농부는 옷이 필요하고 디자이너는 쌀이 필요하다면 둘이 만나 거래를 하면 된다. 이렇게 서로의 필요가 동시에 발생하면 통화가 필요 없게 된다. 그러나 다음의 상황을 고려해 보자. 디자이너는 쌀을 필요로 하지만, 농부는 낫을 원하며, 대장장이는 새 옷을 원한다. 이 경우 세 사람 모두 '내가 원하는 상품을 가진 사람은 내가 생산해서 제공할 수 있는 상품을 원치 않는' 상황에 처해 있다. 따라서 물물교환의 경제에서는 거래가 이뤄지지 않는다. 경제가 멈춰서는 것이다. 물론 대장장이는 쌀을 원치 않지만 낫을 주고 쌀을 구입하여 잘 보관하고 있다가 쌀을 원하는 디자이너가 오면 쌀과 옷을 바꾸면 된다. 그러나 이 거래는 자기가 원치 않는 물품의 거래를 해야 한다는 사실을 차치하고라도, 디자이너와의 거래가 언제 성사가 될지 알지 못한다. 이 경제는 엄청난 비효율의 경제이며, 따라서 이런 경제는 발전할 수 없다. 통화는 이때 빛을 발한다. 모든 사람이 모두 통화로 거래를 하면 필요의 동시성(coincidence of need)이 전제될 필요가 없다. 그저

자기가 생산한 상품을 시장에 내다 팔고, 그 판매대금으로 자기가 필요로 하는 상품을 사오기만 하면 된다. 통화는 이와 같이 상거래를 매개함으로써 경제를 활성화 하고, 거래를 촉진시키는 중요한 역할을 한다. 이와 같은 필요에 의해 통화가 생겨나게 된 것이라 판단된다.

(2) 통화의 기능

통화는 거래의 매개체(medium of exchange)로서 기능한다. 상거래를 매개하는 지불수단으로 작용하는 통화의 기능이 바로 거래의 매개체로서의 기능이다. 거래의 매개체로서의 통화의 기능은 통화의 기능 중 가장 중요한 기능이자 본원적인 기능이다.

통화가 거래의 매개체 기능을 하는 과정에서 사람들이 일시적으로나마 통화를 보유하는 기간이 있다는 것에 주목할 필요가 있다. 봉급생활자들은 매월 월급을 수령하지만, 월급액 전액을 일순간에 써버리지 않는다. 이를 일정기간 보유하면서 물건이 필요할 때 사용하거나, 아예 금고에 넣어두고 미래를 대비하는 경우도 있다. 즉 통화는 어떤 가치를 담보하는 기능이 있다는 것이다. 이와 같은 기능을 통화의 가치저장의 수단(store of value)으로서의 통화의 기능이라고 한다. 그러나 가치저장의 수단으로서의 통화의 기능 역시 통화가 언제라도 통용될 수 있다는 전제하에서만 그 기능을 행할 수 있다는 것에 주목할 필요가 있다.

회계처리의 기준단위(unit of account)로서의 통화의 역할도 매우 중요하다. GDP의 정의 중 '가치의 총합' 이라는 개념이 있었다. 국가 경제에 안에서는 수많은 상품들이 생산되고 거래된다. 사과, 바나나, 의자, 자동차, 기계, 이동통신, 꽃배달서비스 등 실로 다양한 상품이 생산되고 소비되는 복잡한 경제 내에서 거래된 모든 제품들의 가치를 어떻게 계산할 수 있을까? 사과와 바나나의 가치는 자동차나 의자의 가치와 비교하여 얼마나 클까? 이를 결정하는 것은 매우 어려운 문제이다. 그러나 통화가 있다면 이 문제는 간단하게 해결된다. 각각의 물건들이 거래된 통화가격이 곧 그 경제가 각각의 물건에 부여하는 가치이고, 이 통화가격을 모두 더하기만 하면 정성적으로만 이해되던 '상대적 가치'나 '가치의 총합'을 명확하게 숫자로 나타낼 수 있게 된다. 기업은 이를 통해 자신의 영업활동의 성과를 측정하고 기록할 수 있게 된다. 국가는 기업활동의 형태와 관계없이 통화단위로 기록된 기업의 영업성과에 따라 과세를 할 수 있게 된다. 이와 같이 통화는 재화 간의 상대가격과 교환기록을 일관성 있게 기록할 수 있게 함으로써 경제활동의 회계처리의 기준단위 역할을 수행한다.

이 모든 기능의 근원은 거래의 매개체로서의 통화의 기능으로부터 발원한다. 거래의 매개체로 역할을 하기 위해서는 두 가지의 특성을 가져야 한다. 첫째는 이 통화가 언제든, 어디에서든 통용될 수 있다는 믿음, 즉 거래의 매개체로서의 신뢰성(credibility)을 확보해야 한다. 우리나라의 상인들은 브라질의 헤알(Real)화가 엄연한 브라질의 법정통화임에도 받지 않는다. 우리나라의 다른 상점에서 이를 받아준다는 믿음이 없기 때문이다. 다른 사람들도 통화를 받아준다는 믿음, 그 믿음이 있어야만 자신도 그 통화로 거래할 수 있는 것이다. 둘째는 휴대성(portability)이다. 통화가 신뢰성을 가지고 있어도, 가지고 다니기 불편하다면 통화는 통용되지 않는다. 커다란 돌덩어리를 통화로 사용한다고 가정해보자. 이 돌덩이의 운반 자체가 너무 힘들고 비용이 듦으로 신뢰성이 있다고 해도 통화로 사용하기 어렵다. 따라서 통화는 소지하기 쉬워야 하며, 언제 어디서든 사용할 수 있어야 한다.

(3) 통화의 진화

통화의 신인도나 휴대성이 중시되면서 금이나 은 같은 귀금속이 범세계적으로 통용되는 최초의 통화로 등장하게 된다. 금이나 은은 희소할 뿐만 아니라 물성이 훌륭하여 쓰임새가 아주 다양하다. 또한 인정되는 가치에 비해 부피가 아주 작고 가벼워 휴대가 간편하다. 이와 같은 좋은 특성을 가지고 있음에도 불구하고, 오늘날 금이나 은과 같은 귀금속은 더 이상 통화로 역할을 하지 않는다. 그 이유는 무엇일까? 거래의 매개체로서 역할을 하기에 금과 은은 너무 적게 생산되기 때문이다. 즉, 금과 은으로만 거래를 하기에 세상은 너무 커지고 상거래가 활발해져서 거래할 매개체인 돈, 즉 금과 은이 너무 부족해진 것이다. 따라서 거래를 할 수 있도록 통화를 충분히 공급하기 위해 지폐를 발행하기에 이른다.

그런데 지폐는 그 자체로는 아무런 가치도 지니지 않는다. 따라서 사람들은 지폐를 보유하기를 꺼려할 것이 너무 당연하다. 즉 거래의 매개수단으로서 지폐의 역할이 극히 제한적인 상황이 발생하게 되는 것이다. 이를 방지하기 위해, 각국의 정부는 지폐를 가져오면 그 지폐의 액면가에 상당하는 금/은으로 바꾸어준다는 약속을 하게 된다. 이런 통화를 **태환화폐(fiduciary money)**라 한다. 태환통화체제를 위해 정부는 지폐를 발행하여 유통시키고, 지폐의 태환 요구에 대비하여 내어줄 금/은을 국고에 보관해왔다. 그렇다면 다시 의문이 떠오른다. 어차피 돈이 돌아오면 금/은으로 바꾸어줄 것을 지폐를 발행하지 않고 바로 금/은을 통화로 유통시키면 될 것이 아닌가? 정부가 그렇게 하지 않는 데에는 한 가지 중요한 사실을 알고 있기 때문이다. 그것은 지폐를 발행하면 대부분은 거래를 위해 유통이 되고, 그 중의 극히 일부만 태환을 위해 돌아온다는 사실이다. 따라서 정부는 발행한 지폐 액면가의 일부에 해당하는 금/은 만을 보유하고 있으면, 사람들에게 언제든 금/은으로 바꿔줄 수 있으니 안심하고 거래하라고 얘기할 수 있으며, 동시에 활발한 거래를 매개할 수 있을 만큼의 충분한 지폐를 발행할 수 있게 되는 것이다. 즉, 신뢰성을 확보한 통화를 충분히 공급할 수 있게 된 것이다.

그러나 경제는 더욱 빠른 속도로 발전하여 거래가 폭증하고 거래를 위해 더 많은 돈을 필요로 하게 되었다. 반면, 정부는 태환에 대비한 금/은의 보유량을 더 이상 늘리는 데에 애로를 겪으며, 금/은 보유고를 충분히 확보하지 못하는 지경에 이르게 된다. 결국 정부는 화폐의 태환성을 포기하게 된다. 대신 정부의 신용과 공신력을 담보로 하여 지폐를 발행하면서 국민들에게 그 사용을 강제하게 된다. 이렇게 통화 자체의 가치나 태환성은 없으나 정부에 의해 사용의 강제성을 가지는 통화를 **불환화폐(fiat money)**라고 부른다. 오늘날 대부분의 국가에서 사용되는 화폐는 불환화폐이다.

1920년대 독일의 hyperinflation

바이마르공화국(Weimar Republic)의 hyperinflation은 1921년-1924년의 3년간의 사건을 말한다. 패전으로 인한 전쟁배상금과 전후 복구에 시달린 독일은 통화를 발행함으로써 난국을 타개하려한다. 1차 세계대전 당시 이미 통화의 태환성을 포기한 독일의 마르크는 점점 그 가치가 하락하게 되는데, 1919년말 독일 마르크의 환율은 6.7 DM/$ 이었던 것이, 1921년 상반기에 60 DM/$로, 1921년 11월에는 330 DM/$, 1922년 12월에는 800 DM/$, 1923년11월에는 4,210,500,000,000 DM/$ 까지 치솟게 된다. 물론 독일경제는 이와 함께 무너져 내렸다.

이때, 독일의 우표 한 장의 가격이 5억 마르크에 달할 정도로 인플레이션이 심했던 것이다.

독일의 특수한 사정이 있긴 했지만, 간단하게 요약하면 무절제한 정부부채 확대 및 무책임한 통화발행이 초래한 국가적 비극이라 할 수 있다.

http://en.wikipedia.org/wiki/File:Germaninflation.jpg 에서 발췌

그러나 정부는 매우 강력한 존재이긴 하지만 무소불위의 존재는 아니다. 정부가 통화사용을 강제화 해도 자국통화의 신뢰성을 유지하기 위해 꾸준히 노력해야만 통화가 문제없이 통용되기 때문이다. 오랜 전쟁을 치르면서 중앙은행이 통화를 무차별적으로 찍어내는 경우나 정부가 막대한 재정적자를 메꾸기 위해 통화를 발행하는 경우, 경제에 지나치게 많은 돈이 통용되면서 물가가 폭등하게 된다. 어제와 오늘의 통화가치가 달라지고, 따라서 사람들은 통화를 수용하길 꺼리게 되며, 결국 그 경제는 스태그플레이션(stagflation)에 허덕이다 파국을 맞게 된다. 그런 이유로 각국의 중앙은행은 통화를 공급하는 독점적 권한을 가지는 대신 통화의 가치를 일정수준으로 유지하는 의무를 부여받는다. 즉, 극심한 인플

레이션이나 디플레이션이 발생하지 않도록 중앙은행은 통화공급량을 적정수준으로 유지해야 한다. 물가를 안정적으로 관리함으로써 통화가치를 적정하게 유지하는 것이 어느 국가를 막론하고 중앙은행의 일차적 의무이다.

2) 통화의 창출과 통화 정책

(1) 통화의 분류

보통 우리는 통화를 얘기할 때 중앙은행이 발행하는 현금통화만을 생각한다. 그러나 통화의 가장 본원적인 기능인 거래의 매개체로서 기능하는 통화는 실로 다양하다. 자기앞수표, 체크카드, 신용카드 등이 그 좋은 예이다. 이들은 중앙은행이 발행하는 현금통화는 아니지만 거래의 매개체 역할을 충분히 수행하며, 나름의 환금성, 즉 **유동성**(liquidity)을 가진다. 따라서 학계에서는 통화가 가지는 유동성의 정도에 따라 통화를 분류한다. 본 절에서는 가장 많이 쓰이는 통화지표 4가지를 소개하고자 한다.

첫 번째 통화지표는 **본원통화**(High-Powered Money)이다. 본원통화는 (현금통화+법정지불준비금)으로서 가장 근본이 되는 환금성 그 자체인 통화지표이다. 두 번째는 M1으로 환금성이 매우 높은 통화지표 이다. M1은 '**협의의 통화**'라고도 불리며, 본원통화와 보통예금과 같은 요구불예금, 당좌예금, MMDA 같은 수시입출금식 예금 등을 더한 것이다. M1은 지급결제수단으로서의 통화의 기능을 중시한 지표이며, 주로 단기금융상품으로 구성되어 있다. 세 번째 통화지표는 M2라 불리는데, '**광의의 통화**'라 불리기도 한다. M2는 M1에 더하여, 정기예금·정기적금과 같은 저축성예금, 양도성예금증서(CD), 환매조건부채권(RP) 등 금융상품이나 각종 금전신탁, 금융채 등을 포함한다. 이들 금융상품은 기본적으로 재산증식 및 저축의 수단이지만, 약간의 금리손실을 감수하고 중도해지를 한다면 현금화할 수 있는 유동성을 가지므로 M1과 큰 차이가 없다. 마지막의 통화지표는 '**광의의 유동성**'이라 불리는 L이다. L은 금융기관이 발행하는 유동성만을 대상으로 삼는 M1과 M2와는 달리 정부나 기업이 발행하는 유동성 상품까지 포함하는 개념이어서 가장 큰 통화지표이다. 따라서 국가가 발행하는 국채, 지방정부가 발행하는 지방채, 기업어음 및 회사채 등 모두가 포함된다.

이들 통화지표 중 경제 분석에 가장 자주 등장하는 통화지표는 M1과 M2이다.

(2) 통화의 창출 과정

중앙은행이 발행하는 현금통화가 어떤 과정을 통해 여러 가지 통화로 확산되어 가는지 살펴보도록 하자. 중앙은행이 100억원의 현금통화를 발행했으며, 이 돈이 A 기업의 손에 들어갔다고 하자. 기업은 이 돈을 모두 현금으로 보유하지 않고 은행에 예치하면, 필요에 따라 인출해서 쓸 수 있고, 부수입으로 이자소득을 벌 수 있다. 은행은 예치된 100억원을 가지고 있으면 아무런 수익도 발생하지 않으므로, 이 돈을 대출함으로써 이자수입을 창출한다. 문제는 예금자가 언제 예금을 인출할지 모르므로 일정 비율을 지불준비금으로 남겨두어야 한다는 사실이다. 정부는 과다한 대출로 인해 금융기관이 예금을 지급하지 못하는 사태를 막기 위해 **법정지불준비율**(reserve requirement ratio; rr*)을 정하고 있다. 은행은 법정지불준비금을 제외한 나머지 금액을 대출한다. 지불준비율이 10%라고 가정하면 90억원의 대출이 발생하는 것이다. 90억원을 대출받은 B 기업 역시 이 돈을 은행에 예치하고 필요할 때마다 인출해서 사용한다. 그러면 이 은행은 다시 지불준비율 10%를 제외한 나머지 81억원을 C 기업에 대출한다. 이런 과정이 무한히 반복된다면 은행이 창출한 대출금액 총액은 다음과 같은 무한수열의 합이 된다.

$$\text{대출금 총액} = 100\text{억} \cdot 0.9 + 100\text{억} \cdot 0.92 + 100\text{억} \cdot 0.93 + \ldots..$$
$$= \frac{100\text{억} \cdot 0.9}{1-0.9} = 900\text{억}$$

따라서 통화량은 대출금 900억원에 초기 현금통화 발행액 100억원을 합해 1000억원에 도달하는 것이다. 즉, 초기 현금통화 공급량의 $\frac{1}{rr^*}$배 만큼 통화량이 팽창하는데, 이때의 팽창비율, 즉 $\frac{1}{rr^*}$을 **통화승수**(money multiplier)라 부른다. 결론적으로 시중의 총통화량은 두 가지의 정책요소, 즉 현금통화 발행액과 법정지불준비율에 의해 결정되는 것이다.

$$총통화량 = 현금통화 \times \frac{1}{rr^*} \qquad (5\text{-}8)$$

이와 같이 통화의 발행은 중앙은행에서 하지만 상업은행들이 통화 창출 및 확산의 역할을 담당하면서 통화 공급 절차가 완결되게 된다. 따라서 사적이익을 추구하는 상업은행이라 할지라도, 영리활동을 함에 있어 지급불능 상황이나 bank-run을 유발하여 통화창출이라는 공익적 기능이 손상되지 않도록 유의해야 한다. 은행의 통화창출 기능이 무너지면 돈이 돌지 않아 경제가 무너지기 때문이다. 이와 같은 이유로 모든 국가의 상업은행의 영리추구 행위는 엄중한 금융감독기관의 감독을 받는다. 우리나라는 금융위원회와 금융감독원을 두어 이 기능을 수행하게 하고 있다.

3) 통화량의 조정

통화의 공급은 중앙은행의 의무이자 독점적 권한이다. 중앙은행은 시장에서 재화와 용역의 거래가 무리 없이 이뤄질 수 있도록 충분한 통화를 공급해야 한다. 동시에 지나친 통화 공급으로 인해 과도한 인플레이션이 발생하지 않도록 적정한 수준으로 통화량을 관리해야 한다. 이를 위해 우리나라는 한국은행의 정책결정기구인 금융통화위원회의 논의를 통해 통화량을 결정한다.

그렇다면 중앙은행은 어떤 정책수단을 통해 통화공급량을 조절할까? 이를 이해하기 위해서는 위의 식 (5-8)를 살펴볼 필요가 있다. 이에 따르면 명목통화 공급량은 현금통화 발행액과 지불준비율(rr^*)의 함수임을 알 수 있다. 그러므로 제일 간단한 통화공급량 조정 수단은 현금통화 발행액을 조정하는 것이다. 그러나 특별한 이유 없이 화폐를 대량으로 발행하는 것은 화폐로서의 신인도(credibility)를 떨어트리는 매우 위험한 행위이다. 따라서 통화의 신인도를 유지하면서 통화 공급량을 조정할 수 있기 위해서는 다른 정책수단을 가지고 있어야 한다. 중앙은행은 크게 세 가지의 통화정책 수단을 가지고 있다.

(1) 지불준비율(reserve requirement ratio)

그 첫째는 지불준비율(reserve requirement ratio) 정책이다. 식(5-8)에서 보는

바와 같이 총통화공급량은 최초 현금통화 발행액의 통화승수 배 만큼 팽창한다. 통화승수는 지불준비율의 역수이므로 지불준비율이 커지면 통화공급량은 줄어들고, 지불준비율이 낮아지면 통화공급량은 증가한다. 따라서 지불준비율 조정을 통해 통화공급량을 조절할 수 있다. 그러나, 중앙은행은 아주 위급한 상황이 아니면 지불준비율 조정을 통한 통화정책을 펴지 않는다. 그 이유는 지불준비율의 조정이 총통화 공급량에 너무 큰 변화를 초래하기 때문이다. 지불준비율이 10%라고 하자. 지불준비율을 9%로 낮추면 통화승수는 10에서 11.1로 증가한다. 즉 통화공급량이 갑자기 11%나 늘어나게 되는 것이다. 이렇게 큰 통화량의 변화는 경제시스템에 큰 혼란을 초래할 수 있다. 따라서 중앙은행은 지불준비율 조정 정책을 매우 제한적으로 활용하는 것이다.

(2) 재할인율(re-discount rate)

두 번째 정책수단으로 **재할인율**(re-discount rate) 정책이 있다. 총통화는 은행의 지불준비금과 은행이 창출한 총대출금으로 구성되어 있다. 여기에서 주의 깊게 살펴보아야 할 것은 지불준비율이 법정지불준비율(rr^*)이 아닌 실제 지불준비율(rr)이라는 점이다. 은행이 과다하게 대출을 하면 실제 지불준비율(rr)은 법정지불준비율(rr^*) 보다 낮아지게 된다. 그러나 법정 지불준비금은 구속력을 가지는 금융규제이므로, 부족한 지불준비금을 채워 넣기 위해 은행은 다른 곳으로부터 돈을 빌려야한다. 만약 다른 은행으로부터 돈을 빌린다면 은행간 대출금리인 **콜금리**를 적용받게 될 것이며, 중앙은행으로부터 돈을 빌린다면 시중은행에 대한 중앙은행의 대출금리인 **재할인율**(re-discount rate)을 적용받게 된다. 재할인율이 오르면 시중은행은 지불준비금을 확보하지 못할 경우 더 높은 금리를 부담해야 하므로 실제 지불준비율을 높이려는 노력을 기울인다. 즉, 은행의 과다 대출로 인한 통화의 팽창을 막을 수 있는 것이다. 이와는 반대로 재할인율이 낮아지면, 은행은 약간의 이자비용을 감수하고서라도 공격적으로 대출을 하게 되고, 통화량은 더 늘어나게 된다. 재할인율 정책은 법정지불준비율 정책보다 파급효과는 크지 않으나, 통화량에 미치는 파급효과는 매우 큰 정책수단이다. 따라서 중앙은행은 이 정책 역시 매우 조심스럽게 활용하는 경향이 있다.

(3) 공개시장조작(open market operation)

세 번째 정책수단이 가장 자주 쓰이는 **공개시장조작**(open market operation) 정책이다. 공개시장조작이란 중앙은행이 채권시장에서 채권을 사거나 팖으로써 통화량을 조정하는 방법인데, 이때 거래되는 채권이 통화안정증권이다. 정부가 채권을 사들이면, 채권 대금으로 현금통화를 지급하게 되고, 이 현금통화는 시장에서 유통됨으로써 통화창출 과정을 거쳐 채권대금의 통화승수 배 만큼 통화량이 증가한다. 반면 채권을 판매하면, 채권대금이 현금으로 납부되면서, 채권대금의 통화승수 배 만큼 통화량이 줄어들게 된다. 이 정책의 장점은 채권 거래량을 조정함으로써, 얼마든지 미세하게 통화량을 조절할 수 있다는 점이다. 따라서 공개시장조작은 가장 자주, 상시적으로 사용되는 중앙은행의 통화정책 수단이다.

2. 이자율

이자율(interest rate)은 돈을 빌려주었다가 돌려받을 때 원금에 더하여 추가로 받는 금액의 비율이다. 즉 은행에 100만원을 저금했다가 1년 후에 110만원을 돌려받기로 했다면, 이때의 1년 이자율은 0.1 또는 10%가 되는 것이다. 이런 이자율을 **명목이자율**(nominal interest rate)이라 부른다. 은행에 예금하는 시점의 청바지 가격이 10만원이었다면 청바지 10벌 값을 예금한 것이다. 그런데 1년 후 청바지 가격이 11만원으로 인상되었다면 예금을 해지하고 원리금 110만원을 받아도 그대로 청바지 10벌 값을 돌려받는 것이 된다. 이 경우 **실질이자율**(real interest rate)은 0%인 상황이 되는 것이다. 여기서 우리는 실질이자율을 계산하려면 명목이자율에서 인플레이션율(rate of inflation)을 차감해야 한다는 것을 알 수 있다. 명목이자율을 i, 실질이자율을 r, 그리고 인플레이션율을 π라고 할 때, 이들의 관계는 다음과 같이 정리할 수 있다. 여기서 아래첨자 t는 현재 시점을 의미하며, 위첨자 e는 실측치(measured value)가 아닌 예상치(expected value)를 의미한다.

$$r_t = i_t - \pi^e_{t+1}, \qquad \pi^e_{t+1} \equiv \frac{P^e_{t+1} - P_t}{P_t} \qquad (5\text{-}9)$$

이와 같은 실질이자율을 사전적인(ex-ante) 실질이자율이라고 한다. 경제활동의 준거가 되는 실질이자율은 바로 이 사전적 실질이자율이다. 예금을 한다거나 남에게 돈을 빌려줄 때 우리는 명목이자율을 가지고 계약을 한다. 그러나 실질이자율이 미래의 물가상승률을 아무도 정확히 알 수 없기에 명문화할 수 없을 뿐, 계약당사자가 실제로 염두에 두고 있는 이자율은 실질이자율인 것이다. 그러나 사람들이 물가상승률을 얼마로 예상하는지 알 수가 없고, 또 사람마다 예상하는 물가상승률이 다르므로 경제 전체를 관통하는 사전적인 실질이자율을 측정하는 것은 불가능에 가깝다. 그럼에도 불구하고 이를 예측하고, 이를 이용하여 경제현상을 이해해야 한다는 것이 경제학이 해결해야할 큰 숙제 중의 하나이다.

이자율이라는 말은 쉽게 하지만 그것을 정확에게 알고 사용하기는 매우 어렵다. 우선 이자율의 종류가 너무 많다. 가장 간단하게는 우리가 은행에 예금할 때의 예금금리와 은행으로부터 대출을 받을 때의 대출금리는 다르다. 그런데 문제는 예금금리나 대출금리도 예금상품이나 대출상품 별로 다 다르다는 것이 문제이다. 보통예금이나 CMA 계좌 같은 요구불예금에 적용되는 이자율은 정기예금이나 정기적금과 같은 저축성 예금의 이자율과 다르다. 대출금리도 대출기간, 담보제공여부, 거치 및 상환기간, 대출신청자의 신용도 등에 따라 적용되는 금리가 다 다르다. 이들 금리는 금융업체의 종류에 따라 또 다르다. 일반은행, 저축은행, 대부업체 등 모두 다른 금리를 제시한다. 금융거래는 금융업체를 통하지 않고도 할 수 있다. 회사채나 국공채 등 다양한 채권을 사고팔 수 있는데, 이들 채권도 만기일, 채권발행기관의 신용도 등에 따라 적용되는 이자율이 다 다르다. 반면 금융기관도 **중앙은행**으로부터 수시로 돈을 빌린다. 이때, 중앙은행이 다른 금융기관에 적용하는 대출금리를 **재할인율**(rediscount rate)이라 부른다.

그렇다면 시장이자율이라는 것은 무엇인가? 정답은 없다. 이자율이라는 개념을 사용하는 사람의 사용목적에 따라 적절한 이자율을 찾아 활용하면 될 뿐, 모든 사람이 수긍하고 사용하는 이자율이란 처음부터 존재하지 않는 것이다. 단 대부분 국가의 중앙은행은 모든 이자율의 기준이 되는 금리를 발표하는데, 우리나라의 경우 이를 기준금리라 부른다.

〈그림 5-7〉 우리나라의 금리 추이

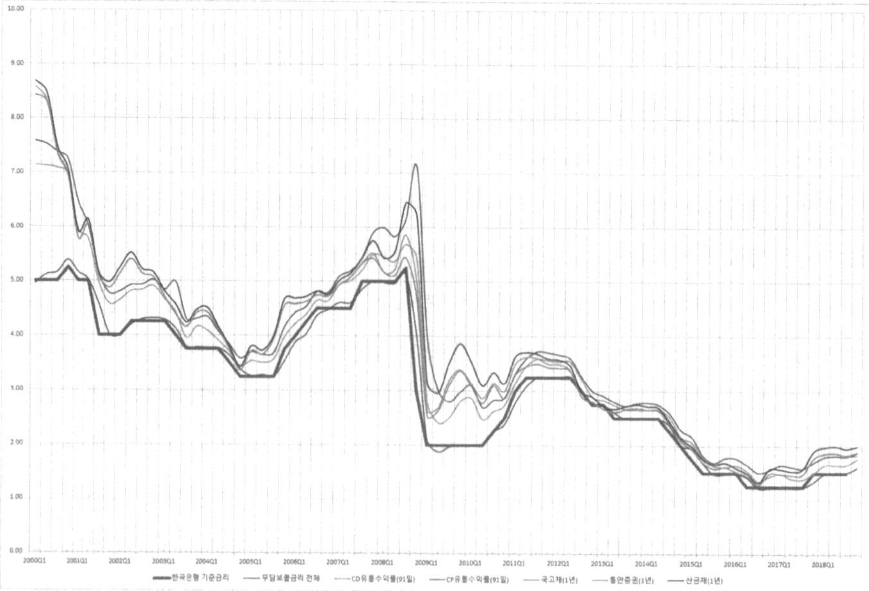

자료원: 한국은행, http://ecos.bok.or.kr/

<그림 5-7>은 우리나라의 금리추이를 보여준다. 이 그림에서 보듯, 모든 금리는 같이 움직이는 경향이 있으며, 한국은행의 기준금리의 움직임에 따라 반응하며 변하는 것을 알 수 있다. 일반적으로 여러 개의 사물이 같이 움직이는 경향이 있다고 해서 어느 하나가 다른 하나의 움직임을 좌우한다고 말할 수 없지만, 금리의 경우는 인과관계를 확실하게 알 수 있는 것이 다른 금리는 시장에서 수요-공급 상황에 의해 '결정되는' 반면, 한국은행의 기준금리는 우리나라의 통화정책을 결정하는 **금융통화위원회**에서 '결정하는' 것이기 때문이다. 금리는 유가증권의 위험도(risk)에 따라 달라지기도 하는데, 이를 risk premium이라고 부른다. 여기서 위험도는 부도위험(default risk)을 말하는데, 유가증권의 발행처가 약속한 날짜에 약속한 금액을 지불하지 못하는 경우를 말한다. 일반적으로 가장 안전한 유가증권은 정부가 발행하는 통화안정증권이나 국고채이다. 이 두 유가증권의 금리는 거의 같아 그래프 상으로는 구분하기 힘들 정도이다. 국채와 비교하여 한국산업은행이 발행하는 산업금융채권, 일반 회사가 발행하는 회사채 등의 순으로 위험도가 높아지는데, 그 위험도는 그래프에서 보는 바와 같이 더 높

은 금리로 나타난다. 금리는 또 유가증권의 상환시점이 멀면 멀수록 더 높아지는 경향이 있다. 이는 단순히 더 오래 빌리면 더 높은 이자를 내는 차원이 아니라, 만기일(term to maturity)이 멀수록 1년 환산 금리가 높아진다는 사실이다. 동일한 성격의 유가증권 금리를 1년 단위로 환산하여 채권 만기일의 길이에 따라 1년 환산금리가 어떻게 변하는지 보여주는 도구를 기간구조(term structure)라 하는데, <그림 5-8>은 2010년대 중반의 우리나라 산업금융채권의 만기일 길이에 따른 기간구조를 보여준다.

〈그림 5-8〉 산업금융채권 기간구조(term structure)

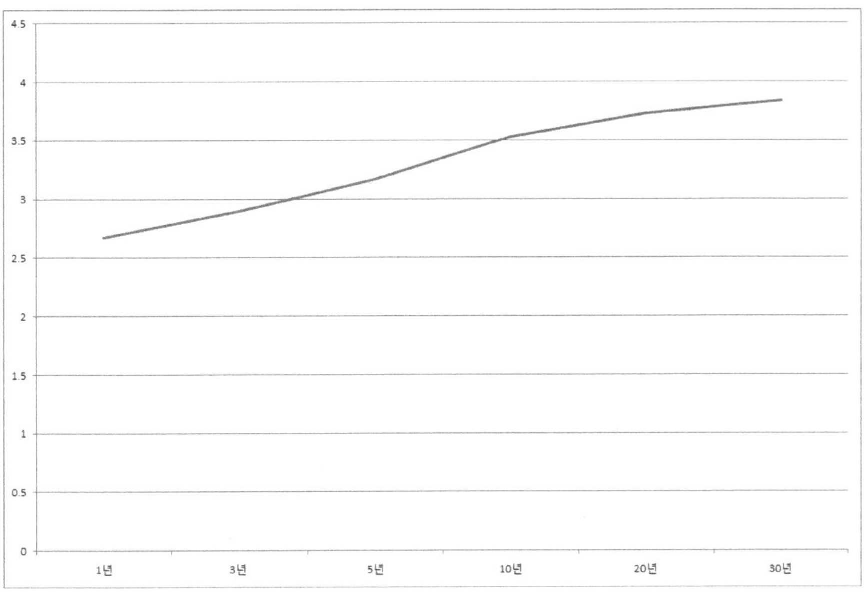

자료원: 한국은행, http://ecos.bok.or.kr/

앞서 우리는 중앙은행 당국이 통화량을 어떻게 조절하는지를 살펴보았다. 통화공급량은 이자율과 당연히 깊은 관계에 있다. 이자율은 돈을 빌리고 빌려주는 당사자 간의 합의에 의해 결정된다. 통화량이 풍부하다면 자금시장에서 빌려줄 돈이 풍부해진다는 것을 의미하며 따라서 이자율이 낮아지게 된다. 반면, 중앙정부가 통화를 흡수하여 자금시장에 돈이 마른다면 상대적으로 부족한 자금을 확보하기 위해서는 높은 이자를 지불해야만 한다. 따라서 통화량과 이자율은 부의 상관관계를 갖는다. 통화시장에서 통화의 공급량과 균형이자율 간에 어떤 관계를 가지는지는 6장에서 보다 더 자세히 공부하기로 한다.

5.4 분배와 복지

1. 분배지수

국민소득만큼 중요한 개념이 분배와 격차의 개념이다. 국민소득이 아무리 높다한들, 그 소득을 일부계층이 독점하고 국민 대다수가 피폐하게 생활을 해야 한다면 국민소득이 높다는 사실 자체만으로 그 국민경제가 좋게 평가될 이유가 없다. 국민소득이 사회 전체 경제활동의 성적표로 의미를 갖기 위해서는 그 소득이 모두에게 골고루 나누어져 경제구성원 모두가 그 과실을 같이 향유할 수 있다는 전제가 필요한 것이다. 따라서 한 나라의 분배의 척도는 그 중요성이 국민소득에 비해 절대 뒤지지 않는다.

지니(GINI)계수는 분배의 불평등 정도를 나타내는 대표적인 지표이다. 예를 들어 소득의 지니계수를 측정한다고 할 때, 지니계수는 다음과 같은 방식으로 계산된다. 먼저 소득이 가장 작은 사람부터 순서대로 소득을 더해서 총소득으로 나누어준다. 이를 그래프로 그린 것을 로렌쯔(Lorenz)곡선이라고 하는데, 이 경우 로렌쯔곡선은 하위 x%의 사람이 벌어들인 소득의 %를 나타내는 곡선이다.

경제구성원 모두가 동등한 소득을 가진다고 가정해보자. 그러면 하위 10%의 소득자들은 전체 국민소득의 10%를 가지게 되고, 하위 70% 소득자들은 전체 70%의 소득을 가지게 된다. 이 경우 로렌쯔곡선은 <그림 5-9>의 패널 a)와 같은 직선의 모습을 가지게 된다. 반대로 국민의 99%는 소득이 0이고 나머지 1%의 사람이 전체 국민소득을 차지하는, 극도의 불평등한 경제를 가정해보자. 이 경우 소득 하위 99%의 누적소득은 0% 이므로 x축을 따라 이동하다가, 제일 마지막 모든 국민소득을 독점하는 사람을 포함하는 순간 로렌쯔곡선은 수직으로 상승하여 100%를 기록하는 <그림 5-9>의 패널 b)와 같은 형태를 가지게 된다.

〈그림 5-9〉 소득분포에 따른 로렌쯔곡선 (예시)

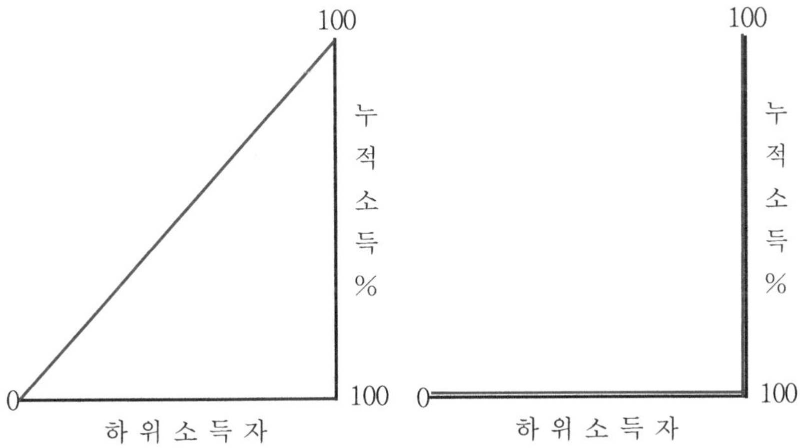

a) 완전히 평등한 소득분포　　b) 극도로 편중된 소득분포

〈그림 5-10〉 로렌쯔곡선과 지니계수

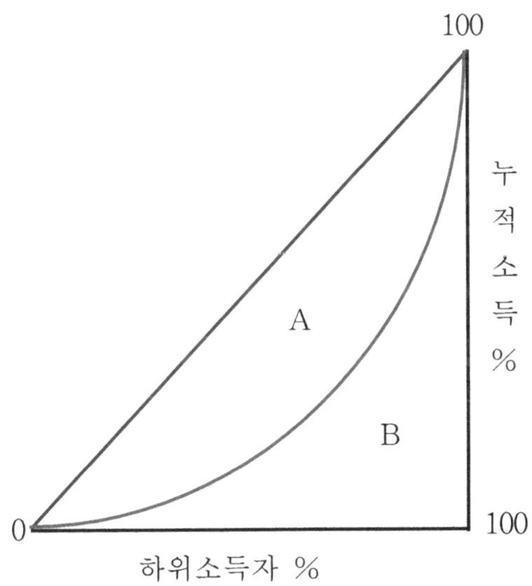

현실에서 관찰되는 소득분배는 이 두 극단의 중간에 위치하는 분포가 될 것이며, 현실에서 관찰되는 로렌쯔곡선은 <그림 5-10>의 모습을 보인다. 소득분배가 평등해질수록 로렌쯔곡선의 반달모양은 더 홀쭉해지면서 삼각형의 빗변으로 가까워질 것이고, 불평등해질수록 반달모양이 두꺼워지면서 직교선 방향으로 넓어지게 된다.

따라서 직각삼각형의 면적 (A+B) 대비 반달모양의 면적 (A)의 비율이 소득분포의 불평등정도를 나타내는 척도가 될 수 있다. 이 척도가 바로 지니계수이다. 그러므로 지니계수가 클수록 소득분포는 더 불평등하며, 작아질수록 소득분포는 평등하다는 것을 의미한다. 이 공식에 따르면 소득분배가 완전히 평등한 경우 지니계수는 0이 되고, 소득분포가 완전히 편중되어 한 사람에게 다 몰려 있다면 지니계수는 1이 된다.

$$\text{지니계수} \equiv \frac{\text{면적}A}{\text{면적}(A+B)} \qquad (5\text{-}11)$$

2. 5분위배율과 10분위지수

분배의 불평등 정도를 측정하는 다른 방법으로는 **5분위배율**이라는 것이 있다. 소득에 있어 5분위배수란 소득의 크기가 낮은 순으로 사람들을 줄 세워 5등분을 했을 때, 소득의 제일 상위계층 20%의 소득합계가 소득의 제일 하위계층 20%의 소득합계의 몇 배가 되는가를 측정하는 것으로 사회 양극화의 정도를 보여준다. 그러므로 5분위배율이 크면 클수록 소득분배는 불평등하고, 5분위배율이 작으면 작을수록 소득분배는 평등해지는 것이다. 5분위배율과 유사한 개념으로 **10분위지수**라는 것을 사용하기도 한다. 소득 10분위지수는 소득은 낮은 순으로 사람들을 줄세워 10등분 했을 때, 상위 20%의 총소득 대비 하위40%의 총소득의 비율을 계산하는 것이다. 이론적으로 10분위지수는 0과 2사이의 값을 갖는다. 소득분포가 완전히 평등하다면 모든 계층의 소득은 같아질 것이고, 이 경우 10분위지수는 2의 값을 갖는다. 반면 소득불평등이 극심하여 하위 40%의 소득이 0라면 10분위지수의 값은 0이 된다. 따라서 10분위지수도 지니계수와 마찬가지로 수치를 보고 불평등의 정도를 직관적으로 이해할 수 있다는 장점이 있다.

$$5\text{분위배율} = \frac{\text{상위 20\% 계층의 총소득}}{\text{하위 20\% 계층의 총소득}} \quad (5\text{-}12)$$

$$10\text{분위지수} = \frac{\text{하위 40\% 계층의 총소득}}{\text{상위 20\% 계층의 총소득}} \quad (5\text{-}13)$$

이상으로 우리는 분배와 관련한 대표적 척도에 대해서 알아보았다. 우리는 이와 같은 분배관련 분석도구들을 다양하게 응용할 수 있다. 예를 들어 소득의 분배뿐만 아니라, 예적금 등 금융자산, 부동산자산, 또는 총자산 등의 보유의 평등도를 측정할 수도 있고, 임금소득, 금융소득 등 다양한 소득의 평등도를 측정하여 분석할 수도 있다.

이들 지표를 사용할 때에 주의를 기울일 필요가 있다. 대부분의 불평등도 통계는 가계 설문조사를 통해 얻어진 자료를 가지고 작성된다. 이들 통계의 맹점으로 지적되는 요인 중의 하나는 분배의 가장 끝단에 위치한 최상류층 가계는 대부분 설문조사에 응하지 않으며 따라서 이들의 데이터는 누락되는 경우가 많다는 것이다. 이런 이유로 불평등 통계가 과소평가되고, 사회전체의 불평등에 대한 문제의식을 희석시킬 수 있다는 점에 유의하여 통계를 해석할 수 있어야 할 것이다.

경제행위의 최종목적은 행복의 추구이다. 행복은 소득의 크기뿐만 아니라 평등의 정도에 따라 영향을 받는다. 따라서 정부는 거시정책을 구상할 때, 경제성장 촉진은 물론 분배정의의 구현도 함께 고려하는 것은 너무나도 당연한 일이다. 정부는 분배의 평등을 위해 다양한 제도적 장치를 운용한다. 가장 대표적인 예가 소득세 구조이다. 대부분의 국가에서 소득세는 소득이 높은 사람일수록 더 높은 세율을 적용받는 누진적인 구조를 가지고 있는데, 이런 세금을 **누진세**(progressive tax)라고 부른다. 정부 재정지출에 있어서도 저소득자에게 소득보조, 기초생계비 보장, 저리융자 등 다양한 정책수단을 통해 소득 하위계층에 대한 배려를 하고 있다. 우리는 다양한 소득에 대한 불평등도 측정을 통해 사회의 분배정의가 정부정책을 통해 얼마나 신장되는지를 판단해 볼 수 있다. 지니계수를 예를 들면, 시장소득과 가처분소득에 대한 지니계수를 측정해 비교해볼 수 있다. 시장소득은 정부의 도움 없이 국민이 경제활동을 통해 스스로 획득한 소득을 의미하는 반면, 가처분소득은 시장소득에 정부 및 민간이전소득을 더한 후 세금을 차감한 소득을 말한다. 따라서 시장소득은 개개인의 경제적 능력의 척도의 측면이 강한 반면 가처분소득은 개개인의 소비력 척도의 측면이 강하다.

연습문제

1. 다음 용어를 설명하시오.
   (1) 최종재(final goods)
   (2) 국내총생산(GDP)과 국민총생산(GNP)
   (3) 삼면등가의 원칙
   (4) GDP deflator
   (5) 생산자물가지수(PPI)와 소비자물가지수(CPI)
   (6) 실업률과 고용률
   (7) 지불준비율(reserve requirement ratio)
   (8) 기간구조(term structure)
   (9) 지니(GINI)계수

2. 다음 물음에 답하시오.
   (1) 경제학적 의미의 투자와 일상용어로의 투자의 차이를 논하라.
   (2) GDP 추계가 가지는 문제점에 대해 설명하라.
   (3) 인플레이션의 종류에 대해 설명하라.
   (4) 공식 실업률 통계가 현실을 정확하게 반영하지 못하는 경우를 들고 설명하라.
   (5) 통화가 창출되는 과정을 설명하라.

제 6 장 거시경제균형과 정책 효과

6.1 거시경제의 장·단기적 결정 요인

1. 경제의 장기 추세(Trend)와 경기변동(Cycle)

국민경제를 분석하기에 앞서 우리는 경제의 장·단기적 특성에 대한 이해가 선행되어야 한다. 한 국가의 경제는 장·단기적 특성이 매우 다르게 나타나며, 이들 특성을 결정하는 핵심적 요소도 각각 다르다. 이를 위해 우리는 GDP를 보다 자세히 들여다볼 필요가 있다. <그림 6-1>은 1960년부터 2018년까지의 분기별 우리나라 실질GDP(계절조정자료)를 보여준다. 그림의 파란선이 우리나라의 2010년 가격 실질GDP이다. 실질GDP는 전체적으로 시간의 흐름에 따라 증가하는 장기적인 추세, 즉 trend를 보이고 있다. 이 trend를 따로 분리해 표시한 것이 녹색선으로 보이는 실질GDP의 장기추세선이다. 그리고 나면, 실질GDP에서 실질GDP 장기추세를 제거하고 남는 단기변동 부분이 있는데, 그래프의 붉은선(cycle)이 그것이다. 단기변동성을 나타내는 붉은선은 관찰이 용이하도록 단위를 조정하여 크게 보이도록 하였다.

〈그림 6-1〉 우리나라 실질GDP(2010=100) 변화: 장기 추세와 단기 변동의 분리

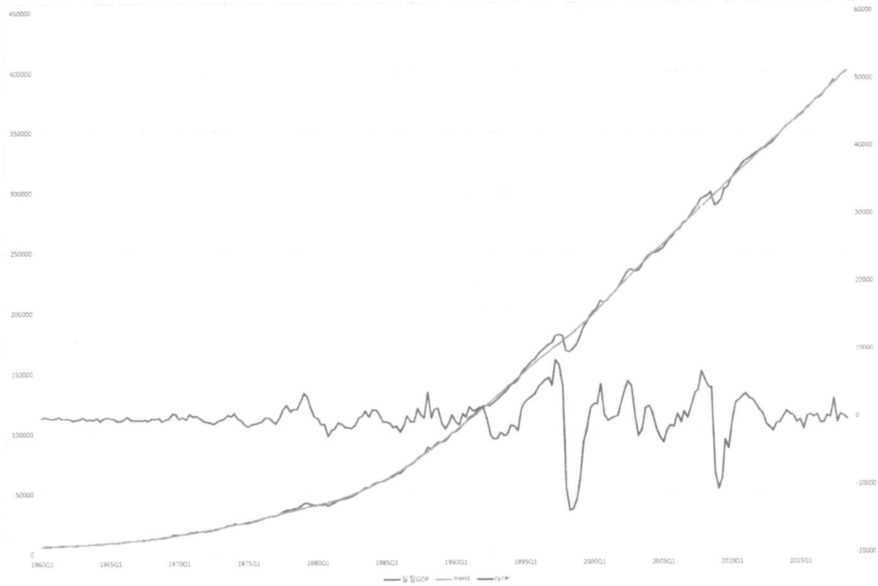

자료원: 통계정보시스템(KOSIS), http://kosis.kr

Trend는 꾸준한 방향성을 가지는 장기 및 초장기 경제의 모습을 보여준다. 우리나라의 발전과 경제규모가 증가하는 모습이 이 추세에 잘 반영되고 있다. 반면, 꾸준한 방향성을 보이는 trend와는 달리, cycle은 주기성을 띠면서 상하로 진동을 하는 경향이 있어, 이를 경기변동(business cycle)이라 부른다. 우리나라의 경기변동 곡선을 보면 경제력이 미미하던 1960대에서부터 본격적인 경제성장을 시작하는 70년대에 이르러 변동폭이 커지기 시작한다. 이후 1990년 이후에는 국가적, 세계적 경기상황을 반영하면서 큰 폭으로 진동하기 시작한다. 특히 1998년의 국가채무 지불유예(moratorium) 사태와 2007년의 '서브프라임모기지 사태(sub-prime mortgage crisis)'의 여파로 우리나라의 경기변동 곡선이 크게 출렁거리는 모습을 볼 수 있다. 경기변동은 짧게는 6개월 길게는 3년의 주기를 가지며, 따라서 중·단기 경제의 모습을 보여준다.

2. 국민경제의 장·단기적 결정 요인

추세(trend)와 변동(cycle)으로 나뉜 GDP의 두 요소는 그 행태가 다른 만큼, 각기 다른 요인에 의해 구동되는 경향이 있다. 이를 알아보기 위해 먼저 생산함수를 보자. 생산량(GDP)을 결정하는 것은 생산요소의 투입량과 생산기술이다. 생산요소는 물적자본(K)와 노동력(L)이며, 이 두 개의 생산요소를 엮어 부가가치를 창출하는 과정을 수학적으로 표현한 것이 바로 생산함수(F)인데, 이를 간단하게 표현하면 다음과 같다. 여기서 A는 전체적인 생산기술 수준 및 생산 환경을 포괄하는 **총요소생산성**(total factor productivity, TFP)을 의미한다. 그러므로 주어진 기술여건 하에서 한 국가의 GDP는 생산요소인 물적자본과 노동력의 투입량에 따라 결정되는 것이다.

$$Y = A \cdot F(K, L) \qquad (6\text{-}1)$$

두 개의 생산요소 중, 장기적 경제추세를 결정짓는 것은 물적자본 투입량이다. 물적자본은 그것을 축적하는 메커니즘 자체가 장기적인 성격을 지니며, 단기간에 늘이고 줄일 수 있는 성격의 생산요소가 아니다. 경제학에서는 편의 상, 물적자본의 축적경로를 다음과 같이 묘사한다.

$$K_{t+1} = (1-\delta) \cdot K_t + I_t \qquad (6\text{-}2)$$

현재 시점(t)에 투입된 물적자본(K_t)는 생산과정에서 마모되고 수명이 줄어들면서 다음 시점(t+1)에 다다라서는 그 자본가치가 줄어든다. 경제학의 감가상각(depreciation) 개념이 이와 같은 자본의 마모 및 수명단축을 고려해 넣기 위한 것으로써, 초기 자본가치 중 감가상각으로 망실되는 비율을 감가상각률(δ)이라고 한다. 이 개념을 이용하여 현재시점에 생산과정에 투입되어 다음 시점까지 남아있는 물적자본의 양은 $(1-\delta) \cdot K_t$이 될 것이며, 여기에 기업이 새로이 투입한 투자(I_t)를 더함으로써 다음 시점의 물적자본의 양이 결정되는 것이다. 그러나 이 식의 현재 시점과 다음 시점은 편의상의 표기일 뿐, 이것이 반드시 1년이나 1분기, 또는 1달을 의미하는 것은 아니다. 예를 들어 반도체회사의 반도체 생산설비 및 장비, 자동차 회사의 신차 생산라인, 조선소의 선박건조용 도크 등은 토지 매입에서 시작하여 공장설립신청을 거쳐 준공 및 사용허가를 받아 생산에 투입하기까지 10년 이상 걸리는 경우도 많다. 반면 각종 장비나 소프트웨어 등은 구입·설치 후 생산에 투입되는 시간이 짧다. 따라서 일률적인 물적자본 형성 기간을 정하기는 어렵지만, 대체적으로 장기적인 흐름을 가지는 생산요소인 것은 분명하다. 따라서 물적자본 투입량은 단기보다는 장기추세와 관련성이 깊다는 것을 예상할 수 있다. 반면, 사회의 노동력은 그 사회가 보유한 생산가능인구, 더 나아가서는 그 사회의 총인구에 의해 큰 틀에서 결정되므로 장기적인 국민경제의 흐름은 결국 물적자본의 크기에 따라 결정되는 것이다. <그림 6-2>는 이와 같은 물적자본과 실질GDP 장기추세와의 밀접한 관계를 잘 보여준다. 따라서 경제의 장기균형연구는 물적자본과 GDP와의 관계를 집중적으로 탐구한다.

〈그림 6-2〉 우리나라의 실질GDP 장기추세와 물적자본의 관계

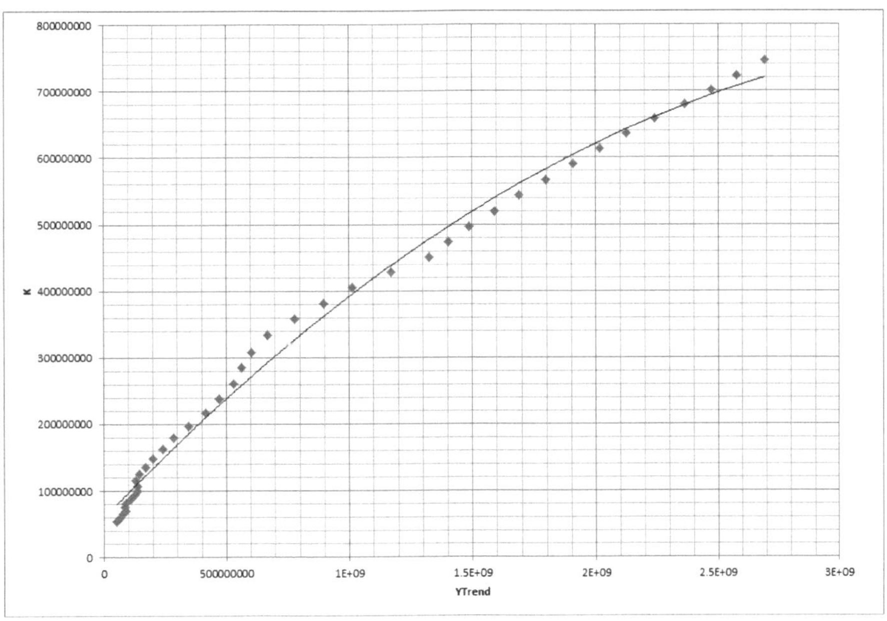

자료원: KIP database, http://www.kpc.or.kr

그러나 일상생활의 스케일로 눈을 돌려 보면, 우리는 단기적인 경기변동에 더 큰 영향을 받는다. 따라서 장기적인 경제변수의 흐름보다는 단기적인 경제 변수의 변화가 더 큰 관심사가 되기도 한다. 빠른 시간 내에 쉽게 투입량의 조정이 가능한 생산요소는 노동력이다. 노동투입량은 시간외근무, 일시적 lay-off, 신규 인력의 고용이나 정리해고 등의 방법으로 짧게는 몇 달에서 길어야 1년 이내에 비교적 용이하게 조절이 가능하다. 그러므로 노동 투입량은 경제의 단기변동과 매우 밀접한 관계를 갖는다. <그림 6-3>은 이러한 관계를 잘 보여준다. 여기서 '노동시간'과 '실질GDP'는 각각 경제의 경기변동적 측면을 살펴보기 위해 추세를 제거한 각 시리즈의 cycle적 요소를 추출한 자료이다. 이 두 변수간의 움직임은 서로 상관성이 매우 높아, GDP의 경기변동적 요소는 노동투입량과 매우 밀접한 관계를 가진다는 것을 한 눈에 알아볼 수 있다. 그러므로 경제의 중·단기 균형의 연구는 물적자본의 변화가 없다는 가정 하에 실질GDP와 고용 및 실업률의 관계를 집중적으로 탐구하는 것이 일반적인 접근방법이다.

〈그림 6-3〉 노동투입량과 실질GDP의 관계

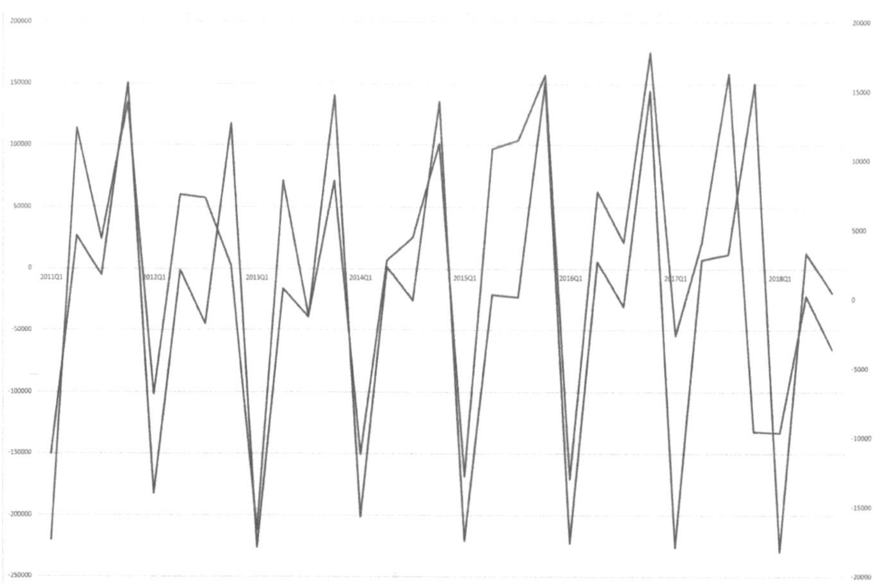

자료원: 한국은행 경제통계시스템, http://ecos.bok.or.kr

실질GDP에서 물적자본과 노동력이라는 두 개의 생산요소가 설명하고 남은 나머지 부분은 전반적인 생산기술 여건, 즉 **총요소생산성**(total factor productivity)의 기여분이라 할 수 있다. 그렇다면 총요소생산성은 무엇으로 구성되어 있는가? 대표적인 것이 기술수준인데, 기술수준은 생산기술, 경영노하우, 사회 전체의 기초과학 및 산업 응용기술 수준 등 다양한 기술 및 지식을 포함하는 총체적 개념이다. 뿐만 아니라 총요소생산성은 노동자들의 숙련도나 지능수준 등, 노동력에 체화되어 나타나는 **인적자본**(human capital)도 포함한다. 기술수준의 변화나 인적자본의 축적 등은 기업이나 공공기관의 R&D, 기초과학연구의 활성화, 교육 개혁, 사회정의 및 노사문화의 정착 등 인간의 노력여하에 따라 얼마든지 발전이 가능하다. 그러나 그 노력의 결과가 나타나기까지는 물적자본의 축적에 필요한 시간 보다 훨씬 더 오랜 시간이 필요하므로, 경제의 초장기적인 경제 추세에 영향을 미친다. 총요소생산성은 또한 일시적인 **생산성충격**(productivity shock)을 포함한다. 갑작스런 태풍, 홍수, 가뭄, 한파, 지진, 쓰나미(tsunami) 등과 같은 충격은 예상을 전혀 할 수 없거나 예상을 한다 해도 피해갈 수 없는 외부적 충격 요인이다. 이들은 농작물을 망치고, 생산시설을 파괴하며, 에너지투입량을 증가시키고, 노동의욕을 낮추는 등 생산에 부정적인 영향을 미친다. 반면 일조량이 풍부하여 과일이나 곡식이 잘 여물고, 적절한 강수량 등과 같은 호조건들은 생산량을 높여주는 긍정적 효과를 가진다. 이렇게 인류가 예방하거나 조정하기 어려운 외부 환경의 변화를 총칭하여 생산성충격이라 부른다. 생산성충격은 그 특성상 단기적이고, 일시적이며, 미리 예측하는 것이 거의 불가능하여 체계적인 연구가 매우 어렵다. 체계적으로 분석하기 어렵고 측정하기 어려운 모든 요소를 총칭하여 총요소생산성이라 부르는데, 정작 이것이 장기적인 경제성장에 가장 핵심적인 역할을 하는 것이다. 따라서, 최근의 경제성장론 연구는 총요소생산성에 대한 연구라 해도 과언이 아닐 만큼 방대하고 어려운 연구대상이기도 하다.

이와 같이 경제의 기간별 특성이 다르기에 경제학에서는 시간의 흐름을 크게 단기, 장기, 초장기 등 3 가지로 구분하여 분석을 한다. 단기는 노동력 투입량의 조절이 가능하나 물적자본과 기술수준의 변화는 없는 정도의 기간을 의미한다. 학자마다 다르지만 보통 단기를 1년~3년의 기간으로 보는 경우가 많다. 이 기간에 대한 경제분석은 주로 경기변동적 요인을 분석하게 된다. 이 분야를 연구하는 분야를 **경기변동론**이라 부른다. 반면, 장기는 노동력과 물적자본의 크기는 변화가 가능하나 기술수준의 변화는 이끌어내지 못 할 정도의 기간을, 초장기는 기술수준의 변화까지도 가능한 기간을 의미한다. 이들 기간에 대한 연구는 장기적인 경제성장의 결정요인, 기술의 발전 및 확산 과정 등을 분석하게 되며, 이를 연구하는 분야를 **경제성장론**이라 부른다.

6.2 경제성장

1. 경제의 장기 균형

1) 국가 간 성장 패턴의 차이

한 국가의 국민소득은 어떻게 결정되는 것일까? GDP를 결정하는 요인들은 무엇일까? 왜 어떤 국가는 빠른 경제성장으로 생활수준이 급격히 좋아지는데, 어떤 나라는 소득수준이 하락하거나 정체되어서 생활수준이 나아지지 않을까? 장기적으로 나라가 잘살아지려면 무엇을 해야 하는 것일까? 시간이 흐르면 모든 국가들의 생활수준은 비슷한 수준이 될 수 있을까? 아니면 국가들간의 생활 격차는 영원한 것이어서 선진국과 후진국의 운명은 이대로 정해지는 것일까? 이와 같은 의문은 경제학을 공부하는 학도에게 자연히 떠오르는 의문일 것이며, 오랜 연구역사를 가진 거시경제학의 핵심 연구 주제이기도 하다.

〈그림 6-4〉 여러국가의 1인당 실질 GDP 추이

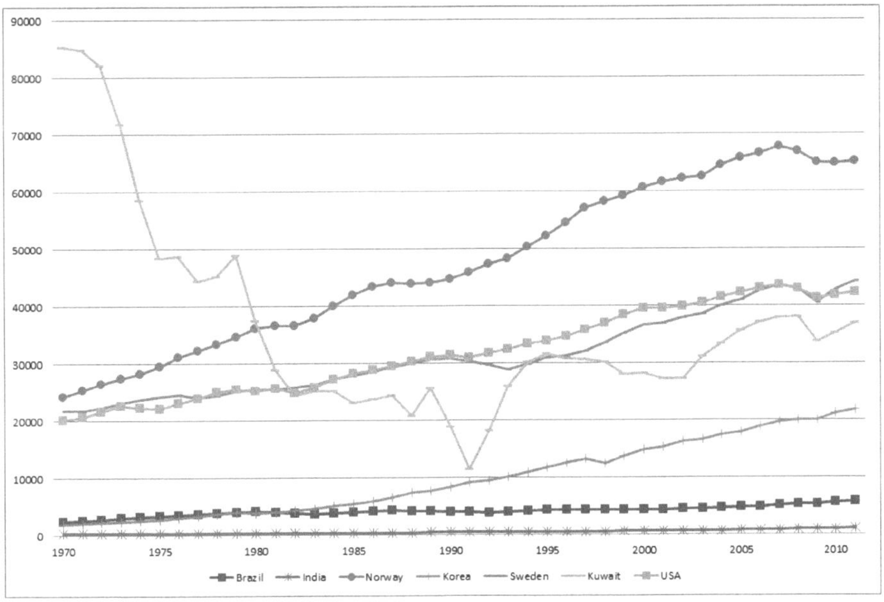

자료원: UN data, http://data.un.org/Default.aspx.

<그림 6-4>는 몇몇 국가의 1970년-2011년 기간의 1인당 실질GDP를 보여준다. 여기에서 보면 몇 가지 패턴이 보인다. 이 그래프의 국가들은 크게 두 부류로 나뉜다. 첫 번째 그룹은 미국, 스웨덴, 노르웨이 등 국가로 1970년에 1인당 실질 GDP가 이미 20,000$ 수준을 기록했던 선진국 그룹이다. 미국과 스웨덴은 1970년에 이미 1인당 실질GDP가 20,000$대로 최고 수준의 선진국이었으며 2011년 현재 40,000$ 이상을 기록하는 등 지금도 높은 소득을 자랑하는 국가이다. 그러나 이들 국가의 연평균 성장률은 각각 1.8% 1.7%의 낮은 성장률을 기록하였다. 이들은 초기의 소득수준은 높으나, 성장률은 낮은 전형적인 고소득-저성장 형태의 국가들이다. 두 번째 그룹은 앞의 그룹과는 반대 형태로, 우리나라, 브라질, 인도 등과 같은 개발도상국들이다. 이들은 1970년대의 1인당 실질 GDP가 매우 미약한 수준에서 시작한다. 인도의 1970년 1인당 실질GDP(2005년$ 기준)는 267$이었고, 2011년 현재는 1,065$로 41년간 연평균 3.4%의 성장률을 보인 셈이다. 우리나라의 경우 1970년의 1인당 실질GDP가 1,952$ 수준이었으나 2011년에는 21,824$로 상승하여 연평균 6.1%의 높은 경제성장률을 보이고 있다.

이와 같은 형태는 초기의 소득수준은 낮으나, 성장률은 매우 높은 전형적인 저소득-고성장 형태의 국가들이다. 이상을 통해 소득이 낮은 국가는 소득이 높은 국가보다 성장률이 대체로 높다는 일반적인 패턴을 읽어낼 수 있는데, 실제로 이런 현상이 대부분의 국가에서 관찰된다.

물론 하나의 그룹 안에서도 서로 다른 모습을 보이기도 한다. 선진국의 경우, 노르웨이는 미국이나 스웨덴과는 달리 높은 경제성장률을 보인다. 노르웨이의 연평균 1인당 실질GDP 성장률은 2.5% 정도이며, 이는 개도국인 브라질의 연평균 1인당 실질GDP 성장률보다도 높은 수치이다. 우리나라의 경우도 비슷하다. 다른 개도국보다 훨씬 더 높은 성장률을 보이며, 1960년대에는 원조 없이 경제를 유지하기 힘들었던 최빈국에서 2000년대에 이르러서는 OECD 회원국이자 개도국에 원조를 제공하는 원조공여국으로 처지가 뒤바뀌었다. 바로 이것이 거시경제학의 또 다른 중요한 질문이다. 비슷한 처지의 국가 중에서 높은 성장률을 보이며 앞서나가는 국가는 무엇이 달라서 그런 것일까?

또 하나 주목할 만한 국가는 쿠웨이트이다. 1970년에는 세계 최고의 부자국가이었던 쿠웨이트는 경제가 활력을 잃어 지속적으로 후퇴하는 양상을 보이고 있다. 1990년에 일어난 이라크의 쿠웨이트 침공으로 90년대 초의 침체기는 이해한다 해도, 전체적으로 이 경제의 부침이 심하고, 소득수준이 계속 하락하는 것을 무엇 때문일까? 이 역시 거시경제학이 대답해야할 의문점인 것이다.

2. 경제의 장기 성장 경로

앞의 <그림 6-4>에서 본 1인당 국민소득의 패턴 중, 소득수준이 낮은 나라는 성장률이 높고 소득수준이 높은 나라는 성장률이 낮다는 패턴을 읽어낸 바 있다. 이러한 패턴은 <그림 6-5>를 보면 더 명확하게 나타난다. 이 그림은 전세계 200여개 국가의 1970년 시점의 각국의 1인당 실질GDP와 1970년-2011년 40년간의 각 국가의 연평균 GDP 성장률 간의 상관관계를 보여주는 차트이다. 그림 중간의 실선은 이들 국가의 상관관계를 회귀분석하여 추산한 모습이다. 이 관계를 보면 소득 수준과 장기적인 경제성장률 간에는 역의 상관관계가 있다는 것을 명확하게 알 수 있다.

〈그림 6-5〉 소득수준과 경제성장률 간의 관계

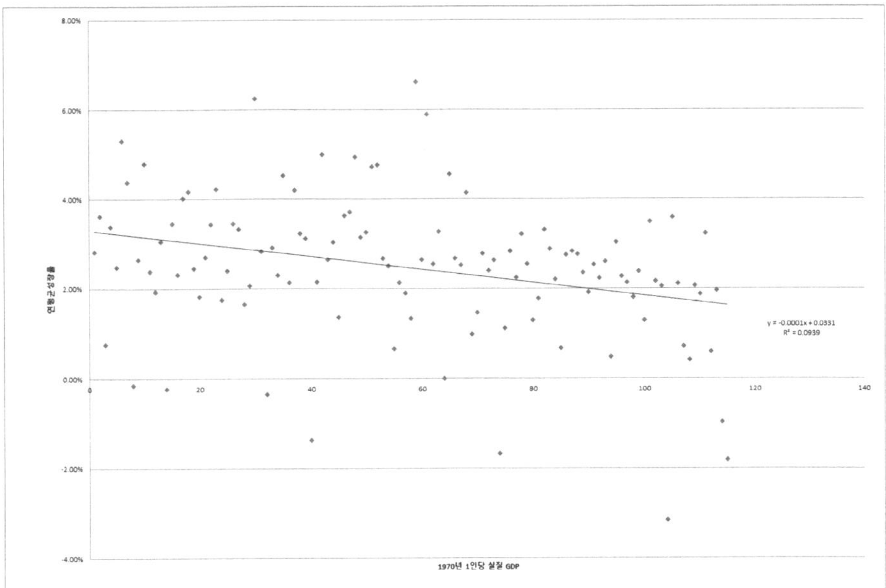

자료원: UN data, http://data.un.org/Default.aspx.

그렇다면 왜 이런 현상이 나타나는 것일까? 이는 바로 일반적인 국민경제가 보이는 생산함수의 특성 때문이다. 한 국가의 평균적인 국민 1인이 생산하는 1인당 GDP를 생산하는 함수를 $A \cdot F(k,1)$라고 할 때, 1인당 GDP는 1인당 물적자본량(k)와 총요소생산성(A) 단 두 요소에 의해 결정되게 된다. 그런데 A는 기술수준이나 인적자원 등 초장기에서나 변경이 가능한 요소이므로 인위적으로 조정이 가능한 생산요소는 오직 k 하나 뿐인 것이다.

일반적인 생산함수는 '수확체감의 법칙(the law of diminishing returns)'을 따른다. 즉, 자본의 한계생산성(marginal productivity)은 자본투입량이 늘어나면 늘어날수록 감소한다는 것이다. 따라서, 물적자본량(k)이 적은 나라는 1인당 GDP, 즉 $A \cdot F(k,1)$가 작지만, k를 한 단위 증가시켰을 때 늘어나는 생산량, 즉 자본의 한계생산성은 크므로 경제가 빨리 성장한다. 반면, 선진국과 같이 물적자본(k)이 많은 나라는 1인당 GDP가 크지만, k를 한 단위 증가시켰을 때 추가적으로 생산되는 자본의 한계생산성이 낮으므로 성장이 더딘 것이다. 따라서 경제가 발전하면 발전할수록 그 경제의 성장률은 낮아지는 것이 매우 자연스러운 현상인 것이다.

우리나라에서도 이와 같은 현상이 그대로 나타나고 있다. <그림 6-6>은 1970년부터 2010년까지 우리나라의 1인당 자본량과 1인당 실질GDP의 관계를 보여주고 있다. 우리나라는 지속적으로 경제성장을 하며 1인당 물적자본량과 1인당 실질GDP가 동반 성장하는 것을 볼 수 있다. 그러나 동시에 1인당 물적자본량이 증가하면서 1인당 GDP의 증가 속도가 계속 감소하는 모습을 볼 수 있는 것이다.

〈그림 6-6〉 물적자본의 증가에 따른 GDP의 변화

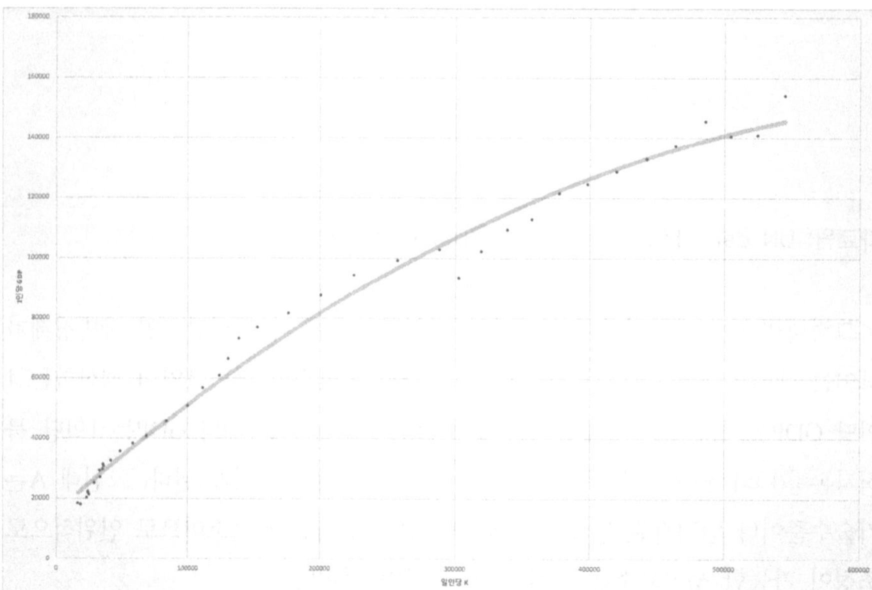

국민소득 수준이 높아질수록 성장률이 감소한다는 것은 언젠가는 경제성장이 멈추는 시점이 온다는 것을 의미한다. 자본의 감가상각률(δ)은 생산활동에 마지막으로 투입된 자본 1단위로 인해 유실되는 자본의 크기를 의미한다. 따라서 마지막에 투입된 자본이 가져다주는 추가적인 생산물인 자본의 한계생산성(MPK)이 감가상각률(δ)과 같아지는 지점이 경제의 물리적 성장한계점이 되는 것이다. 이는 고전적인 생산요소의 투입만으로는 어느 시점, 즉 MPK = δ 조건이 만족되는 지점에서 모든 경제가 성장이 멈추게 된다는 것을 의미한다. Solow-Swan 경제성장 모형은 '여타 조건이 동일하다면' 모든 경제는 동일한 1인당 GDP로 수렴하게 된다는 '소득수렴(income convergence)' 가설을 제시하였다. 앞서 보았던 선진국과 후진국의 경제성장률 차이는 이와 같은 소득수렴의 과정인 것이다.

그렇다면 모든 국가는 궁극적으로 동일한 소득수준으로 수렴하게 되는가? 1인당 소득수준이 비슷한 나라는 성장속도도 비슷해야 하는가? 앞서 <그림 6-4>에서 본 국가 간 성장패턴의 차이는 그렇지 않다는 것을 보여주고 있다. 이 차이를 유발하는 요인은 무엇일까? 그 요인인 바로 총요소생산성(A)의 차이에 있다. 앞서 살펴본 것처럼 총요소생산성은 기술수준, 인적자원, 사회안정성, 준법정신 및 직업윤리 등 많은 요인을 포괄하는 요소이다.

개인적인 차원에서 같은 시간을 공부해도 집중하는 학생과 주의가 산만한 학생은 공부의 성과에 큰 차이를 보인다. 즉 경제통계 상에 공부하는 시간은 똑 같아도 나타난 학업성과에서는 엄청난 격차가 나타나는 것이다. 직장에서도 마찬가지이다. 똑같은 하루 8시간 근무를 하더라도, 업무시간에 자주 차를 마시며 담소하든가 SNS를 즐기는 사원은 업무에 집중하는 사원과 업무성과에 큰 차이를 보인다. 이런 차이가 곧 국가 전체 생산함수의 A에 집약되어 나타나는 것이다. 같은 자원을 투입해도, 사업주의 2세에게 편법으로 기업승계를 하기 위해 법률연구에 힘쓰고 대정부 로비활동에 자원을 투입하는 회사가 많은 나라는 신기술개발을 위한 R&D에 연구 자원을 집중 투입하는 회사가 많은 나라에 비해 낮은 기술수준으로 인해 장기적으로 경제성장률이 낮게 나타날 수밖에 없다. 같은 교육비를 투입해도, 학생들에게 학문 탐구 정신과 창의성을 길러주는 나라는 대학입시를 목표로 시험점수를 높이기 위한 암기교육에 치중하는 나라보다 인적자원이 더 풍부하여 장기적인 성장률이 높아지게 된다.

이런 이유로 모든 국가는 연구개발(R&D)과 교육에 많은 자원을 투입하려 노력한다. 그러나 그 성과는 크게 다르게 나타난다. 여기에는 그 나라의 사회적 분위기, 정부의 청렴도, 역사적 배경 등 다양한 요인이 작용을 한다. 창의성 교육, 기업가 정신의 고양, 기초학문 연구와 기술개발의 중요성 등이 국가의 장기적 성장에 핵심적인 요소라는 것은 누구나 다 아는 사실이다. 문제는 어떻게 이를 실천하는 구조를 만드느냐 하는 것이다.

6.3 국민경제의 단기 균형

단기는 물적자본의 크기가 변하지 않는 기간을 의미하므로 총생산에 영향을 미치는 생산요소는 노동투입량에 국한한다. 따라서 단기균형 분석의 핵심은 각 시장의 상호작용에 의해 고용량과 단기생산량이 어떻게 결정되는지를 살펴보는 것이다.

1. 개별 시장의 균형: 부분균형(partial equilibrium)

1) 소득과 물가: 실물시장의 균형

(1) 실물시장의 개념

실물시장의 균형은 앞의 미시경제학 부문에서 배운 시장균형과 그 내용이 거의 동일하다. 실물시장에서는 TV, 커피, 자동차, 헤어컷, 금융서비스 등 다양한 유·무형의 상품이 거래된다. 이들 각각의 상품에 대한 수요와 공급이 있고, 수요와 공급이 특정한 가격에서 일치할 때 각각의 시장은 균형을 이룬다. 이러한 각각의 시장이 모두 동시에 균형을 이루는 상황이 실물시장의 균형이다. 그러나 국민경제를 다루는 입장에서는 수없이 많은 이들 시장을 일일이 분석할 수 없다. 따라서 이들 시장을 하나의 시장으로 통합하여 분석을 하는 방법을 사용한다. 이 때 사용하는 방식이 앞의 4.3절에서 알아보았던 가치 환산 방식이다. 즉, 거래되는 각각의 상품의 가치(시장가치)를 판단하여 그 가치를 합산하는 방식이다. 실물시장에서 거래되는 상품의 총가치가 바로 GDP, 즉 소득(Y)이 되는 것이며, 따라서 우리가 분석하는 실물시장은 '실질소득(Y)'이라는 가상의 재화가 거래되는 시장이다.

'소득'은 실물시장에서 거래되는 재화이므로 가격이 있다. 가격은 시간의 흐름에 따라 변하므로 그 변화를 추적하기 위하여 물가지수를 계산한다. GDP에 대한 물가지수는 GDP deflator이며, 따라서 실질소득에 대한 가격(P)이 바로

GDP deflator 이다. 이미 4장에서 배운 바와 같이, 물가지수의 계산을 위해서는 기준시점을 정하는 것이 필요하다. 기준시점의 소득 1단위의 가격을 1원으로 놓아야 하기 때문이다. 거래되는 모든 상품의 가격을 거래시점과 관계없이 기준시점의 가격으로 환산하여 구한 GDP가 바로 실질GDP이며, 기준시점의 가격이 아닌 거래시점의 가격으로 환산하여 구한 GDP가 바로 명목GDP인 것이다. 명목GDP는 실질GDP(Y)와 GDP deflator(P)를 곱한 값과 정확하게 일치한다.

(2) 실물수요: 총수요(aggregate demand)

앞에서 우리는 '생산량 = 구매량' 등가원칙을 배운 바 있다. 식 (6-3)의 의미이다. 그러나 이 식은 당연히 성립하는 것이 아니고, 경제가 균형일 경우에만 성립이 된다. 즉, 이 식은 바로 실물시장의 **균형조건식**인 것이다. 우리가 GDP 추계에서 이 식을 당연하게 사용하는 이유는 바로 우리가 이미 '균형상태에 다다른' 경제를 관찰하고 있기 때문이다.

$$Y = C + I + G + NX \qquad (6\text{-}3)$$

그러면, 균형에 도달하기 이전의 상태로 돌아가 보자. 식 (6-3)의 오른쪽은 각 경제주체들의 실물 수요를 나타낸다. 주어진 가격에 따른 가계의 소비의사(C), 기업의 투자의사(I), 정부의 재정지출(G) 계획을 다 합쳐 놓은 것을 총수요(aggregate demand; AD) 곡선이라고 부른다. 본 장에서는 폐쇄경제를 다루므로 자동적으로 순수출(NX)=0 조건이 성립된다. 그림 6-7a의 AD곡선이 바로 총수요 곡선이다. 총수요 곡선은 일반 수요곡선과 같이 가격에 대해 우하향하는 모습을 보인다. 즉 상품의 가격이 오르면 수요가 감소하고, 가격이 내리면 수요가 증가하는 것이다. 또한 이자율(r)이 증가하면 투자(I)와 소비(C)가 감소하므로 수요가 줄어든다. 이는 AD곡선이 좌측으로 평행이동 하는 결과를 가져온다.

(3) 실물공급: 총공급(aggregate supply)

식 (6-3)의 왼쪽 Y는 생산자가 공급하려는 의도를 의미한다. 주어진 가격에 생산자가 얼마만큼 공급할 것인지는 생산기술의 수준에 따른다. 생산기술이 좋은 기업은 낮은 가격에도 재화의 공급이 가능하지만, 생산기술이 낙후된 기업은 어느 정도 이상의 높은 가격을 받아야만 공급이 가능할 것이다. 경제 전체의 다양한 생산기술을 가진 공급자들의 공급의도를 모아 놓은 것을 총공급(aggregate supply; AS) 곡선이라고 부르며, 이 곡선은 아래 <그림 6-7a>에서 보는 바와 같이, 가격에 대해 우상향하는 그래프를 가진다. 생산을 위해서는 고용을 해야 하므로 총공급(AS) 곡선은 임금에 의해 영향을 받는다. 임금이 오르면 생산원가가 상승하고, 더 높은 가격을 받아야만 생산자의 적정 이윤이 보장된다. 따라서 임금이 오르면 총공급곡선이 위로(좌로) 이동한다.

(4) 실물시장의 균형

실물시장의 균형은 총수요 곡선과 총공급 곡선이 교차하는 점에서 균형이 이루어진다. <그림6-7a>의 P*와 Y*가 실물시장의 균형 가격(물가)과 균형 수급량(소득)이다. 실물시장이 균형을 찾아가는 방식도 일반시장과 동일하다. <그림 6-7b>에서 보는 바와 같이, 물가가 균형가격(P*)보다 높은 P^H일 때는 시장의 총공급 물량(Y^H)이 총수요 물량(Y^L) 보다 많으므로 과잉공급이 발생한다. 이때는 자신의 공급물량을 팔지 못할 것으로 우려되는 기업들이 가격을 낮추면서 균형점으로 도달하려는 움직임이 발생한다. 반대로 물가가 균형가격 보다 낮은 P^L일 경우에는 총수요 물량(Y^H)이 총공급 물량(Y^L) 보다 많아지면서 품귀현상이 발생하고, 따라서 구매 욕구를 충족시키기 위해 더 높은 가격을 지불하려는 움직임이 발생한다. 즉, 균형점으로 이동하기 위한 동력이 생기는 것이다. 이렇게 정책당국의 인위적인 개입이 없이도 시장경제에서 균형을 찾아가는 과정을 영국의 경제학자 아담스미스(A. Smith)는 '보이지 않는 손(invisible hand)'에 빗대어 설명하였다. 즉, 경제주체들이 특별히 선의를 가지지도 않고 자신의 이익을 추구하는 이기적인 행동만으로도 경제는 균형을 찾아갈 수 있으며, 이때 가장 효율적인 자원배분이 이뤄진다는 것이다. 마치 천사가 선의를 가지고 최선의 답을 찾을 수 있도록 시장을 이끄는 것과 같다하여 붙인 말인 것이다.

〈그림 6-7〉 실물시장의 균형

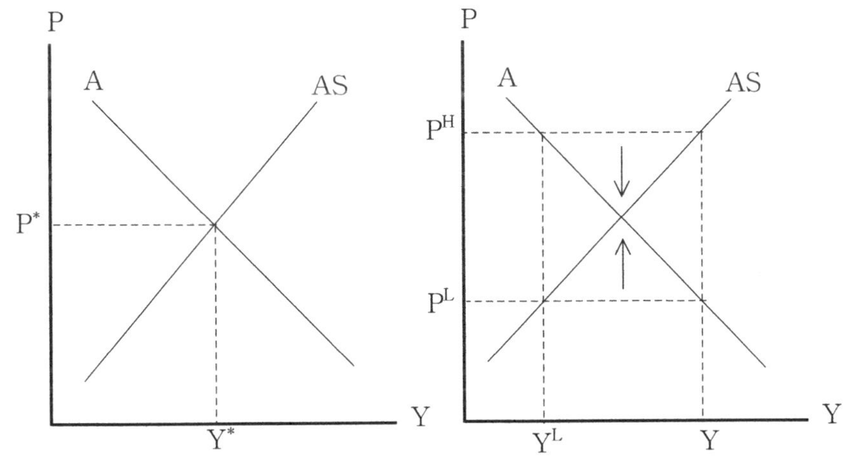

(a) 실물시장 균형 (b) '보이지 않는 손'의 작용

2) 통화와 이자율: 통화시장의 균형

우리가 분석하는 소득은 실질 GDP, 즉 실물단위이므로 일관성을 갖추기 위해 통화시장에서도 실물단위로 분석을 한다. 실질통화량은 통화량을 실물거래 단위로 표시한 것을 의미한다. 즉 사과가 1개에 1000원이라면, 5000원은 사과 5개의 통화량이다. 이후에서는 명목통화량을 명시적으로 언급하지 않는 경우, 통화량은 실질통화량을 의미한다.

(1) 중앙은행의 통화 공급

통화의 공급은 중앙은행의 의무이자 독점적 권한이다. 우리나라는 한국은행의 정책결정기구인 금융통화위원회에서 통화정책을 결정한다. 5장에서 통화의 정의와 통화의 창출과정, 그리고 중앙은행이 통화량을 조정하는 방법에 대해 자세히 알아보았다. 따라서, 본 절에서는 간결하게 명목통화 공급량은 중앙은행의 의지에 따라 임의적으로 결정되는 외생변수로 취급한다.

〈그림 6-8〉 실질통화공급곡선의 모양과 실질통화공급곡선의 이동

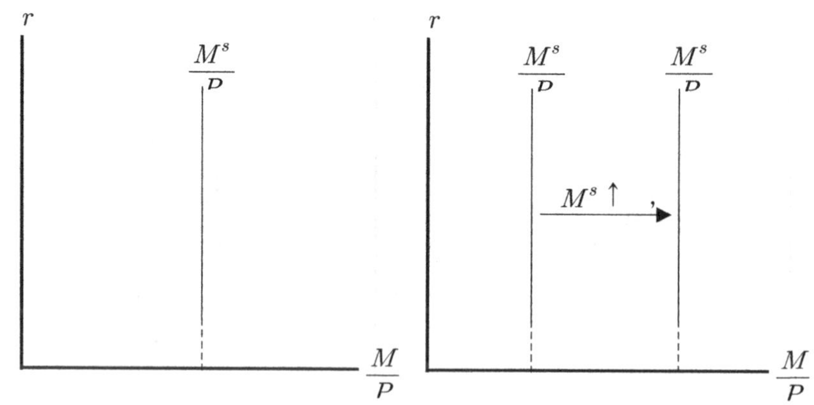

(a) 실질통화 공급곡선 (b) 실질통화 공급량의 변화요인

실질통화 공급곡선은 <그림 6-8>의 왼쪽패널과 같은 모양을 하고 있다. 중앙은행이 결정한 명목통화 공급량은 이자율의 오르내림에 영향을 받지 않으므로 실질통화 공급곡선은 수직선의 모양을 갖는다. 실질통화 공급량이 변하는 원인은 두 가지가 존재한다. 그 첫째는 중앙은행의 명목통화 공급량 조정이다. 명목통화 공급량이 늘어나면, 고정된 물가수준에서 실질통화 공급량이 늘어나는 것은 당연한 이치이다. 실질통화 공급량이 변하는 두 번째 원인은 물가수준의 변화이다. 물가수준이 하락하면 명목통화 공급량이 같은 수준으로 유지돼도 실질통화 공급량이 늘어나는 것이다. 이와 같은 변화는 <그림 6-8> 오른쪽 패널의 실질통화 공급곡선의 우방향 이동으로 나타난다.

(2) 실질통화 수요

통화수요는 한 마디로 '국민이 보유하고자 하는 돈의 액수'를 의미한다. 우리가 흔히 "돈이 필요해."라고 말하는데, 이 때 돈은 구매력, 즉 물건을 구매할 수 있는 권리, 달리 말하면 '소득'이 필요하다는 뜻이다. 그러나 통화수요는 그런 의미가 아니라, 물리적 실체인 화폐, 즉 '현금'이 필요하다는 것을 의미한다. 수십만 평의 땅을 가지고 있고, 큰 빌딩을 여러 채 가지고 있어서, 원하는 것은 무

엇이든 얻을 수 있는 막강한 구매력을 가진 부자라도 '현금'이 필요하다는 말이다. 왜 그럴까? 일찍이 케인즈(J. M. Keynes, 1883-1946)는 다음의 3가지 이유로 통화수요가 발생한다고 갈파하였다.

그 첫째가 거래목적의 **통화수요**(transactional demand for money)이다. 통화는 거래의 매개체이다. 따라서 실물시장의 균형점에서 거래가 성사되기 위해서는 그 거래를 매개할 '돈'을 기래당사자가 가지고 있어야 한다. 가계의 소비, 기업의 투자, 정부의 재정지출 모두 예외 없이 거래를 매개할 충분한 양의 돈을 확보하여야 한다. 따라서 이들 실물거래를 매개할 만큼의 통화수요가 발생한다. 케인즈가 언급한 두 번째 통화수요는 **예방목적의 통화수요**(precautionary demand for money)이다. 사람의 삶은 불확실성으로 가득 차 있다. 갑자기 교통사고가 날 수도 있고, 태풍피해로 집을 수리해야 할 경우도 있고, 병이 생겨 병원신세를 져야 할 경우도 있다. 이런 경우에 대비하지 않고 모두 금융상품이나 부동산에 자산을 잠겨 놓는다는 것은 좋은 생각이 아니다. 급한 상황이 닥쳤을 때 쓸 수 있도록, 사람들은 현금통화를 일정액 보유한다. 케인즈가 언급한 세 번째 통화수요는 **투기목적의 통화수요**(speculative demand for money)이다. 사람들이 자산 port-folio를 구성할 때, 부동산, 현금, 유가증권 등 여러 가지 자산에 분산 보유한다. 현금을 제외한 모든 자산은 수익을 창출할 수 있으며, 사람들은 그러한 목적으로 이들 자산을 보유한다. 수익성이 높은 자산이 나타나면 언제든지 낚아챌 수 있도록 자산 중 일정 비율의 현금을 보유한다.

이들 3 유형의 통화수요를 다 합하면 **실질통화수요**(real demand for money)가 된다. 실질통화수요는 실질이자율(r)과 반대로 움직인다. 보유함으로써 수익을 얻을 수 있는 다른 자산과는 달리 현금통화는 수익을 얻지 못한다. 다른 자산으로부터 얻는 수익률이 실질이자율(r)이라고 할 때, 현금보유는 1원당 r원의 기회비용이 발생한다. 따라서 실질이자율(r)이 증가하면 현금보유의 기회비용이 커지므로 현금보유 대신 다른 수익자산을 보유하려는 움직임이 발생한다. 통화수요가 실질이자율과 반대로 움직이는 이유이다. 이러한 관계는 <그림 6-9a>처럼 우하향 하는 실질통화 수요곡선으로 나타난다.

〈그림 6-9〉 실질통화수요

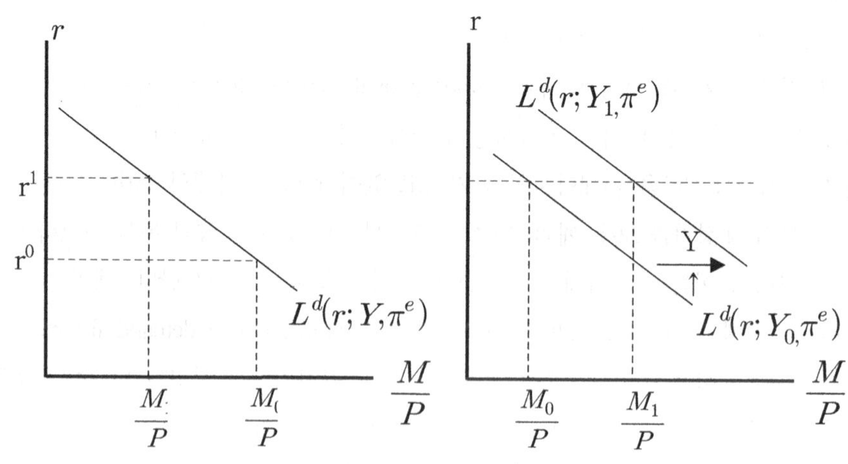

통화수요는 소득과 같은 방향으로 움직인다. 소득이 높다는 것은 그만큼 소비도 많이 한다는 것을 의미하며, 높아진 소비 거래를 매개할 거래적 동기의 통화수요도 증가한다는 것을 의미한다. 이는 <그림 6-7b>의 통화수요곡선의 우방향 이동으로 나다난다. 이 밖에도 인플레이션 예측치(π^e)가 증가하면 통화수요는 줄어든다. 물가가 오르면 '통화'의 가치가 감소하므로 가급적 현금통화를 보유하려 하지 않기 때문이다.

(3) 통화시장의 균형

앞에서 우리는 통화수요와 통화공급이 어떻게 결정되고, 어떤 요인에 의해 영향을 받는지 살펴보았다. 주어진 실질이자율 하에서 통화수요와 통화공급이 같아질 때 통화시장은 균형을 이루며, 이때의 이자율이 통화시장의 균형이자율이 되는 것이다. <그림 6-10>은 통화시장의 균형을 시각적으로 보여준다. 실질통화수요곡선인 L^d 커브와 실질통화공급곡선인 $\frac{M^s}{P}$ 커브가 교차하는 지점이 통화시장의 균형점이며, 이때의 이자율 r^*가 통화시장의 균형이자율이다.

〈그림 6-10〉 통화시장의 균형

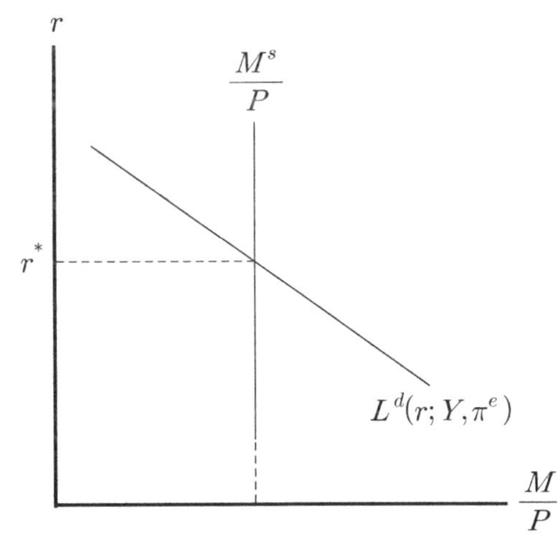

3) 고용과 임금: 노동시장의 균형

(1) 노동수요곡선

마치 재화나 용역의 시장에서 수요곡선이 있었던 것처럼 노동시장에서도 수요곡선이 존재한다. 단지 노동시장에서의 수요자는 노동력을 필요로 하는 기업이고 공급자는 노동력을 제공하는 노동자들의 집합체인 것만 다를 뿐이다. 일반 재화 시장에서의 경우와 같이 노동수요곡선도 우하향하는 모습을 띈다. 즉 시간당 임금이 올라가면 올라갈수록 노동수요는 줄고, 시간당 임금이 내려가면 내려갈수록 노동수요는 증가한다는 수요의 법칙이 적용된다는 것이다.

그렇다면 노동시장의 수요곡선은 왜 우하향하는 경향을 띨까? 노동수요곡선의 우하향성은 기업의 이윤극대화 행위의 결과이다. 현재의 고용상황에서 마지막에 고용했던 노동자가 추가적으로 생산한 추가생산량이 **노동의 한계생산성**(marginal product of labor, MPL)이다. 기업은 마지막에 투입된 노동자로부터 얻어낸 수입, 즉**노동의 한계수입**(marginal revenue product of labor, $MRP_L = MP_L \times P$)이 노동자에게 지불하는 임금(W)과 같은 수준에서 고용을 하고자 할 것이다.

$MRP_L > W$의 조건이 성립된다면 기업주는 마지막 노동자를 고용함으로서 $MRP_L - W$ 만큼의 이익을 창출한 셈이 된다. 따라서 이윤을 극대화하는 경영자는 $MRP_L >$ 시장임금(W)의 조건이 만족되는 한은 지속적으로 고용을 늘려나가게 된다. 그러나 반대로 $MRP_L <$ 시장임금(W)의 조건이 성립되면 마지막 노동자를 고용함으로 인해 $W - MRP_L$ 만큼의 손실이 발생하므로 고용을 계속 줄여나가게 된다. 결국 기업의 이윤이 극대화되기 위해서는 $MRP_L =$ 시장임금(W)의 조건이 만족되어야 하는 것이다.

이윤극대화를 하는 기업은 임금수준이 노동의 한계수입곡선과 일치하는 점에서 고용수준을 결정한다. 그러므로 기업의 노동의 한계수입곡선이 그 기업의 노동수요곡선이 되는 것이다. 그런데 노동의 한계수입곡선은 노동투입량의 함수이고, 한계수확체감의 법칙에 의해 노동의 투입량이 늘어남에 따라 노동생산성은 감소한다. 따라서 <그림 6-11>에서 보는 바와 같이 **기업의 노동수요는 임금이 상승하면 감소하고 임금이 하락하면 증가한다는** 것을 알 수 있다.

〈그림 6-11〉 기업의 노동수요곡선

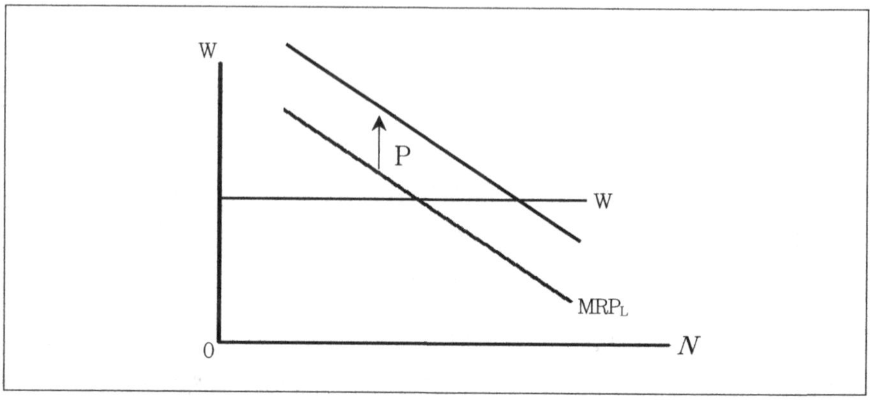

노동수요곡선은 노동의 한계수입 곡선과 동일하므로 물가(P)가 상승하면 상승한다. 또한 기업의 생산성이 향상되어 노동의 한계생산성이 높아지면 노동수요곡선 역시 위로 상승한다. 즉 생산품의 가격이 오르거나 생산성이 향상되어 단위 노동투입당 생산량이 많아지면 노동의 한계수입이 높아지므로 더 높은 임금을 지급할 의사가 생긴다는 것이며, 이는 곧 노동수요곡선의 상향이동으로 나타나게 된다.

(2) 노동공급곡선

가계의 노동 공급은 여러 가지 요인에 의해 결정된다. 그러나 그중 가장 중요하게 작용하는 요인은 역시 임금수준과 소득수준이 될 것이다. 일반적으로 임금수준이 높아질수록 근로의욕은 높아지게 마련이다. 즉 일과 여가를 선택함에 있어서 일을 함으로부터 오는 이득이 커지게 되면 노동시간을 늘려서 여가를 대체한다는 것이다. 이것이 임금인상의 **대체효과**(substitution effect)이다. 반면에 소득이 높으면 높을수록 여가와 휴식에 대한 욕구가 증가한다. 이와 같은 현상은 부유층이 비교적 여가를 많이 누리는 현상과 무관하지 않다. 그런데 임금이 높아지면 소득도 같이 증가하는 현상을 보인다. 따라서 임금이 높아지면서 일보다는 여가를 즐기려는 마찰이 함께 존재하게 된다. 이것이 임금인상의 **소득효과**(income effect)이다. 결국 임금의 변화에 따른 노동력의 공급은 이 두 효과의 크기에 의해 결정이 되게 마련이다. 통상적으로 낮은 임금의 단계에서는 대체효과가 소득효과를 상쇄하고도 남을 만큼 크다. 따라서 임금이 증가하면서 노동공급량도 늘어나는 현상을 보인다. 그러나 임금이 어느 정도 이상이 되면 소득효과가 대체효과를 압도하게 된다. 이 구간에서는 임금이 증가하면서 노동의 공급량이 감소하는 현상을 보인다. 따라서 노동의 공급곡선은 마치 부메랑이 높이 날면서 꺾어져 돌아오는 듯한 모양을 가진다.

(3) 노동시장 균형

노동수요곡선(labor demand curve)은 개별 기업의 노동수요곡선을 노동시장 전체로 모아 놓은 것이고 노동공급곡선(labor supply curve)은 개개인의 노동공급곡선을 노동시장 전체로 모아 놓은 것이다. 이들 두 곡선을 한 그래프로 모아 놓은 것이 <그림 6-12>이다. 시장의 균형은 수요와 공급이 일치하는 점에서 이루어진다. 따라서 노동시장의 균형가격, 즉 균형임금은 노동수요곡선과 노동공급곡선이 만나는 점에서 결정이 된다. 노동시장의 균형점에서는 명목임금은 W*가 되고 고용수준은 N*가 된다. N*는 국가 전체의 총 고용량이며, 단기적으로는 총요소생산성과 물적자본에 변동이 없으므로 이 고용수준에 의해 한 국가의 생산량이 결정된다.

〈그림 6-12〉 노동시장의 균형

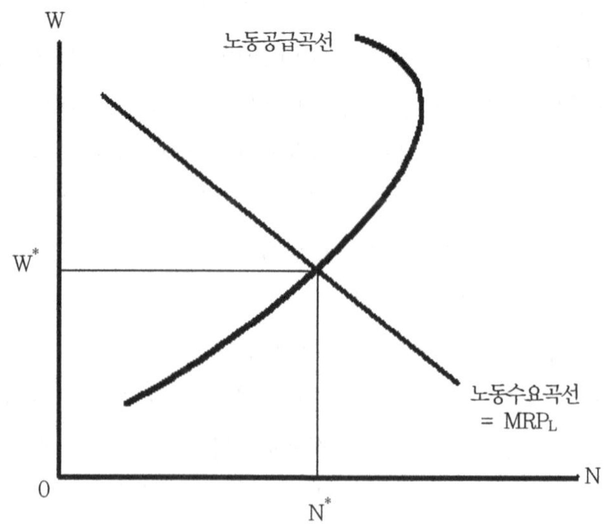

이 균형 분석은 고전학파 경제학의 시장이론에 근거한 분석이다. 이 이론에 따르면 노동공급곡선 자체가 주어진 임금에 일하고자 하는 가계의 노동공급 의도를 나타내는 것이므로, 노동공급곡선 상에서 균형이 이뤄진다는 사실은 완전고용 상태에 도달했다는 것을 의미한다. 즉 주어진 조건에 일하고자 하는 사람은 모두 고용이 되어 일을 하는 것을 의미한다. 그러나 현실에서는 일정수준 이상의 실업률이 항상 존재하며, 이로 인해 고전학파 이론이 비판을 받기도 했다. 그러나 완전고용 상태에서도 실업은 다음과 같은 이유로 항상 존재한다.

그 하나는 '마찰적실업'이다. '마찰적실업(frictional unemployment)'은 구인자와 구직자가 짝을 찾는 과정에서 발생하는 실업이다. 이전 직장에서 퇴직을 하고 다른 직장을 구하는 경우에는 어느 정도 시간이 걸리기 마련이다. 이러한 경우는 일시적인 실업상태에 들어가게 되는데, 경제전체를 놓고 보면 항상 이러한 실업이 일정 수준 관찰되게 마련이다. 사람들은 이런 저런 이유로 항상 이직을 하기 때문이다. 정부의 권역별 고용정보센터나 인터넷 고용정보포털의 운영 등은 구인자와 구직자 간의 상호정보 교환을 용이하게 함으로써 마찰적실업을 줄이려는 정부의 노력이라 할 수 있다. 실업이 항상 존재하는 또 하나의 이유는 '구조적실업(structural unemployment)'이다. 경기변동이나, 기술발달로 인한 산업구조의 변화는 상시적으로 일어난다. 이동통신, AI, 드론 등 새로운 기술이 등장하고 이에 대한 수요가 늘어나면서 게임방, 필름카메라 등과 같은 기존 산업은 쇠퇴한다. 이 때 불가피하게 인력 구조조정과 산업간 인력이동이 시작되는데, 이 때 발생하는 실업이 구조적실업인 것이다. 노동조합, 정부의 규제 등도 고질적인 실업을 유발하는 요인이다. 이런 등등의 이유로 노동시장이 균형을 이룬 상태에서도 실업은 항상 존재한다. 완전고용 상태에서의 실업률을 완전고용 실업률(full-employment level of unemploymet) 또는 자연실업률(natural rate of unemployment)라고 부른다.

2. 국민경제 전체의 균형: 일반균형(general equilibrium)

앞서 우리는 실물시장, 통화시장, 노동시장에서의 균형과 균형 가격이 어떻게 결정되는지 살펴보았다. 각각의 시장에서는 수량지표, 즉 실질GDP(Y), 실질통화량($\frac{M}{P}$), 고용량(N) 등과 각각 시장의 가격지표, 즉 물가(P), 실질이자율(r), 명목임금(W) 등이 어떻게 결정되는지 살펴보았다. 그러나 이들 지표들은 각각의 시장에서 독립적으로 결정되는 것이 아니다. 앞서 살펴 본 3개의 시장은 가격변수를 매개로 서로 연결되어 있어, 한 시장의 움직임은 다른 시장에 영향을 미친다. 이들 3개의 시장에서 모두 동시에 균형이 이루어지면, 비로소 국민경제가 균형을 찾으며, 국민경제의 톱니바퀴가 돌아가기 시작할 것이다. 따라서 신호를 주고받으며 영향을 주고받으면서 3개의 시장이 동시에 균형이 이루어질 때, 국민경제 균형에 도달하는 것이다.

우선 실물시장에서 결정된 소득(Y)와 물가(P)는 통화시장에 영향을 미친다. 물가는 앞의 통화시장 분석에서 본 바와 같이, 시중에 풀려있는 명목통화공급량

(M^S)의 실질통화공급량을 결정한다. 또한, 소득은 실질통화수요의 크기를 결정한다. 통화시장의 수요와 공급이 일치하는 균형 실질이자율(r)은 다시 총수요에 영향을 미친다. 총수요를 구성하는 요소 중 투자(I)와 소비(C)는 이자율에 영향을 받기 때문이다. 이자율이 높으면 소비보다는 저축(S)가 증가하고, 투자(I)는 축소되게 마련이다. 결정된 총수요가 초기에 설정된 소득(Y)와 일치하지 않으면 경제는 다시 조정과정에 돌입하게 되는 것이다. 이와 같이, 실물시장과 통화시장은 물가와 이자율을 매개로 서로 관계를 맺으며 영향을 주고받는다.

실물시장과의 상호작용은 노동시장과도 일어난다. 노동시장에서 결정된 균형임금(W)과 고용량(N)이 실물시장에서 결정된 균형 소득(Y)을 생산할 수 있는 수준이어야 한다. 균형고용량이 실물시장에서 결정된 소득(Y)를 충분히 공급할 수준이 되지 못한다면 실물시장에서 조정이 일어날 것이기 때문이다. 또한 실물시장에서 결정된 물가(P)는 기업의 노동의 한계수입(MRP_L)에 영향을 미치므로 노동수요곡선을 위치를 결정한다. 주어진 명목임금(W) 하에서 기업이 원하는 고용규모가 노동공급량이 일치하지 않으면 노동시장에서 균형임금이 조정되는 결과를 초래한다. 조정된 균형임금은 다시 기업의 생산원가에 영향을 미치므로 실물시장의 총공급곡선의 이동을 초래하여 실물시장이 다시 조정되어야만 하게 되는 것이다. 이렇게 실물시장과 노동시장은 물가와 임금이라는 가격변수를 매개로 상호간 관계를 맺고 영향을 주고받는다.

이렇게 3개의 시장은 서로 영향을 주고받으며, 조정되는 과정을 거쳐 모든 시장이 동시에 균형이 이루어질 때 비로소 거시경제 균형이 찾아지는 것이다.

6.4 경제정책과 경기변동

본 장에서는 정책이나 외부의 충격이 이들 3개 시장의 상호작용으로 인해 단기적인 거시경제 균형에 어떤 효과를 가져오는지 검토해보기로 한다.

1. 내생변수와 외생변수

정책을 논하기 이전에 경제주체인 가계, 기업, 정부는 어떤 결정을 하며, 어떤 선택의 여지가 있는지 알아볼 필요가 있다. 이를 위해서는 내생변수와 외생변수의 개념에 대한 이해가 필요하다. <표 6-1>을 통해 이들 개념을 알아보도록 한다.

외딴 마을에 원시부족이 살고 있다고 하자. 문명인들이 이 마을에 생활도구를 주고, 사용법을 가르쳐 준다. 처음에는 case1과 같이, 호미 10자루, 덫 1개를 제공했다고 하자. 그렇다면 이 마을 사람들이 주로 섭취하는 영양소는 탄수화물이 될 가능성이 크다. 덫으로 조금이나마 동물을 잡아 단백질을 섭취하기는 하겠지만 그 양은 제한적일 것이다. 반면 마을 사람들은 상대적으로 풍부한 농경도구를 이용한 작물재배에 더 집중하게 되고, 그 결과 풍부하게 수확한 곡식으로부터 섭취하는 탄수화물이 대부분을 차지할 것이기 때문이다. 그러나 반대로 case 2와 같이, 덫이 10개가 주어지고 호미가 1자루가 주어졌다면 이 마을사람들이 섭취하는 주된 영양소는 단백질과 지방으로 바뀌게 될 것이다. 호미 1자루로 농사를 지어 수확할 수 있는 곡식은 얼마 되지 않을 것이며 따라서 탄수화물의 섭취는 제한적일 것이기 때문이다. 그들은 상대적으로 풍부한 덫을 이용한 수렵에 치중할 것이며, 그렇게 잡은 많은 동물들로부터 풍부한 단백질과 지방을 섭취할 것이기 때문이다.

〈표 6-1〉 외생변수와 내생변수: 주어진 조건과 결과적 균형 (예시)

	주어진 도구 (조건)		1일 섭취 영양소 (결과적 균형)		
	호미	덫	탄수화물	지방	단백질
case 1	10	1	1800Kcal	200Kcal	200Kcal
case 2	1	10	400Kcal	800Kcal	800Kcal
case 3	10	3	1800Kcal	500Kcal	500Kcal

이 원시부족의 영양 상태를 조사해 본 결과 case1과 case2의 경우 모두 부족원들이 심각한 영양실조 현상을 보인다고 판단한 문명인들은 case 3과 같이 호미 10개와 덫 3개를 공급하기로 결정한다. 그제서야 비로서 부족원들은 탄수화물,

지방, 단백질로부터 고르게 충분한 영양을 섭취하고 건강하게 생활할 수 있게 되었다.

이 예에서, 원시부족은 주어진 도구를 가지고 최대한의 영양소를 수확하려고 노력하였으며, 그 결과로 표와 같이 탄수화물, 단백질, 지방 등을 섭취하였다. 이와 같이, 주어진 조건 하에서 최선의 선택을 하고 그 결과로 결정되는 변수, 즉 한 시스템 내의 구성원이 선택할 수 있는 변수를 **내생변수**(endogenous variable)라고 부른다. 반면 문명인이 제공한 호미와 덫의 개수처럼 경제시스템 내의 구성원이 결정하지 못하고 받아들일 수밖에 없는 주어진 조건, 즉, 시스템 외부에서 결정되는 변수를 **외생변수**(exogenous variable)라고 부른다. 그러나 제공되는 호미와 덫의 개수는 원시부족의 입장에서는 외생변수이지만, 문명인의 입장에서는 외생변수가 아닌 내생변수이다. 문명인의 입장에서는 원시부족이 생태계 파괴를 하지 않으면서도 건강하게 생활할 수 있도록 외부조건을 조정함으로써 자연보호와 원시부족의 생활수준 유지를 위해 결정하는 결정변수, 즉 내생변수인 것이다. 그러나 이들 문명인에게도 어쩔 수 없는 조건들이 있다. 예를 들어, 이 원시부족 마을에 사막화가 진행된다면, 문명인들이 호미와 덫을 무한정으로 공급해도 원시부족은 멸망하게 된다. 이 경우, 문명인들에게는 호미와 덫 등 도구의 개수, 탄수화물, 지방, 단백질 등 영양소의 섭취량은 모두 내생변수이지만 강수량, 기후변화 등은 문명인도 어쩔 수 없이 받아들일 수밖에 없는 외생변수가 되는 것이다.

우리 경제 시스템도 이와 비슷한 구조를 가진다. 가계와 기업으로 구성되는 민간부문은 시장경제의 틀 안에서 경제활동을 하며, 그 결과로 내생변수의 값이 결정된다. 경제 균형 하에서 결정되는 생산량(Y), 고용량(N), 소비량(C), 투자량(I), 저축량(S), 물가(P), 이자율(r), 임금(W) 등 주요 거시경제 변수가 바로 시장경제의 내생변수들인 것이다. 가계와 기업은 최적의 의사결정을 통해 자신의 수요/공급 의도를 시장에 표출하고, 이렇게 만난 의도가 서로 절충되는 과정에서 시장균형에 도달하며 이들 변수가 동시에 결정되는 것이다. 반면, 정부의 정책변수인 정부지출(G), 조세수입(T), 총통화량(M) 등은 민간경제의 균형 메카니즘으로는 결정할 수 없는, 외부로부터 주어진 조건인 것이다.

그러나 한 단계 더 높은 차원의 국민경제를 바라보는 정부의 입장은 다르다.

정부는 주어진 정책변수에 따라 반응하는 민간경제의 대응패턴을 분석하여, 국가가 총체적으로 가장 바람직한 상태에 도달하도록 정책변수를 결정한다. 이 경우, 정책변수와 주요 거시경제 변수 모두 국민경제의 내생변수가 된다. 그러나 정부도 국제유가나 국제 금리 등을 결정할 수는 없다. 국제유가, 국제금리나 기후환경변수 등은 국민경제에 주어진 조건일 뿐이다. 따라서 이들 변수는 국민경제에 있어 외생변수가 된다. 이와 같이 다층적인 경제 시스템 구조 하에서는 어느 단계에서 분석하느냐에 따라 외생변수, 내생변수의 분류가 바뀔 수 있으며, 변수를 취급하는 방법이 달라진다.

〈그림 6-13〉 다층적 경제시스템 하에서의 내생변수와 외생변수의 관계

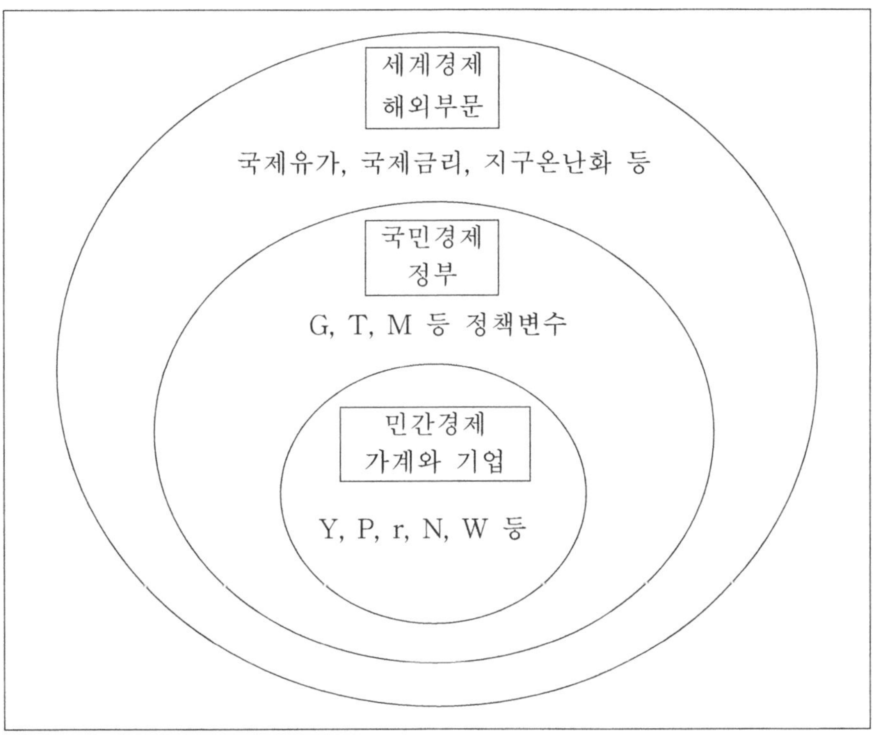

정리하자면, 경제시스템 내 경제주체가 합리적인 의사결정 또는 이들 간의 균형관계를 통해 직·간접적으로 결정하는 변수를 내생변수라 하며, 경제시스템

내의 경제주체들이 주어진 조건으로 인식하는 변수를 외생변수라 부른다. 이들 변수들은 그 역할이 근본적으로 고정된 것이 아니며, 다층적인 경제시스템 하에서는 어느 단계의 시스템 관점에서 보느냐에 따라 내·외생 변수의 분류가 바뀌기도 한다. 내생변수와 외생변수의 명확한 구분은 국민경제를 이해하는 데 있어 핵심점인 개념이다. 본 교재에서는 폐쇄경제를 고찰하기로 하였으므로 정부 정책변수를 외생변수로 취급하는 <그림 6-13>의 제일 하단의 시장경제 시스템만을 고찰하기로 한다.

2. 총수요 관리정책

1) 총수요 관리정책의 단기적 효과

(1) 조세·재정정책

본 교재에서는 <그림 6-13>의 제일 하단의 경제시스템을 다룬다. 따라서 이 경제의 내생변수는 소득(Y), 물가(P), 실질이자율(r), 고용(N), 명목임금(W), 소비(C), 투자(I), 저축(S) 등이 내생변수가 되고, 정부가 결정하는 재정지출(G), 조세수입(T), 통화량(M) 등은 외생변수로 취급한다.

실물시장에서 초기 균형이 <그림 6-14>의 P_0, Y_0에서 이뤄졌다고 가정하자. 정부가 어떤 연유에서든 경제를 활성화시킬 필요가 있다고 판단한다면, 그 방법의 일환으로 총수요(AD)를 확장하는 정책을 펼 수 있다. 정부의 재정정책은 총수요 확장을 촉발하는 유용한 정책수단이다. 재정정책 수단은 크게 예산정책(fiscal policy)과 조세정책(tax policy)으로 나뉜다. 예산정책은 정부가 씀씀이의 크기와 사용처를 결정하는 정책을 의미한다. 도로나 항만을 짓는 행위, 정부부처를 신설하여 새로운 정부서비스를 제공하는 행위 등 다양한 형태로 나타난다. 반면 조세정책은 어떤 세목으로, 누구로부터, 얼마를 세금으로 걷을 것인지를 결정하는 정책을 의미한다. 2000년대 들어 자주 논의되던 법인세 감면, 유류세 인하, 소득세 최고세율 상향 조정 등 다양한 정책들을 포함한다.

예산정책의 효과 분석을 이해 정부가 재정지출(G)을 확장하는 경우를 고혀해 보자. 재정지출은 그 자체로 총수요를 이루는 구성요소이다. 따라서 재정지출의 확대는 곧 총수요의 증가로 나타나며, 이는 <그림 6-14>에서와 같이 총수요(AD)곡선의 우방향 (AD_0 → AD_1) 이동으로 표시된다.

$$AD(총수요) \equiv C + I + G \quad (6\text{-}4)$$

그 결과, 물가는 상승하고, 소득은 증가한다. 물가가 상승하면 실질통화공급량은 줄어든다. 반면 소득이 증가하면 실질통화수요는 증가한다. 통화의 공급량은 줄어드는데, 수요는 늘어나므로 균형 실질이자율은 상승한다. 또한 높아진 물가와 실물공급량은 노동수요를 증가시킨다. 이는 명목임금을 증가시키면서 동시에 단기적으로 고용을 증가시키는 효과를 가진다. 따라서 재정지출 확대 정책은 단기적으로 소득(Y) 상승, 고용(N) 상승, 물가(P) 상승, 실질이자율(r) 상승, 명목임금(W) 상승 등 실질통화량($\frac{M}{P}$)을 제외한 모든 거시경제변수를 상승시키는 효과를 유발한다. 정부의 재정지출 확대 정책은 단기적으로 경기를 부양하는 효과를 가짐을 알 수 있다. 경기부양을 위해 정부는 종종 대규모 토목사업을 추진한다. 이명박정부 시절의 '4대강 정비 사업' 노태우정부 시절에 추진된 '새만금 사업' 김영삼정부 시절의 '고속철도 사업' 등이 대표적인 예라고 볼 수 있다.

이번에는 조세정책의 일환으로 조세징수액(T)를 감면하는 정책을 고려해 보자. 정부가 징수하는 조세액이 감소하면, 민간부문의 가처분소득(DI)이 증가한다. 민간의 가처분소득이 증가하면, 더 많은 소득으로 더 많은 소비를 하게 된다. 즉 소비 진작의 효과가 있는 것이다. 소비는 총수요(AD)를 구성하는 요소이므로 소비가 증가하면 총수요도 증가한다. 즉, 총수요곡선이 우측으로 (AD_0 → AD_1) 이동하는 것이다.

$$DI(가처분소득) \equiv Y - T \quad (6\text{-}5)$$

그 결과, 소득(P)은 증가하고, 물가(P)도 상승한다. 전체적인 세금 징수액을 줄여 가처분소득을 늘리는 조세 감면 정책 역시 경기부양 효과를 가져오는 정책인 것이다.

〈그림 6-14〉 조세 · 재정정책의 효과: G↑ 또는 T↓

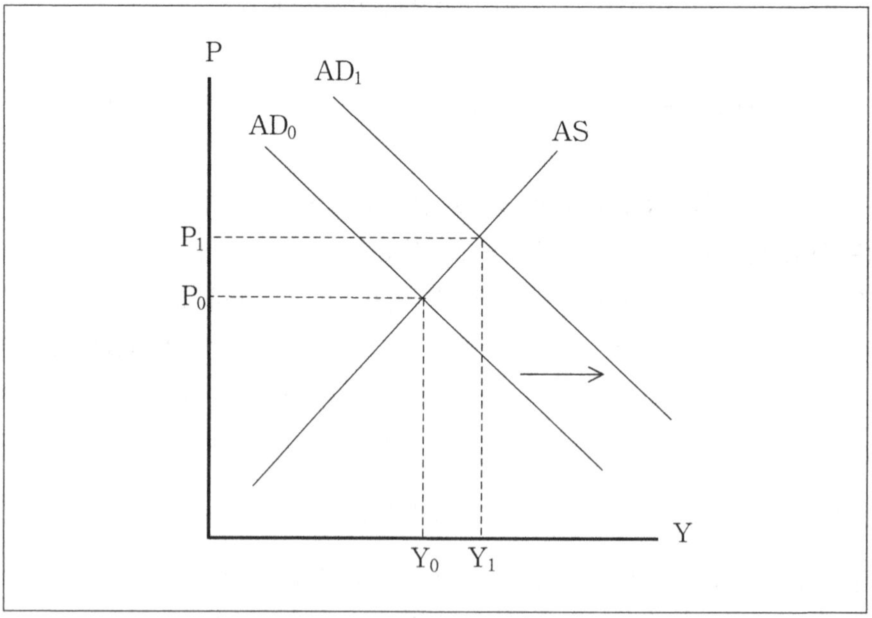

이와 같이 직접 총수요를 견인하거나, 조세감면을 통해 가처분소득을 늘려주는 포괄적인 정책 이외에도 특정 부문에 대한 정책효과를 세밀하게 겨냥하는 다양한 조세 · 재정 정책 수단이 존재한다. 투자보조금이나 투자자금 장기저리융자 제도는 기업의 투자를 직접적으로 촉진하는 효과를 가진다. 법인세율을 낮추면 세후 영업이익이 높아지므로 기업의 경영여건을 개선하여 기업투자를 활성화하는 효과를 낼 수 있다. 부동산의 취득세 및 보유세를 낮추어 부동산 경기를 활성화하는 정책을 펼 수도 있다. 이와 같이 정부는 법인세, 종합소득세, 교통 · 에너지 · 환경세, 등록세 및 취득세, 양도소득세, 종합부동산세, 상속세 및 증여세 등 실로 다양한 세목에 대한 세율의 조정, 과세감면제도, 세금 부과의 대상이 되는 과세표준의 축소 등 다양한 정책 수단을 가지고 특정 부문에 대한 세율을 조정하여 정책효과를 세밀하게 설계할 수 있는 것이다.

다소 복잡해 보이지만, 큰 틀에서 이들 정책의 효과는 간단명료하다. 조세 · 재정 정책은 총수요를 진작 시킴으로써 경제를 활성화 하는 정책이며, 이들 정책의 효과는 소득의 증가와 물가의 상승을 동반하는 효과를 가진다. 그러나 이들 정책의 효과는 단기적이라는 한계를 가진다. 이들 정책의 효과가 장기적으로도 바람직한가에 대해서는 학자들마다 의견이 충돌하고 있으므로, 이들 정책의 효과를 면밀히 검토하여 시행할 필요가 있다.

(2) 통화정책

정부가 통화공급량을 늘리면 ($M_0^s \rightarrow M_1^s$) 어떻게 되는 것일까? 일단 그 변화는 통화시장에서 시작한다. 정부가 통화공급량을 늘리면 통화시장의 균형이자율은 하락한다. 기존의 이자율 수준에서는 실질통화 공급이 실질통화 수요를 초과하여 시중에 돈이 흔해지게 된다. 자금시장에서는 돈이 풍부해져서 돈을 빌리려는 사람보다 빌려주겠다는 사람이 많아진다. 그렇게 되면 이자율이 하락해야만 빌리려는 사람들이 늘어나서 자금시장에서 균형이 이뤄진다. 이자율이 하락하면 현금을 보유하는 기회비용이 줄어든다. 따라서 통화수요량이 증가하면서 통화시장의 균형이 찾아지는 것이다. 이와 같은 변화는 <그림 6-16a>의 균형이자율의 변화 ($r_0^* \rightarrow r_1^*$)가 보여준다.

균형이자율이 감소하면 실물시장에 변화가 일어난다. 일단, 실질이자율의 하락은 기업의 투자(I)를 촉진시킨다. 투자의 수익률이 기존의 이자율보다 낮거나 같아서 채산성이 없는 프로젝트들에 대해 투자를 보류했던 사업들이 이자율이 낮아지면 채산성이 있는 사업으로 부상하기 때문이다. 낮아진 이자율은 가계의 소비(C)도 촉진시킨다. 낮아진 이자율로 인해 저축에 흥미를 잃은 가계는 소비로 눈을 돌리기 때문이다. 총수요(=C+I+G)를 구성하는 소비와 투자가 증가하면 총수요가 증가하고, 이는 총수요곡선(AD)이 오른쪽으로 이동하는 것을 의미한다. 그 결과, 실물시장의 균형점이 총공급곡선을 따라 우상향으로 이동하면서, 소득은 ($Y_0 \rightarrow Y_1$) 증가하고, 물가도 함께 증가하는 ($P_0 \rightarrow P_1$) 결과가 나타난다.

4대강 사업

이명박 정부가 역점을 두고 추진한 '4대강 살리기 사업'은 한강, 금강, 영산강, 낙동강 등 우리나라의 4대 강 유역을 정비하는 사업으로서 2008년부터 2012년까지 모두 22조원의 예산을 투입해 추진한 대규모 하천 정비 사업이다. 이 사업은 대규모 토목사업을 핵심으로 하는 사업으로 '한국형 녹색 뉴딜'이라는 캐치프레이즈를 내세운 MB정부의 핵심 추진 사업이다.

〈그림 6-15〉 4대강 사업 대상 유역

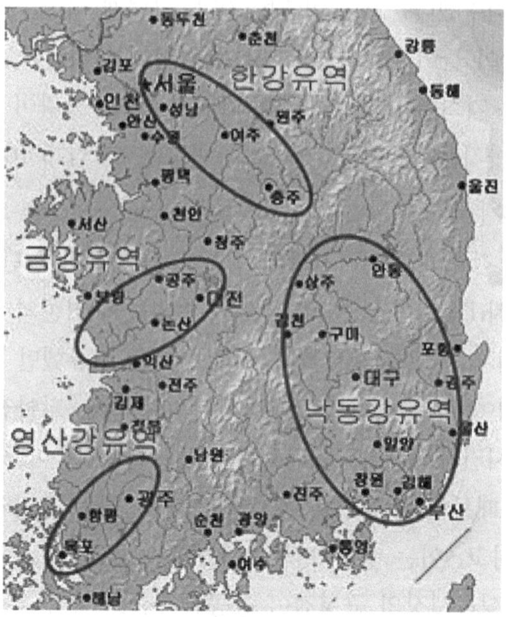

그림 source: Wikipedia (4대강 정비사업)

이 사업은 배가 드나들 수 있도록 4대강의 바닥 깊이를 늘이고 보(洑)를 설치해 하천의 저수량을 늘리고, 하천 생태계를 복원하며, 수량 조절기능을 강화해 홍수 피해를 줄인다는 것을 명분으로 추진한 사업이다. 대규모 토목사업으로 건설경기를 활성화 하고 이를 통해 고용을 늘리고, 경기를 부양한다는 정책적 고려가 담긴 사업이다. 거시경제적으로는 전형적인 재정지출 확대 정책이다.

〈그림 6-16〉 통화정책의 효과: M↑

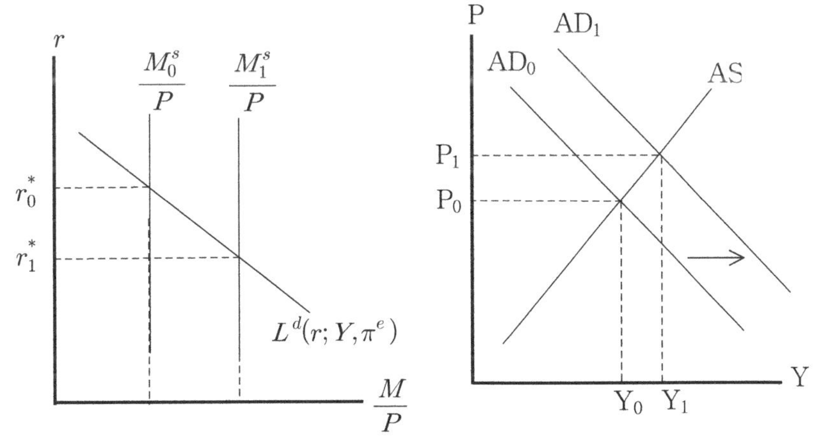

(a) 통화시장의 변화 (b) 실물시장의 변화

소득과 물가가 증가하면 앞의 조세·재정 정책의 경우에서와 같이 균형고용량과 명목임금을 상승시킨다. 따라서 통화팽창정책은 단기적으로 소득(Y) 상승, 고용(N) 상승, 물가(P) 상승, 명목임금(W) 상승 등 실질이자율(r)을 제외한 모든 거시경제변수를 상승시키는 효과를 가진다.

결론적으로 통화팽창 정책도 경기부양 효과가 있다. 그러나 이 결과 역시 단기적인 정책효과일 뿐 장기적인 정책효과에 대해서는 조금 더 심도 있는 연구가 필요하다. 통화정책도 앞의 조세·재정정책과 마찬가지로 총수요에 영향을 미치는 정책인 것으로 나타난다. 따라서 이들 통화정책 및 조세·재정정책을 통칭하여 총수요관리정책이라고 부른다.

2) 총수요 관리 정책의 장기적 효과

(1) 노동시장의 장·단기적 조정 과정

재정정책이나 통화정책과 같은 총수요관리정책은 장·단기적으로 매우 다른 파급효과를 가진다. 경기부양을 위해 재정지출(G)을 늘리거나 조세(T)감면을 하는 재정정책이나 통화팽창을 유도하는 통화정책 모두 단기적으로는 실질GDP와 고용을 늘리고 물가인상을 유발한다는 공통점을 가진다. 두 경우 모두, 명목임금은 인상되나, 실질임금은 단기적으로 감소한다. 재정정책과 통화정책 효과의 단기적인 차이점은 실질이자율에서 발생한다. 재정 확대 정책은 저축을 감소시키면서 자금시장의 이자율 상승 압력을 유발한다. 반면 통화 팽창 정책은 통화공급량을 늘려 통화시장의 이자율 하락 압력을 유발하는 것이다. 지금까지 살펴본 바와 같이 총수요 관리정책은 단기적으로 긍정적인 경기변동을 만들어낼 수 있다. 그러나 총수요 관리정책이 장기적으로는 효과가 없다는 것이 학계의 공통된 의견이다.

실질적으로 생산이 증가하는 것은 궁극적으로 고용 증가가 뒷받침 돼야 하는 것인데, 이들 총수요관리정책의 효과는 물가상승에 의한 노동수요의 증가($MRP_{L_0} \rightarrow MRP_{L_1}$)가 고용증가($N_0 \rightarrow N_1$)의 촉진제로 작용한다. 그러나 높아진 물가(W_2-W_0)에 비해 낮은 명목임금의 상승(W_1-W_0)은 실질임금($\frac{W}{P}$)의 하락을 의미하며, 이는 장기적으로 노동자의 근로의욕 저하를 초래하여 노동공급곡선이 좌측으로 이동($N_0^s \rightarrow N_1^s$) 하게 된다. 궁극적으로 노동자들은 명목임금 상승률이 물가상승률과 같아지는 지점, 즉 실질임금($\frac{W}{P}$)이 원상태로 회복되는 지점까지 노동공급을 축소하는데, 이 지점에서 고용량은 최초의 고용량과 같아지게 된다. 물적자본의 변화가 없는 상태에서 고용량이 원점으로 회귀하면 생산량도 원점으로 회귀하게 되고, 따라서 소득(Y)는 장기적으로 변화가 없는 상황이 되는 것이다. 소득(Y)와 고용(N)의 변화가 없는 다른 변수의 변화는 가격 변수들의 변화일 뿐이며, 국민의 복지에 영향을 미치지 못하므로, 총수요관리정책은 장기적으로 경제에 실질적인 영향을 미치지 못한다.

〈그림 6-17〉 물가 변동과 고용시장의 변화

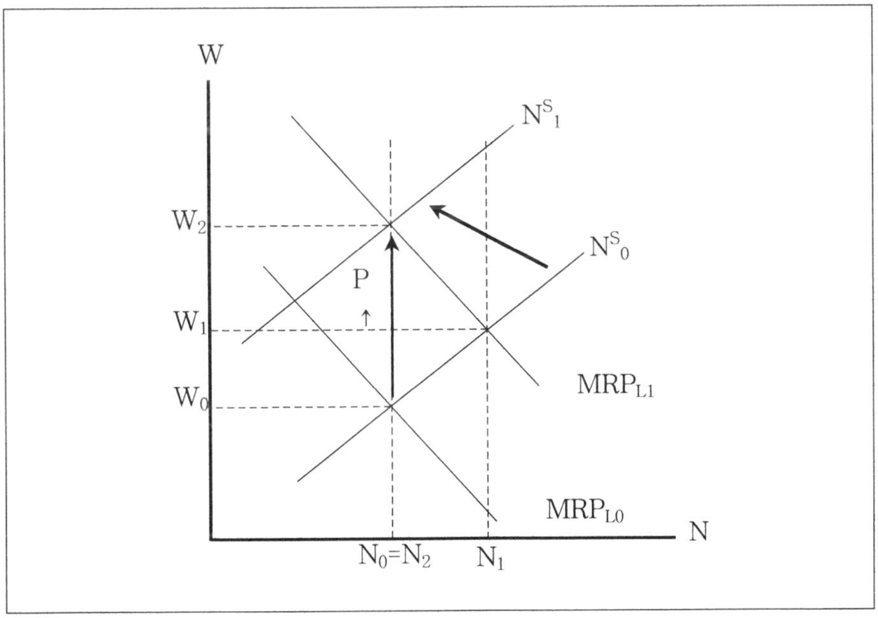

(2) 필립스 커브(Phillip's curve)

이와 같은 노동시장과 물가 간의 장·단기적 관계를 살펴 볼 수 있는 것이 필립스곡선(Phillip's curve)이다. 뉴질랜드의 경제학자 필립스(W. Phillips)는 영국의 임금과 실업률의 관계를 연구하면서 둘 사이에 서로 음의 상관관계가 존재함을 인지하였다. 이 아이디어에 착안하여 MIT의 사무엘슨(P. Samuelson)-솔로우(R. Solow)교수는 인플레이션과 실업률 간의 관계를 살펴보고 이들 역시 서로 음의 상관관계를 갖는다는 것을 발견했는데, 이것이 오늘날 경제학도들이 공부하는 **필립스곡선**(Phillips Curve)의 효시라고 할 수 있다.

1960년대를 조명했던 초기의 필립스곡선은 <그림 6-18>의 직각쌍곡선과 유사한 형태를 가졌다. 즉 인플레이션률이 낮아지면 실업률이 오르고, 실업률이 낮아지면 인플레이션이 심해지는 그런 모습을 보였던 것이다. 이런 관계가 지속된다면, 정부는 물가안정과 고용확대라는 두 가지 토끼를 잡을 수 없으며, 둘 중에 하나를 선택해야만 하는 상황에 처하게 된다는 것을 의미한다. 앞서 살펴본 총수요관리정책으로 인한 단기 거시경제균형 변화가 이와 같은 현상의 전형적인 예이다. 총수요가 증가하면 물가가 오르고, 이에 따라 기업은 노동수요를 늘려 단기적으로 고용이 늘어나고, 실질GDP도 증가하는 전형적인 수요견인 인플레이션(demand-pull inflation)의 형태이다.

〈그림 6-18〉 필립스곡선

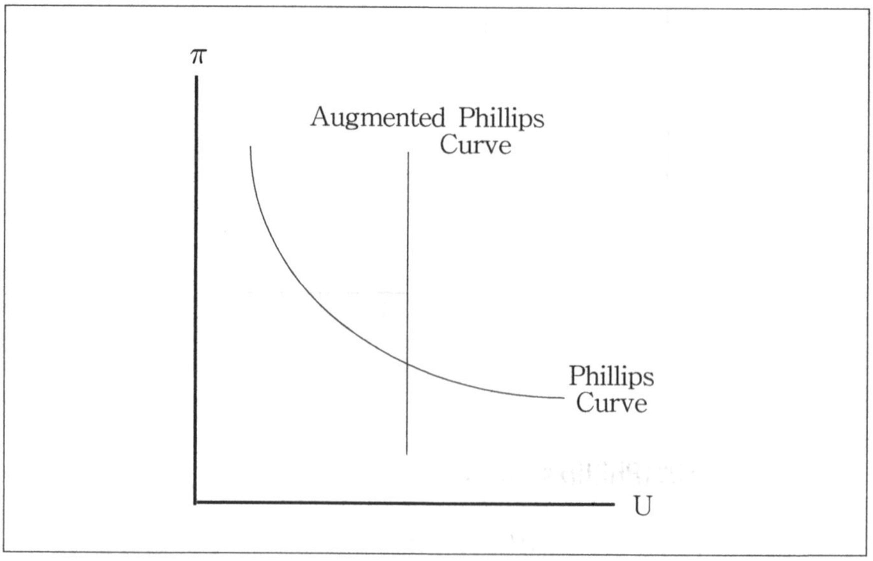

그러나 미국의 경우, 이와 같은 관계는 70년대에 들어서면서 자취를 감추게 되고, 인플레이션률(π)과 실업률(U) 사이에 뚜렷한 상관관계가 보이지 않는 <그림 6-19>의 수직선 형태의 필립스커브가 나타나기 시작한 것이다. 이와 같은 관계는 총수요의 증가로 인한 장기 거시경제균형 변화와 흡사하다. 즉, 명목임금 변화에 대한 노동자들의 착시현상으로 단기적으로 늘어났던 고용이 노동자들이 물가인상을 인지하면서 초기수준으로 복귀하는 과정에서 발생하는 변화와 흡사한 것이다. 이럴 경우, 고용은 늘지 않으므로 실업률에는 변화가 없고 실질GDP도 늘어나지 않지만, 늘어난 총수요로 인해 물가는 상승하는 것이다. 즉, 경제주체가 모두 인지하는 인플레이션은 고용유발 및 생산확대 효과를 가지지 않는다는 것이다. 이와 같은 현상을 시카고대학의 프리드만(M. Friedman)교수는 '경제주체가 예상하지 못한 인플레이션은 고용확대를 유발하여 기존의 필립스곡선 관계를 보이지만, 경제주체가 예상하는 인플레이션은 고용확대 효과는 없고 인플레이션만 유발할 뿐'이라고 설파하였다. 즉, 실업률과 인플레이션률 사이에 <그림 6-18>의 수직선과 유사한 관계를 가지는 필립스곡선이 나타나는데, 이와 같은 형태의 필립스곡선을 **확장필립스곡선**(Augmented Phillips Curve)이라고 부른다.

〈그림 6-19〉 1998년 외환위기 이후 우리나라의 필립스곡선

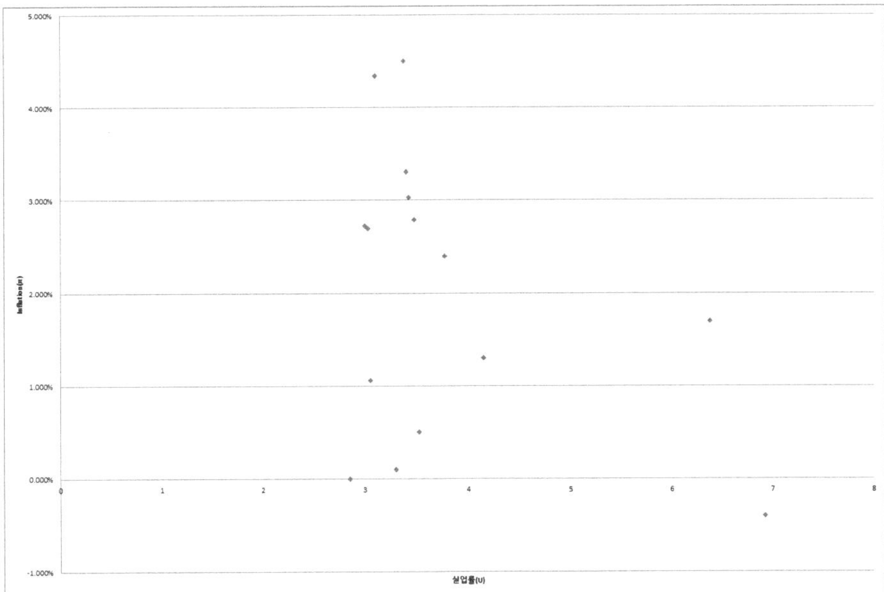

<그림 6-19>는 1998년 외환위기 이후의 우리나라 필립스곡선 관계를 보여준다. 우리나라도 예상인플레이션이 포함된 확장필립스곡선 관계가 뚜렷하게 나타난다. 이 경우, 통화정책은 경기부양 효과가 존재하지 않는다. 통화팽창 정책이 발표되는 즉시 경제주체들은 향후 인플레이션이 높아질 것으로 예상하여 노동시장이 즉각적으로 반응하기 때문이다. 즉, 앞서 살펴보았던 총수요 확대정책의 장기 거시경제균형 변화가 급속도로 빨리 진행되어, 고용 증가 및 실질GDP 확대 효과를 기대하기 어렵다는 것을 의미하기 때문이다.

3. 총공급(AS) 확장정책

1) 노동수요 촉진 정책

앞에서 총수요를 촉진하는 방식, 즉 조세·재정 정책이나 통화정책을 이용한 가계, 기업, 정부의 실물수요를 진작하는 방식의 변화는 단기적으로는 고용과 소득의 증가를 유발하지만, 장기적으로는 노동시장이 장기적 균형을 찾아감에 따라 실물경제에 미치는 효과는 없다는 것을 배웠다. 그렇다면 기업의 생산성이나 노동시장에 직접 충격을 가하는 방식의 정책은 어떤 효과를 가질까?

〈그림 6-20〉 노동시장 충격의 파급효과

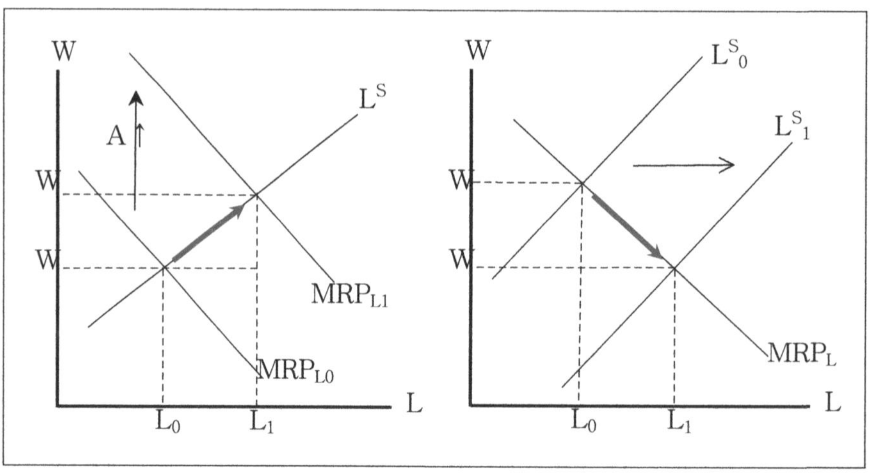

총요소생산성(A)이 높아져서 노동의 한계생산성이 높아진 경우를 보자. <그림 6-20>의 왼쪽 패널이 이를 묘사하고 있다. 노동의 한계생산성(MP_L)이 높아지면 노동의 한계수입(MRP_L)이 높아지고, 따라서 노동수요곡선이 상향 이동한다. 즉 물가는 전혀 변동이 없는데, 기업의 생산성 향상으로 이윤이 증가하며, 따라서 노동수요가 늘어난 것이다. 늘어난 노동수요는 균형임금의 상승, 고용의 증가로 이어지면서, 실물시장에서 총공급이 증가하므로 물가는 하락하고, 소득은 늘어나며, 고용과 명목임금이 동시에 증가하는 가장 바람직한 결과가 도출된다. 명목임금은 증가하는데 물가는 낮아지므로 실질임금은 당연히 증가하여 노동자 개개인의 생활수준도 개선된다.

(2) 노동공급 확장 정책

이번에는 반대로 노동 공급이 증가했다고 가정해보자. <그림 6-20>의 우측패널이 이를 보여준다. 예를 들어 우리정부가 외국인의 국내취업을 전면 개방한다거나 자유이민정책을 쓴다거나 하는 상황을 가정해보면 같은 임금수준에 노동을 공급하려는 사람이 늘어나게 되므로 노동공급곡선이 우측으로 이동하게 된다. 그러면 노동수요곡선을 따라 균형점이 우하향 하게 되므로 균형임금은 하락하고 균형고용량은 증가하는 결과를 가져온다. 전세계적으로 인건비가 상승하고 산업생산이 침체되는 선진국 등에서 취업이민을 받아들이는 경우가 바로 이러한 정책효과를 기대한 결정인 것이다. 즉 외국의 인력을 추가로 투입하여 산업생산을 늘리고 시장임금수준을 낮게 유지하여 국가의 경쟁력을 높이려는 것이다. 이러한 정책은 호주, 뉴질랜드, 독일, 미국, 캐나다 등 고임금국가에서 이미 실행된 바 있거나 시행 중이며, 우리나라에서도 3D업종이나 중소기업의 인력난 해소를 위해 외국인 산업연수생제도와 고용허가제도 라는 특이한 형태로 소규모로 운영해 오고 있다. 그러나 이와 같은 정책은 때로 국내 노동자들의 반발을 사기도 한다. 국내노동자들은 노동력이 상대적으로 희소함으로 인해 누려오던 상대적 고임금을 노동력 공급이 확대됨으로 인해 균형임금이 하락하고 내국인의 실업률이 증가하는 결과를 맞이하기 때문이다. 특히 특별한 기술이나 전문지식이 없는 대체성이 높은 하급인력이 가장 큰 타격을 받게 되는데, 사회 인적자원 구성상 하층의 사다리에 속하는 이들은 그 숫자가 비교적 많아 이들이 형성하는 정치적인 압력은 매우 크다. 이와 같은 이유로 대부분의 국가에서는 국가 간 인력의 자유로운 이동을 허용하지 않는 경우가 많다.

3) 공급경제학(supply-side economics)

노동수요 촉진 정책과 작동방식과 기대효과가 유사한 효과를 노린 일련의 경제정책 사조가 1980년대 미국 Reagan 행정부 시절에 등장했는데 이를 공급경제학(supply-side economics)라고 부른다. 공급경제학은 기업의 법인세를 감면하면, 기업 채산성이 높아지고, 기업 활동이 활발해지면 고용이 증가하면서 경제 전반에 긍정적인 변화를 가져올 것이라는 것을 골자로 하는 이론이다.

공급경제학을 상징하는 개념으로 래퍼커브(Laffer curve)가 있다. 레이건행정부 시절 대통령 경제보좌관을 했던 래퍼(Laffer)교수가 주창해서 유명해진 래퍼커브는 세율과 조세수입과의 상관관계를 보여주는 무지개 형태의 개념적 곡선이다. 이들의 주장은 조세수입을 가장 크게 해주는 어떤 조세율 τ^*가 존재하는데 실제의 세율(τ)은 τ^* 보다 더 높으므로, 세율을 하향 조정하면 세율은 더 낮아도 기업 활동이 활발해져서 더 큰 영업이익을 남기고, 따라서 조세수입은 더 늘어날 것이라는 주장이다. 그러나 이와 같은 현상은 레이건행정부 시절 내내 관측된 바 없어 현실성이 떨어지는 주장이라는 평가를 많이 받았었다.

최근에 많이 언급되는 낙수효과(trickle-down effect) 주장도 공급경제학의 논리와 유사하다. 즉, 법인세를 감면해주면 일견 법인세를 많이 내는 대기업만 이득을 볼 것 같지만, 대기업의 기업활동이 활발해지면 고용이 늘어나서 근로자들도 여유가 생기며, 대기업의 협력기업인 중소기업들이 늘어나는 주문으로 인해 수익이 증가할 것이라는 주장이다.

4. 경제정책에 관한 학파 간 견해

이상에서 살펴 본 바와 같이 경제적책의 효과는 어떤 정책을 쓰느냐, 정책효과의 관찰기간을 어느 정도로 하느냐에 따라 결론이 다르게 나타날 수 있다는 것을 알아보았다. 재정정책이나 통화정책의 장・단기적 효과는 이미 널리 정립된 결과이어서, 학계에서는 어느 학파를 막론하고 이에 대해 큰 이견이 존재하지 않는다. 그럼에도 불구하고 동일한 경제현상을 놓고 경제학파 간에 다른 처방을 내리는 경우를 흔히 볼 수 있다. 이와 같은 차이를 유발하는 핵심요소는 시간이다. 즉, 장기와 단기로 나누는 시간의 길이에 대한 학파간의 견해차가 존재한다.

경제학에서 말하는 장기와 단기는 시간의 개념이기는 하지만, 절대적인 시간이 아닌 행위단위의 시간을 의미한다. 즉 단기는 물적자본 stock의 변화가 일어나지 않은 상태에서 충격에 반응하여 임금과 물가의 조정이 완료되기 까지 소요되는 기간을 의미한다. 여기까지는 이견이 없다. 그러나 문제는 학파 간에 '단기'의 물리적 시간 길이에 대한 개념이 다르다는 것이다. **신케인즈**(Neo-Keynesaian)학파의 경제학자들은 여러 가지 이유로 인해, 노동자들의 가격정보에 대한 착시나 가격조정 지연이 발생하고, 이에 따라 단기가 생각보다 길어진다는 주장이다. 예를 들어, MIT의 블랑샤드(O. Blanchard) 교수는 그의 저서에서 단기가 약 2-3년에 이르는 기간이라고 말하고 있다. 반면 **신고전**(Neo-Classical)학파의 경제학자들은 시장의 정보흐름은 의외로 빠르고 효율적이어서 경제주체들이 시장 변화에 매우 빨리 대처하며, 따라서 단기가 시사하는 절대적 시간은 그리 길지 않다고 주장하는 것이다. 시카고대학의 루카스(R. Lucas)교수가 주창한 합리적 기대(Rational Expectation)가설 이론이 그 대표적인 예라고 할 수 있다. 결론적으로 단기가 6개월-1년의 시간을 의미하는지, 아니면 2-3년의 시간을 의미하는지에 따라 경제 상황에 대처하는 정책적 선택은 달라질 수밖에 없는 것이다.

단기가 2-3년의 긴 기간을 의미한다면, 재정정책이나 통화정책은 정부의 훌륭한 경제정책 수단이 된다. 침체기에 있는 경제를 확장적 재정 및 통화정책을 통해 일시적으로 경기를 부양하고, 경제상황이 정상 상태로 돌아오면 단기적인 정책효과는 자동적으로 소멸되면서 경제가 안정 기조를 유지할 수 있게 된다. 반대로 경기가 과열이 되면 긴축정책을 펴면서 경제를 연착륙 시킬 수 있다. 즉 정부가 적극적으로 경제 **안정화정책**(stabilization policy)을 펼칠 수 있는 논리적 근거가 될 수 있는 것이다. 이와 같은 논리를 근거로 우리나라를 포함한 전세계의 많은 국가들은 안정화정책을 펴며 국민경제에 적극적으로 개입하는 양상을 보이고 있다.

그러나 단기가 6개월-1년 이내의 짧은 기간을 의미한다면 단기적 경기부양을 위한 재정 및 통화 정책은 경제 안정화에 기여하지 못한다. 정책을 입안하고 실시하는데 시간이 걸릴 뿐만 아니라, 그 정책의 효과가 나타나기 까지는 더 긴 시간이 소요될 수 있다. 따라서 경기변동의 침체기에 세운 경기 활성화 정책이 경기변동의 확장기에 효과가 나타난다거나, 반대로 경기변동의 확장기에 세운 긴축정책의 효과가 경기변동의 침체기에 나타난다면 이러한 정책들은 경기를 안정화하는 정책이 아닌, 경기변동을 증폭하는 정책이 될 것이기 때문이다. 이와 같은 상황을 우려하여, 프리드만(Milton Friedman)은 그의 유명한 '규범 대 재량권(rules vs discretion)' 논의에서 정책담당자는 경제정책을 수립하고 시행함에 있어, 가급적 미리 정해진 대처법에 따른 규범(rule)적 정책을 시행함으로써 정책의 투명성, 경제의 예측가능성을 높이고 민간이 대응할 수 있게 하여야 한다고 설파하였다. 경제 상황에 맞게 다양한 정책을 검토하여 적절한 대안을 마련하는 방식인 재량권(discretion) 방식은 일견 합리적으로 보이지만, 경제현상은 매우 복잡하고 난해하므로 정책담당자가 정확한 경제주기 예측 및 적절한 정책판단 능력을 보유하고 있기를 기대하기 힘들다는 것이다.

연습문제

1. 다음 용어를 설명하시오.
   (1) 총요소생산성(total factor productivity)
   (2) 소득수렴(income convergence)
   (3) 총수요(aggregate demand)
   (4) 총수요 관리 정책
   (5) 필립스곡선(Phillips curve)
   (6) 공급경제학(Supply-side economics)
   (7) 래퍼곡선(Laffer curve)
   (8) 안정화정책(stabilization policy)
   (9) 실질통화공급량

2. 다음 물음에 답하시오.
   (1) 생산요소와 경제의 장기 추세와 단기 변동을 연관 지어 설명하라.
   (2) 완전고용상태에서도 실업이 존재하는 이유를 설명하라
   (3) 내생변수와 외생변수의 차이에 대해 논하라
   (4) 실질통화의 수요의 구성에 대해 논하라

제 3 부

국제경제와 경제활동

제 7 장

무역과 무역정책

7.1 무역과 무역환경

1. 무역의 의의

국제무역은 나라와 나라사이에 재화와 서비스를 사고파는 것을 말한다. 이러한 무역을 통해서 우리는 여러 가지 이익을 얻을 수 있다. 즉 무역은 우리들로 하여금 가장 경쟁력 있는 상품을 생산하게 하고 전세계에서 생산된 다양한 재화와 서비스를 소비할 수 있게 한다. 무엇보다도 무역은 그 나라의 경제성장과 발전에 큰 영향을 미친다.

수출이 증가하면 수출산업의 생산증대가 일어난다. 이러한 생산촉진효과는 해당 수출산업에만 국한되지 않는다. 한 수출산업의 생산증대는 이 산업과 연관된 다른 산업의 생산증대를 유발한다. 또 생산증대를 위해서는 생산요소인 노동의 투입도 증대되어야 한다. 즉 수출증대는 고용증대의 중요한 원천이 된다.

따라서 수출은 수출산업뿐만 아니라 연관된 여러 산업의 생산증대를 촉진하고 여러 생산요소의 고용증대를 유발한다. 고용이 증대되면 당연히 생산요소의 소득증대로 이어진다. 결국 수출증대는 국민소득의 증가를 가져 온다.

또한 수출을 통하여 우리는 외화를 벌어들인다. 이러한 외화를 가지고 경제성장에 필수적인 원자재나 자본재 등을 외국에서 수입할 수 있다. 특히 원자재나 자본재가 부족하거나 생산되지 않는 개발도상국의 경우는 이를 수입에 의존할 수밖에 없어서 막대한 외화가 필요하게 된다. 외화획득은 기본적으로 수출에 의해 이루어지므로 수출이 많을수록 원활한 수입이 가능하게 된다. 따라서 모든 나라들은 수출을 증가시키려고 많은 노력을 한다.

원자재나 자본재의 수입만이 경제성장에 도움을 주는 것은 아니다. 일반 소비재를 포함하여 모든 수입은 경제성장의 촉진제가 될 수 있다. 외국에서 수입이 이루어지면 국내산업은 이제 국내뿐만 아니라 외국기업과도 경쟁에 직면하게 된다. 이 경쟁에서 살아남기 위해서는 부단한 연구개발과 경영혁신 등을 통하여 신제품을 개발하고 생산비를 절감하는 노력을 기울이지 않을 수 없다. 즉 수입은 경쟁촉진을 통하여 경제의 효율성을 증진시킬 수 있다. 또한 수입을 통하여 국내물가 안정을 꾀할 수 있다. 국내공급이 원활하지 못하여 가격이 급격히 상승하는 상품이 있을 경우 외국에서 수입을 증대시킴으로써 가격안정을 꾀할 수 있다.

그러나 모든 수출입이 한 나라 경제성장에 도움이 되는 것은 아니다. 수입은 대외경쟁력이 약한 국내산업의 위축과 함께 실업을 증가시키고 소득감소를 초래할 수 있다. 한편 국민경제에서 수출입이 차지하는 비중이 커질수록 외국의 영향을 크게 받는다는 점도 간과해서는 안 된다. 국민총생산에서 차지하는 수출액의 비율을 수출의존도, 수입액의 비율을 수입의존도라고 하며, 수출액과 수입액을 합한 총무역액의 비율을 **무역의존도**라고 부른다. 무역의존도가 높을수록 분명히 세계경제의 흐름이나 무역상대국의 경기 또는 정책의 영향을 많이 받게 될 것이다. 예컨대 세계경제가 침체되거나 주력 수출상품에 대해 무역상대국의 수입제한이 이루어지면 즉각 수출에 큰 타격을 받게 되는데, 수출의존도가 높은 나라일수록 더 큰 타격을 받을 것이다. 또 중요한 수입상품의 국제가격이 상승하거나 수입이 원활하게 이루어지지 않을 경우 역시 국내경제 전반에 큰 애로요인이 될 것이다.

수출한 금액이 수입한 금액보다 많을 때 **무역수지 흑자**라 하고 그 반대인 경우 **무역수지 적자**라고 한다. 무역수지 적자는 한 나라의 경제성장에 부정적인 영향을 미친다.

무역수지적자는 수출을 통하여 벌어들인 외환보다 대외지출을 위해 쓴 외환이 더 많음을 의미한다. 이때 통화당국의 외환보유고가 넉넉한 나라는 문제가 없지만 그것이 부족한 나라는 외국으로부터 빚을 얻지 않을 수 없다. 더욱이 무역수지적자가 큰 폭으로 계속 증가되어 빚이 점점 쌓이는 국가는 외국으로부터 외환을 빌리기도 어려워진다. 이렇게 되면 국민들의 일상적인 경제생활이 크게 어려워지고 국내경기와 실업이 문제시 될 수 있다. 따라서 대부분의 국가들은 수출을 늘리고 수입을 억제하기 위하여 관세나 쿼터 등을 이용한 보호무역정책을 쓰기도 한다.

세계는 지난 수십 년 동안 여러 번의 협상을 통하여 재화와 서비스의 무역장벽을 크게 제거하였다. 이러한 자유화(liberalization) 조치는 새로운 기술과 함께 세계경제에서 무역의 중요성을 크게 증가시켰다. 그러나 비록 세계 각국들이 무역장벽을 많이 제거했더라도 아직도 상당히 많은 장벽이 남아 있고 매일 새로운 장벽이 추가로 생겨난다. 정부의 무역에 대한 개입은 크게 수입장벽과 수출촉진 정책으로 나타난다. 수입장벽은 수입물품에 세금을 부과하는 **관세**(tariff), 특정품목의 수입을 금지하거나 수입물량을 제한하는 **쿼타**(quota)같은 비관세장벽 등 다양한 형태가 있다.

한편 수출을 촉진하기 위한 방안중의 하나로 대부분의 국가들은 수출이나 해외투자를 하는 기업들에게 금융지원을 해준다. 우리나라의 경우도 미국 같은 나라와 마찬가지로 수출입은행에서 수출을 촉진하기 위해 대출과 대출보증을 하고 있다. 그 밖에도 정부는 일반적으로 제품을 해외에 마케팅하는 프로그램을 지원하기도 하고 수출산업에 **보조금**을 주기도 한다.

2. 비교우위와 국제무역

1) 비교생산비설

국제무역이 일어난다면 한 나라는 어떤 상품을 수출하고 어떤 상품을 수입할 것인가? 영국의 경제학자 스미스(Adam Smith)는 어떤 상품을 생산하는데 한 나라가 다른 나라보다 유리한 경우 이 상품은 생산이 유리한 나라에서 수출하게 될 것이라고 하였다. 즉 한 나라의 수출상품이 결정되는 것은 생산의 우위성에 의해 근거한다는 것이다. 여기서 생산의 우위성이란 그 상품을 생산하는데 다른 나라보다 생산비가 적게 드는 것으로 이해한다.

스미스를 비롯하여 고전파라 불리는 자본주의 초기 경제학자들은 대체로 노동만이 유일한 생산요소라고 생각하고 있었다. 따라서 생산비는 결국 노동투입량에 의해 결정된다. 이제 다른 나라에 비해 생산이 유리한지는 노동투입량을 비교해 보면 알 수 있다.

스미스의 주장을 설명하기 위해 이 세계에는 한국과 미국 두 나라만 존재하고 상품은 신발과 컴퓨터 두 가지만 생산된다고 가정하자. 이때 무역의 방향은 어떻게 결정되는가? 구체적인 예를 들어서 설명하기로 하자. <표 7-1>에서 보듯이 신발 1단위를 생산하는데 한국에서는 10단위의 노동이 소요되며 미국에서는 15단위의 노동이 필요하다. 그러나 컴퓨터 1단위를 생산하기 위해서 한국에서는 12단위의 노동이 필요하고 미국에서는 8단위의 노동이 필요하다.

〈표 7-1〉 상품 1단위 생산에 필요한 노동량

	신발	컴퓨터
한국	10	12
미국	15	8

이 경우 신발 생산에는 한국이 미국보다 낮은 생산비가 들어가고 컴퓨터 생산에는 한국보다 미국이 유리하다. 이는 한 단위 생산에 필요한 노동량의 절대적인 수치를 비교해 보면 알 수 있다. 이때 신발생산에 있어서 한국은 미국에 대해 절대우위에 있다고 하며, 컴퓨터 생산에 있어서는 미국이 한국에 대해 절대우위에 있다고 말한다. 따라서 무역을 할 경우 이러한 절대우위에 근거하여 한국은 신발을 미국에 수출하고 컴퓨터를 미국으로부터 수입하며, 미국은 컴퓨터를 한국에 수출하고 신발을 한국으로부터 수입할 것이다.

생산비의 절대적인 차이에 근거하여 무역이 이루어진다는 이러한 내용을 **절대생산비설**(theory of absolute cost), 또는 **절대우위론**(theory of absolute advantage)이라 부른다.

그런데 절대생산비설은 무역이 이루어지는 근본적인 원리를 완전하게 설명하지 못한다. 그 이유를 <표 7-2>의 경우를 예를 들어 생각해 보기로 하자. <표 7-2>를 보면 한국은 두 상품 생산에 있어서 모두 절대우위에 있다.

〈표 7-2〉 상품 1단위 생산에 필요한 노동량

	신발	컴퓨터
한국	10	40
미국	15	45

이때 무역은 어떻게 이루어질 것인가? 앞의 절대생산비설에 따르면 한국이 두 상품 모두 생산이 유리하므로 한국이 두 상품을 전부 수출하고 미국은 둘 다 수입할 것이라고 유추할 수 있다. 이러한 상황이 가능할 것인가?

교환이란 서로 주고받는 행위이므로 수입을 하려면 반드시 그 대가로 무엇인가를 수출해야만 한다. 그런데 미국이 두 상품을 모두 수입한다면 그 대가로 수출할 것은 아무 것도 없게 된다. 한국도 받을 것이 없는 상황에서 미국에 상품을 제공하지 않을 것이다. 따라서 절대생산비설에 따를 경우 교환, 즉 무역은 발생하지 않는다.

그렇다면 위의 경우 무역은 결코 발생하지 않을 것인가? 그렇지 않다. 이 경우에도 무역은 발생한다. 다만 절대생산비설로는 이를 설명할 수 없을 뿐이다. 이러한 절대생산비설의 한계를 극복하고 무역발생의 원리를 훌륭하게 설명하는 이론이 리카도(D. Ricardo)의 비교생산비설이다. 그가 설파한 비교생산비설(theory of comparative cost)은 오늘날까지도 변함없이 무역의 근본원리를 잘 설명하고 있다. 리카도의 통찰력을 설명하기 위해 <표 7-2>를 다시 생각해 보자.

한국에서 신발 한 단위를 생산하기 위해서는 10단위의 노동이 필요하고 컴퓨터 한 단위를 생산하기 위해서는 40단위의 노동이 필요하다. 따라서 컴퓨터 한 단위를 생산하려면 신발 4단위의 생산을 포기해야 한다. 한 상품을 생산하기 위해 포기해야 하는 다른 상품의 량을 기회비용(opportunity cost)이라고 부른다. 이 기회비용은 한 상품의 생산비를 다른 상품의 량으로 측정하는 것으로 다른 말로는 비교생산비(comparative cost)라고 부를 수 있다. 결국 한국에서 컴퓨터 한 단위의 기회비용, 즉 비교생산비는 신발 4단위가 된다. 마찬가지로 분석해 보면 미국에서는 컴퓨터 한 단위 생산의 기회비용은 신발 3단위이다. 이 기회비용을 비교해 보면 미국이 한국보다 낮음을 알 수 있다. 즉 컴퓨터 한 단위를 생산하는데 한국에서는 신발 4단위가 희생되지만 미국에서는 3단위가 희생된다. 따라서 컴퓨터의 기회비용이 높은 한국에 비하여 미국이 컴퓨터 생산에 비교우위에 있다고 말한다.

한편 신발 생산의 기회비용은 한국에서는 컴퓨터 1/4 단위, 그리고 미국에서는 컴퓨터 1/3 단위로 측정된다. 즉 신발 생산은 미국보다 한국이 유리하다. 다시 말하면 한국은 미국보다 신발 생산에 비교우위에 있는 것이다. 따라서 미국은 컴퓨터를 수출하고 한국은 신발을 수출하게 된다. 결국 생산의 우위성과 무역의 방향은 이 기회비용, 즉 비교생산비에 따라서 결정됨을 알 수 있다. 이상과 같이 절대생산비가 아니라 비교생산비에 근거하여 무역이 이루어진다는 내용을 **비교생산비설**, 또는 **비교우위론**이라 부른다.

2) 헥셔-올린의 무역이론

20세기에 들어와서 다른 시각에서 비교우위의 원천을 제시하고 새롭게 무역을 설명한 사람은 헥셔(E. Heckscher)와 올린(B. Ohlin)이다.

헥셔와 올린은 우선 리카도와 달리 생산요소로 노동과 함께 자본을 명시적으로 고려한다. 리카도 시대에도 자본이 존재하였으나 다만 노동이 가치창조의 원천이라고 생각하여 노동을 중시하였을 뿐이다. 그에 반하여 헥셔와 올린은 자본이 축적되고 자본주의가 발달한 시점에서 자본을 독자적인 생산요소로 고려하게 된 것이다. 또 그들은 동일한 상품을 생산하는 기술은 두 나라 사이에 아무런 차이가 없다고 가정한다. 이것도 생산기술의 전파가 용이하게 진행되는 20세기의 사정을 반영한 것이다.

이렇게 두 요소를 고려하면서 그들은 중요한 두 가지 가정을 전제한다. 하나는 두 나라 사이에는 요소부존비율, 즉 그 나라에 존재하는 자본/노동 비율이 다르다는 것이다. 이때 자본/노동 비율이 높은 나라를 **자본풍부국**, 그 비율이 낮은 나라를 **노동풍부국**이라 부른다. 자본풍부국 또는 노동풍부국이란 두 요소 부존

비율을 기준으로 나누어지므로 상대적인 개념이다. 예를 들어 일본의 자본/노동 비율이 한국의 그것보다 높다면 일본이 인구, 즉 노동량이 많다 하더라도 자본풍부국이 되고 한국은 노동량이 적지만 노동풍부국이 되는 것이다.

또 다른 하나의 중요한 가정은 두 상품을 생산하는데 투입되는 자본/노동의 비율이 다르다는 것이다. 앞서 전제한 것처럼 상품을 생산하는 데는 노동과 자본이라는 두 요소가 투입된다. 이때 한 상품은 상대적으로 자본투입량이 많고 반대로 다른 한 상품은 노동투입량이 많은 것이다. 어떤 생산요소를 상대적으로 많이 사용할 것인지는 그 산업의 생산기술상의 문제이다. 여기서 상대적으로 자본이 많이 투입되어 생산되는 상품을 **자본집약재**, 노동이 많이 투입되어 생산되는 상품을 **노동집약재**라 부른다. 자본집약재 또는 노동집약재도 역시 상대적인 개념이다. 예를 들어 봉제완구산업의 자본/노동 투입비율이 반도체산업의 그것보다 낮다면 설령 반도체산업 고용인구가 더 많다고 해도 봉제완구는 노동집약재이고 반도체는 자본집약재인 것이다.

한 나라는 자본풍부국이고 다른 한 나라는 노동풍부국인 두 나라가 자본집약재와 노동집약재인 두 상품을 대상으로 무역을 한다고 할 때 노동풍부국은 노동집약재에, 그리고 자본풍부국은 자본집약재에 비교우위를 갖는다. 이제 그 이유를 살펴보자.

실물로 평가한 생산요소의 상대적 풍부성은 다른 한편으로 생산요소가격의 상대적인 차이로 나타날 것이다. 즉 노동이 풍부한 나라는 노동임금이 상대적으로 낮고 자본가격이 높으며, 자본이 풍부한 나라는 노동임금이 높고 자본가격은 낮을 것이다. 다시 말하면 그 나라에 풍부한 생산요소의 가격이 낮고 희소한 생산요소의 가격은 높다. 따라서 노동이 풍부한 나라는 노동임금이 저렴하므로 노동을 많이 사용하는 상품의 생산이 상대적으로 유리하게 된다. 반대로 자본이 풍부한 나라는 자본가격이 낮으므로 자본을 많이 사용하는 상품의 생산이 유리하다. 따라서 노동풍부국은 노동집약재에, 그리고 자본풍부국은 자본집약재에 비교우위를 갖는다. 즉 그 나라에 풍부한 생산요소를 집약적으로 투입하여 생산되는 상품을 특화하여 수출하는 것이다. 이것이 **헥셔 - 올린 이론**의 결론이다.

지난 수십 년 동안의 우리나라 수출주종상품을 살펴보면 요소부존도가 무역에 미치는 영향을 쉽게 이해할 수 있다. 60년대에는 가발, 봉제완구, 합판과 같은 노동집약재에 비교우위가 있었다. 그것은 당시 우리나라가 상대적으로 노동이 풍부한 나라였기 때문이었다. 그러나 상대적으로 자본이 풍부해진 오늘날에는 자동차, 철강, 반도체와 같은 자본집약재에도 비교우위가 있어서 주로 수출되고 있다.

3. 국제무역환경 변화

제2차 세계대전 후 미국에 의해 주도되었던 세계경제질서는 1970년대 들어 미국의 경제력이 상대적으로 저하되고 EC, 일본 및 아시아 신흥공업국(NICs)의 지위가 상승함에 따라 미국중심에서 벗어나 점차 다양화되는 양상을 나타내었다. 특히 1971년 미달러화의 금태환 정지선언으로 금·달러 본위제를 근간으로 하는 전후 국제통화 질서가 붕괴된 데다 자유무역주의를 지향하고 있는 GATT(General Agreement on Tariffs and Trade) 체제도 1970년대 두 차례의 석유 파동 등을 계기로 선진각국이 경쟁적으로 비관세 장벽을 동원함에 따라 점차 약화되었다. 이에 따라 미국을 비롯한 주요 선진국은 세계경제 전체의 번영 없이는 자국경제가 지속적으로 발전할 수 없다는 데 공감하고, 1985년 9월 대외불균형 시정과 환율안정을 위한 각국간의 정책협조를 다짐하는 협조체제를 강화하는 한편, 자유 무역질서의 회복과 서비스, 지적 소유권 등 새로운 형태의 무역질서 확립을 위하여 1986년부터 GATT 제8차 협상인 UR(Uruguay Round)협상을 본격적으로 추진하기 시작하였다. 그 결과 WTO(World Trade Organization) 체제가 무역확대를 통한 세계경제의 발전을 목표로 범세계적인 시장개방과 공정 무역질서 확립을 위해 1995년 공식기구로 출범하였다.

WTO는 제2차 세계대전 이후 50년간 세계 무역질서를 규율해온 GATT와는 달리 공산품은 물론 농산물, 서비스, 지적재산권 등을 포함한 거의 모든 무역분야를 다룰 뿐 아니라 투명한 무역정책 제도의 유지와 분쟁 해결능력을 제고함으로써 "국제교역에 관한 UN"으로 등장하고 있다. 또한 WTO는 시장개방의 확대와 다자체제의 기능 강화라는 두 가지의 방식으로 과거 GATT의 한계를 극복함으로써 더욱 자유롭고 보다 공정한 교역을 추구하는 새로운 세계 교역질서를 형성하고 있다. 결국 WTO의 출범으로 세계무역질서가 하나의 기구에 의해 규율

됨에 따라 산업 및 무역의 세계화와 함께 국경 없는 무한경쟁시대로 돌입하는 새로운 국제무역환경이 조성되었으며, 환경보호, 투자환경 보장 등 새로운 교역 과제에 대한 다자간 협상의 기반이 마련되었다.

2002년 초부터 도하 개발 아젠다(Doha Development Agenda: DDA)협상이 WTO에서 진행되고 있다. DDA협상은 우루과이라운드 협상(1986~94)에 이은 제9차 다자간 무역협상으로서 농산물 및 서비스시장의 추가개방, 공산품과 인수산품의 시장개방, 기존 무역규범의 개정뿐만 아니라 무역과 환경, 무역과 투자, 무역과 경쟁정책, 정부조달의 투명성, 무역 원활화와 같은 새로운 의제들을 논의하고 있다. 이러한 DDA 협상의 출범은 21세기 신무역질서의 수립을 가져올 것으로 보인다. 특히 DDA 협상의 성공적 타결은 무역자유화를 가져와 교역확대의 중요한 계기가 될 것이다.

그러나 이러한 국제적 정책협조 노력과는 대조적으로 미국을 비롯한 구미 선진국들이 쌍무협상을 통하여 상호주의에 입각한 시장개방압력을 강화하는 가운데 세계 곳곳에서 지리적으로 인접하고 경제의 상호의존도가 높은 국가간에 경제블럭을 형성하는 지역경제의 블록화 현상 즉 지역주의(regionalism)가 점차 확산되고 있다.

유럽에서는 마스트리히트 조약이 발효됨에 따라 기존의 EC가 유럽연합(EU)으로 새로이 출범하였으며, EU 12개국과 스위스를 제외한 유럽자유무역연합(EFTA) 6개국에 의한 세계최대의 단일시장인 유럽경제지역(EEA)이 1994년 1월 1일 공식 출범하였다. 미주에서도 미국, 캐나다, 멕시코 3국간의 북미자유무역협정(NAFTA)이 타결되어 1994년 1월 1일부터 발효됨으로써 15년 내에 NAFTA 회원국간의 무역 및 투자장벽을 없애도록 하여 북미지역 국가간의 투자 및 교역이 활성화되도록 하였다. ASEAN 국가들도 1993년 1월부터 ASEAN 자유무역지역(AFTA)을 출범시켰으며, 아·태 지역에서도 이와 같은 무역 블록에 대처하기 위하여 지난 1989년 창설된 아·태 경제협력체(APEC)가 역내 무역, 투자의 자유화를 위한 노력을 강화하는 움직임을 나타내고 있다. 그밖에도 이와 같은 움직임에 자극을 받아 동아시아 및 동북아지역, 중남미 지역, 그리고 아프리카와 중동 등 여타지역에서도 기존의 경제협력체제를 활성화하거나 새로운 블록을 형성하려는 시도가 진행되고 있다.

우리나라도 이러한 세계적인 추세에 따라 2004년에 처음으로 칠레와 FTA를 맺은 이후 싱가포르(2006), EFTA(2006), ASEAN(2007), 인도(2010), EU(2011), 미국(2012), 캐나다(2015), 중국(2015), 콜롬비아(2016) 등 52개국과 15건의 FTA가 발효중이며, 중미 6개국과의 FTA 협상은 타결되어 발효과정을 남기고 있다. 그리고 RCEP, SECA, 이스라엘, 한중일 등과의 FTA는 협상이 진행되고 있으며, EAEU, GCC, MERCOSUR, 멕시코 등 여러 지역과도 FTA에 관해 협상준비중이거나 검토중에 있다.

이러한 지역주의는 지리적 인접성, 공통된 역사, 문화적 동질성, 경제적 긴밀도 등에서 이해를 같이 하는 특정 국가들간에 경제협력을 긴밀히 하고자 경제관계에 있어 자유, 무차별 원칙을 국지적으로 적용하려는 국제경제상의 한 흐름으로 기존의 국제경제질서를 구조적으로 변화시키고 있다. 또한 지역주의는 대외적으로 자유무역주의를 표방하고 있으나 실질적으로는 역내시장 보호와 역외지역에 대한 차별 등 보호주의적인 색채를 강하게 띠고 있으며, GATT 체제를 유지해 왔던 미국, EU 등의 선진국들이 블록의 형성을 주도하고 있다는 특징을 가지고 있다.

이러한 인접국 또는 경제적 이해를 같이하는 국가간의 지역주의 또는 지역 내 협력강화 움직임은 당분간 지속될 것으로 보인다. 이에 따라 앞으로의 세계경제는 지역적인 경제협력 움직임에 의하여 크게 영향을 받을 것으로 보인다.

7.2 국제무역정책

1. 자유무역과 보호무역

무역정책은 경제정책의 일환으로 국민경제의 균형적 발전을 위하여 한 나라 대외경제 활동에서 발생하는 문제점들을 시정하기 위한 정책이다.

무역은 국민경제에 지대한 영향을 미치기 때문에 이를 유리한 방향으로 운용하기 위해서는 이와 같은 정책적 접근이 필요하다. 무역정책의 기조는 무역에 대한 정부의 개입여부에 따라 자유무역과 보호무역으로 나눌 수 있다.

1) 자유무역주의

자유무역이란 아무런 간섭도 받지 않고 자유롭게 무역이 이루어지는 것을 의미한다. 따라서 자유무역정책은 어떠한 정책적 개입이 없는 정책이다. 즉 각 나라는 자유롭게 비교우위에 따라 생산특화를 하고 무역을 하여 이익을 얻게 되는 것이다. 그것은 자유로운 상태로 무역이 이루어질 경우 시장의 힘에 의해 조화로운 상태에 도달할 것이란 신념을 바탕으로 하고 있다. 정부의 역할은 시장의 기능이 원활하게 작용할 수 있도록 보조적 측면에 머문다.

자유무역 사상은 15세기 말에서 18세기 중반까지 유럽대륙을 지배했던 중상주의 경제사상에 대한 비판에서 시작되었다. 중상주의는 수출은 많이 하고 수입은 가능한 억제하여 무역흑자를 최대한 확대시킬 수 있도록 수출을 적극 지원하고 장려하는 여러 정책수단들을 동원하였고 수입은 높은 관세 등으로 억제하는 정책을 펼쳤다. 중상주의 시대에는 이렇듯 자국의 이익을 위하여 수단과 방법을 가리지 않고 국가간섭이 이루어졌다.

이러한 자유무역 사상은 자본주의 초기 고전학파 경제학자인 아담 스미스와 리카도에 의하여 더욱 체계적으로 발전되고 산업혁명이 이루어짐에 따라 선진자본주의 국가를 중심으로 확고하게 자리 잡게 되었다. 그러나 19세기 말 이후 유럽각국에 팽배한 국가주의에 의한 보호무역으로 말미암아 자유무역은 오래 지속되지 못했고 제1차 세계대전 이후엔 전세계가 다시 보호무역 정책을 채택하게 되었다.

2) 보호무역주의

보호무역은 정부가 무역의 흐름에 인위적으로 개입하는 것을 말한다. 그러나 보호무역의 목적은 무역에 대한 그 자체에 있는 것이 아니다. 무역개입을 통해 궁극적으로 재정수입 확대, 국내산업의 보호와 물가안정, 경제성장 등과 같은 목적을 추구하는 것이다. 오늘날에 있어서 보호무역 정책의 목표는 국민경제의 안정과 성장, 나아가 국민전체의 복리증진이라는 거시적인 관점에서 이해해야 한다. 결국 무역정책도 종합적인 경제정책의 한 부분으로서 그 역할을 담당하는 것이다.

자본주의 시장경제가 발전하면서 선진자본주의 국가를 중심으로 자유무역주의가 자리를 잡게 되었으나, 다른 한편에서는 또 다른 논리적 근거에 입각하여 보호무역의 중요성을 강조하는 흐름이 형성되고 있었다. 이러한 움직임은 당시로서는 선발자본주의 국가가 아닌 후발주자인 미국과 독일에서 시작되었다. 선진국인 영국이나 프랑스에 비해 늦게 산업혁명을 겪은 미국이나 독일은 공업에 뒤떨어져 있었기 때문에 선진국과 자유무역을 통해 경쟁을 하면 불리한 상황이었다. 이러한 상태에서 후진국의 국내산업을 선진국의 위험으로부터 보호하기 위한 보호무역론이 대두하게 되었다.

미국에서 보호무역의 주창자는 해밀턴(A. Hamilton)이라는 사람이었다. 그는 농업과 공업이 모두 생산적이지만 특히 공업발전이 경제발전에 유리하므로 공업을 진흥시켜야 한다고 주장하였다. 해밀턴은 미국의 공업이 영국에 비하여 낙후되었으므로 미국의 공업을 육성하기 위해서는 관세부과, 수입규제, 보조금 및 장려금 지급 등의 수단을 통하여 정부의 적극적인 보호조치가 필요하다고 주장하였다.

독일에서는 리스트(F. List)가 등장하여 강력한 보호무역을 주창한다. 그는 스미스의 자유무역 사상을 신랄하게 비판하면서 각국은 경제발전 단계가 다르기 때문에 그에 상응하는 경제정책을 채택해야 한다고 주장하였다. 후진국은 경제발전 정도가 영국과 같은 단계에 이르러야 비로소 스미스가 말하는 자유무역을 실현할 수가 있다. 따라서 그때까지는 독일과 미국 같은 후진국은 보호관세에 의해 선진국의 경제공세를 방어함으로써 유치한 국내산업을 보호육성해야 한다고 주장하였다.

해밀턴과 리스트에 의해 제창된 공업육성과 보호무역의 필요성은 그 후 유치산업보호론으로 정립 발전되었다. 특히 2차세계대전 이후에 신생독립국을 비롯한 많은 개발도상국들은 이를 보호무역의 이론적 근거로 삼고 경제발전의 신조로 여기게 된다.

3) 신보호주의

자본주의의 발전과 함께 국제무역은 상당히 빠른 속도로 증대되었다. 2차대전이 끝나갈 즈음에 설립된 관세 및 무역에 관한 일반협정, 즉 GATT(general agreements on tariffs and trade)은 최초의 국제무역기구로서 세계무역자유화를 위하여 주도적인 역할을 하였다. 그리하여 1950년대와 1960년대에 세계무역은 역사상 유례없는 비약적 발전을 이룩하였으며 자유무역주의는 어느 때보다도 확고하게 주창되었다.

그런데 1970년대에 들어서자 세계무역환경이 크게 변화되었다. 이른바 석유파동을 거치면서 세계경제는 높은 실업률과 인플레이션이 동시에 나타나는 스태그플레이션 현상에 시달리면서 경기침체에 빠져들었다. 그리고 중요한 변화는 세계무역구조의 판도가 크게 달라지고 있었다는 점이다. 전후 세계경제는 미국의 주도하에 질서를 잡아왔으나 일본경제의 부상과 유럽의 경제부흥에 따라 다극화되었고, 미국은 무역적자가 나타나면서 어려움에 직면하였다. 특히 신흥공업국이라 불리는 일단의 개발도상국이 비약적으로 성장하면서 선진국들을 위협하기에 이르렀다.

이러한 환경변화로 인하여 세계경제에는 다시 보호무역적인 분위기가 형성되기 시작되었다. 그런데 이 시기의 보호무역은 과거의 유치산업보호론으로 대표되던 보호무역과는 판이하게 다른 성격을 나타내고 있다. 그리하여 이를 신보호주의(new protectionism)라 부른다.

이러한 신보호주의는 유치산업을 적극적으로 보호하려는 전통적인 보호주의와 달리 경쟁력을 잃어가는 사양산업을 보호하는데 그 목적이 있다. 특히 종전의 보호주의는 경제발전 단계가 낮아 공업화를 추진하는 개발도상국에 의해 주도되었으나 신보호주의는 공업화가 완성된 선진국들에 의해 실시되었다. 또한 전통적 보호주의에서는 관세가 가장 보편적인 보호수단인데 반하여 신보호주의에서는 관세가 아닌 비관세장벽을 주요 정책수단으로 사용하였다. 이는 GATT 체제하에서 무역자유화를 추진하면서 관세가 상당히 낮아졌는데 이를 다시 높이는 것은 용이하지 않았기 때문이었다.

그런데 신보호주의는 앞서 지적한 것처럼 확고한 이론적 정당성을 배경으로 이루어지는 것이 아니다. 본질적으로 신보호주의는 불황기나 전시처럼 어려운 경제적 상황에 직면하여 행해지던 보호주의적 경향과 다를 바가 없다. 다만 자유무역주의가 한창 무르익어가던 시점에 나타나서 새로운 현상으로 부각되었을 뿐이다. 이러한 경향이 국제적인 무역마찰을 초래하고 국제무역질서를 혼란스럽게 만들자 다시금 이를 바로잡아야 한다는 주장이 제기되는 것은 당연한 귀결이다. 즉 1980년대 중반에 다자간무역협상이 시작되고 이는 1995년 초 WTO라는 새로운 국제무역기구의 출범으로 귀착된다.

2. 보호무역수단

자유무역정책은 정부가 자유로운 무역의 흐름에 개입하지 않으므로 정책적 수단이 달리 존재하지 않는다. 따라서 무역정책 수단은 보호무역의 경우를 말하는 것으로 수출을 촉진시키거나 수입을 억제하는 여러 가지 수단을 일컫는다. 이러한 무역정책 수단에는 관세나 관세 이외의 여러 인위적 조치인 비관세 장벽을 이용한 수입규제 정책과 수출보조금이나 생산장려금 등의 지급을 통한 수출확대 정책 등이 있다.

1) 관세

관세(tariff)는 역사적으로 가장 오래되었으나 오늘날까지 가장 널리 이용되고 있는 무역정책 수단이다. 관세는 국민경제적 관점에서 산업보호, 재정수입확보, 무역적자해소 등 여러 목적을 위해 부과되고 있다. 국경을 넘나드는 물자에 대해 부과되므로 국경관세라 부른다.

그런데 근래에는 자유무역지대와 같은 지역경제통합이 이루어지면서 몇몇 회원국간에는 관세를 부과하지 않기로 협정을 맺기도 한다. 따라서 관세가 반드시 국경을 기준으로 부과되는 것은 아니다. 이런 의미에서 관세부과 기준을 국경과 다른 개념으로 관세선이라 부른다. 그러므로 관세는 관세선을 통과하는 물품에 부과하는 조세라고 정의할 수 있다.

관세는 자유무역에 대한 일종의 장벽이며 한 나라의 경제정책을 수행하는데 중요한 수단이라는 일반적 성격을 갖는다.

관세는 관세목적에 따라 재정수입 확보를 목적으로 하는 **재정관세**와 국내산업의 보호를 목적으로 하는 **보호관세**로 구분된다. 관세는 과세방법에 따라 단위가격에 대한 일정비율을 관세로 부과하는 **종가세**와 상품단위 또는 중량이나 용적단위당 일정액을 관세로 부과하는 **종량세**가 있다. 또한 특정 국가에게만 유리하게 차별적으로 적용하는 특혜관세가 있다. 특혜관세 중 선진국이 개발도상국의 공산품 수입에 부여하는 관세상의 특혜가 GSP라 부르는 **일반특혜관세**(generalized system of preferences)이다.

근래에 들어와서 빈번하게 적용되고 당사국간 분쟁의 소지를 안고 있는 민감한 무역정책수단에 상계관세와 덤핑방지관세가 있다. **상계관세**(countervailing duties)는 수출국이 특정 수출품에 대해 보조금이나 장려금을 지급하여 수출할 경우, 수입국이 그 보조금에 해당하는 세금을 관세에 추가하여 부과하는 것을 말한다. **덤핑방지관세**(anti-dumping duties)는 외국생산자가 부당하게 낮은 가격으로 수출할 경우 수출국의 국내가격과 수출가격과의 차이만큼을 관세에 추가하여 부과하는 것이다.

관세부과는 그 경제에 다양한 효과를 초래한다. 수입에 관세를 부과하면 이 관세는 소비가격에 전가되므로 국내가격을 상승시킨다. 이러한 국내가격의 상승은 국내소비를 감소시키고 생산을 증가시켜 수입이 감소한다. 따라서 관세는 생산자들의 공급을 증가시키는 산업보호 효과와 수입을 감소시켜 무역수지를 개선하는 무역수지 개선 효과를 가져 온다. 관세는 또 재정수입을 발생시킨다. 관세로 인하여 국내 부문간에 소득 내지 후생의 재분배가 이루어진다. 소비자들은 자유무역시보다 높은 가격아래서 소비량이 줄어들므로 후생감소가 초래된다. 반면 국내생산자들은 높은 가격 아래서 생산이 증대되므로 이윤증가 또는 후생증대가 이루어진다. 또 다른 경제주체인 정부 입장에서는 재정수입이 발생하므로 역시 이익의 증대를 실현한다. 따라서 관세는 소비자의 후생감소분이 국내생산자의 후생증가와 정부 재정수입으로 전환되는 후생의 재분배 효과를 나타낸다.

2) 비관세 정책

비관세정책이란 관세 이외에 무역에 대해 영향을 미치는 모든 정책적 개입을 말한다. 구체적으로는 비관세정책은 자유로운 무역을 저해하는 정부의 개입조치로서 국내생산과 외국생산간 차별대우를 통하여 국제경쟁력에 영향을 미치는 제반 정책이라고 할 수 있다. 중요한 점은 국내생산물이나 생산과정을 외국상품이나 외국생산과 차별하고 있으며 그 결과 국제무역을 왜곡시킨다는 사실이다.

역사적으로 보면 비관세정책은 관세정책 못지않게 뿌리가 깊다. 특정품목에 대한 수입금지나 수입허가제, 또는 수입량할당 등은 아주 오래전부터 활용된 정책수단이었다. 그러나 비관세정책은 20세기 전반까지만 해도 정부의 거시적인 무역정책수단으로 인식되기보다는 부분적이고 일시적인 규제수단으로 활용되었다. 관세가 일반적인 무역정책 수단으로 이용되었던 것과는 다른 개념이었다. 2차대전 이후에 성립된 GATT 체제 아래서는 아예 관세만을 유일한 무역규제수단으로 인정하고 모든 비관세정책을 철폐하자는 원칙을 세웠다. 그 후 관세는 명실상부한 중심적인 무역정책수단이 되었다.

그런데 1960년대 중반 이후에 들어서면서 비관세정책에 대한 관심이 높아지기 시작하였다. 그것은 국제무역환경의 변화와 함께 관세정책의 활용가능성이 약화되었기 때문이었다. 우선 GATT의 주도 아래 수차례의 다자간무역협상을 거치면서 각국의 관세수준은 상당히 낮아졌다. 한편 선진국 경제가 어려움을 겪으면서 신보호주의적 경향의 등장과 함께 새로운 무역개입의 필요성을 느끼게 된다. 그런데 관세수준을 다시 높여 무역장벽을 강화하는 것은 한계가 있었다. 관세를 인상하려면 적어도 무역당사국간 협의를 거쳐야 하는데 이를 관철하기가 쉽지 않다. 또 관세는 수입국이나 원산지에 관계없이 모든 나라에 공통적으로 인상 적용되어야 한다. 그것은 GATT의 무차별원칙으로 명시되어 있는 내용이기도 하다. 따라서 특정국가에 대한 차별적인 무역규제 수단으로서 비관세 정책에 대한 관심이 높아졌던 것이다.

1970년대에 신보호주의가 만연하면서 관세보다는 오히려 각종 비관세장벽들이 무역정책의 핵심적 역할을 수행하게 된다. 이 비관세정책을 둘러싼 각국의 마찰이 빈번해지자 1970년대 이후 다자간무역협상에서는 이를 완화하고 엄격한 국제규범 마련을 위해 노력하였으나 큰 실효를 거두지 못하였다.

비관세정책은 그 개념이 광범위하고 수단들이 워낙 다양하기 때문에 이를 체계적으로 분류하기는 용이하지 않다. 일반적으로 비관세정책에는 수입할당제와 수출자율규제 같은 수입을 제한하는 비관세장벽과 수출보조금이나 생산보조금 등 재정 금융상의 지원정책 같은 수출을 장려하는 비관세장벽이 있다.

수입할당제(import quota)는 비관세정책 중 가장 역사가 깊은 대표적 수입규제 수단이다. 수입할당제는 일정기간 동안 일정량 또는 일정금액에 해당하는 수입만을 허용하는 제도이다. 그러므로 이 제도는 경직적이면서도 강력한 보호효과를 나타낸다. 한편 이 제도는 관세와 달리 행정절차에 의하여 신속하게 적용할 수 있고, 차별적인 적용이 가능하다는 점에서 정책당국에서 선호하는 수단이기도 하다. 수입할당제도 관세와 마찬가지로 국내가격 상승을 가져와 산업보호 효과와 무역수지 개선 효과가 나타난다. 그러나 관세와 달리 수입할당제에서는 정부재정 수입이 발생하지 않고 국내가격상승으로 인한 할당이익이 수입업자에게 귀속된다.

수출자율규제(voluntary export restraints; VER)는 양국간 협정에 근거하여 일정량의 한도를 정하고 수출국이 자율적으로 수출물량을 조절하는 정책수단이다. 형식상 수출국이 자율적으로 물량을 조절하므로 겉으로는 수입규제가 아닌 것처럼 보이지만, 통상 수입국의 주도하에 양국간 협정의 결과 시행되는 것으로 사실상 수입할당과 유사한 규제수단이다. 이 제도는 수출국 입장에서는 수입국 주도하의 직접적인 무역제한 조치를 피할 수 있고, 수입국의 입장에서는 실질적인 수량제한이 가능하면서 양국간 행정협정을 통해 선별적인 규제가 이루어질 수 있으므로 근래에 들어 선호하는 정책수단이기도 하다. 수출자율규제는 특히 미국정부가 일본의 대미 자동차수출을 줄이기 위해 사용하였으며 최근에는 우리나라를 비롯한 대만, 홍콩 그리고 싱가포르 등으로부터 철강, 신발, 기타 수출상품을 규제하기 위해 사용하고 있다.

보조금(subsidy)은 산업을 보호육성하기 위하여 생산이나 판매과정에 대해 정부가 재정적으로 지원하는 자금을 뜻한다. 지원하는 대상행위에 따라 보조금의 형태를 구분할 수 있는데, 대표적인 것으로는 생산보조금과 수출보조금이 있다.

생산보조금(production subsidy)은 생산을 장려하기 위하여 지원되는 정부보조금이다. 생산행위에 보조를 해주므로 국내생산자의 공급이 증가한다. 왜냐하면 공급증대에 따른 비용이 상승하더라도 이를 보조금으로 상쇄할 수 있기 때문이다. 따라서 이 산업이 수입산업이라면 국내공급이 늘어나므로 수입이 감소할 것이고, 수출산업이라면 늘어난 국내생산만큼 수출이 증가할 것이다. 생산보조금은 직접 무역에 대해 규제를 하는 것은 아니다. 그러나 국내공급증대를 통해 결과적으로 수입을 감소시키거나 수출을 증가시키기 때문에 분명한 무역개입수단의 하나로 인식되고 있다.

수출보조금(export subsidy)은 수출을 장려하기 위하여 수출상품 단위당 일정액, 또는 수출가격의 일정비율을 재정적으로 보조해 주는 것이다. 수출보조금을 받는 국내생산자도 공급을 증대시킬 것이다. 역시 비용이 상승하지만 이를 보조금으로 상쇄시킬 수 있기 때문이다. 다만 생산보조금과는 달리 수출분에 대해서만 보조를 받을 수 있으므로 설령 국내시장에 대한 공급을 줄이더라도 가능한 한 수출증대를 꾀할 것이다.

보조금은 한 나라의 일방적 조치로 지급되는데 국제적으로는 불공정한 무역개입으로 규정되고 있다. 따라서 언제든지 수입국의 상황에 따라 상계관세 부과대상이 될 수 있고 이를 둘러싼 마찰의 소지를 안고 있다.

그밖에 정부의 행정적, 기술적 규제 등에 의해서도 국제무역이 제한되고 있다. 복잡하고 까다로운 수입절차, 자동차와 전자제품에 대한 안전기준 강화, 식품에 대한 위생 기준강화 등의 여러 규제조치를 통하여 수입을 제한하기도 한다.

7.3 우리나라의 무역

우리나라는 1960년 3,300만 달러의 수출을 한 이래 2016년에는 4,954억 2,600만 달러어치의 수출을 하여 수출규모는 세계 8위, 세계시장 점유율은 3.1%를 기록하고 있다.

1997년 외환위기로 인한 경기침체 때문에 1998년도의 수출은 약간 감소하였으나 다시 증가하였다. 수입도 1998년 크게 감소하였는데 이는 경기침체로 인한 자본재 등의 수입이 크게 감소하였기 때문이다. 우리나라는 1980년대 후반기를 제외하고는 일반적으로 무역수지적자국에서 벗어나지 못하고 있었으나 1997년 외환위기 이후 글로벌 금융위기의 여파로 인한 2008년의 적자를 제외하고는 줄곧 무역수지흑자를 기록하였다.

〈표 7-3〉 우리나라의 무역 추이

	세계 (10억달러)		한 국 (백만달러, %)				
	수출	수입	수출	한국의 순위	수입	한국의 순위	무역수지
1960	122	130	33 (0.03)		344 (0.3)		-311
1970	298	314	835 (0.3)		1,984 (0.6)		-1,149
1980	1,921	1,999	17,505 (0.9)	23	22,292 (1.1)	19	-4,787
1990	3,378	3,467	65,016 (1.9)	11	69,844 (2.0)	11	-4,828
1995	5,074	5,150	125,058 (2.4)	12	135,119 (2.5)	11	-10,061
1996	5,290	5,391	129,715 (2.4)	12	150,339 (2.6)	11	-20,624
1997	5,528	5,626	136,164 (2.4)	12	144,616 (2.5)	11	-8,452
1998	5,349	5,360	132,313 (2.5)	12	93,282 (1.7)	16	39,031
1999	5,611	5,876	143,685 (2.6)	12	119,752 (2.0)	14	23,933
2000	6,431	6,711	172,268 (2.7)	12	160,481 (2.4)	13	11,787
2001	6,176	6,466	150,439 (2.4)	13	141,098 (2.2)	14	9,341
2002	6,424	6,685	162,471 (2.5)	12	152,126 (2.3)	14	10,345
2003	7,482	7,765	193,817 (2.6)	12	178,827 (2.3)	14	14,990
2004	9,123	9,458	253,845 (2.8)	12	224,463 (2.4)	13	29,382
2005	10,493	10,857	284,419(2.6)	12	261,238 (2.4)	12	23,181
2006	12,124	12,429	325,465(2.6)	11	309,383(2.5)	12	16,082
2007	13,998	14,270	371,489(2.6)	11	356,846(2.5)	11	14,643
2008	16,127	16,415	422,007(2.6)	12	435,275(2.7)	11	-13,268
2009	12,490	12,682	363,534(2.9)	9	323,085(2.5)	10	40,449
2010	15,237	15,402	466,384(3.1)	7	425,212(2.8)	9	41,172
2011	18,217	18,381	555,214(3.0)	7	524,413(2.8)	9	30,801
2012	18,323	18,567	547,870(3.0)	7	519,584(2.8)	8	28,286
2013	18,826	18,904	559,632(3.0)	7	515,586(2.7)	9	43,946
2014	18,935	19,024	572,665(3.0)	7	525,515(2.7)	9	47,150
2015	16,489	16,743	526,757(3.2)	6	436,499(2.6)	9	90,258
2016	15,955	16,255	495,426(3.1)	8	406,193(2.5)	10	89,233

주 : ( ) 안은 세계비중

자료 : 한국무역협회, 무역연감, 2017.

한편 수출과 수입 모두 꾸준히 증가하여 2015년 이후 처음으로 무역 1조 달러 시대를 열었으나, 2015년 이후 1조달러를 하회하고 있다.

〈표 7-4〉 우리나라의 지역별 수출입 비중

(단위 : 백만달러, %)

	수 출						수 입					
	1970	1980	1990	2000	2005	2016	1970	1980	1990	2000	2005	2016
아시아	309	5,617	24,639	81,093	146,914	284,366	1,016	7,852	28,515	70,262	126,033	201,972
	(37.0)	(32.1)	(37.9)	(47.1)	(51.7)	(57.4)	(51.2)	(35.2)	(40.8)	(43.8)	(48.2)	(49.7)
일 본	236	2,039	12,638	20,466	24,027	24,355	813	5,858	18,574	31,828	48,403	47,467
	(28.3)	(17.4)	(19.4)	(11.9)	(8.4)	(4.9)	(41.0)	(26.3)	(26.6)	(19.8)	(18.5)	(11.7)
중국	7	15	585	18,455	61,915	124,433	34	26	2,268	12,799	38,648	86,980
	(0.8)	(0.1)	(0.9)	(10.7)	(21.8)	(25.1)	(4.1)	(0.1)	(3.2)	(8.0)	(14.8)	(21.4)
중 동	7	2,540	2,619	7,586	12,241	26,228	113	5,762	6,188	25,793	47,395	54,126
	(0.8)	(14.6)	(4.0)	(4.4)	(4.3)	(5.3)	(5.7)	(26.0)	(8.9)	(16.1)	(18.1)	(13.3)
유 럽	76	3,131	12,034	28,141	52,853	62,010	218	1,905	10,512	20,070	33,610	65,944
	(9.1)	(17.9)	(18.5)	(16.3)	(18.6)	(12.5)	(11.0)	(8.5)	(15.1)	(12.5)	(12.9)	(16.2)
EU	66	2,710	8,876	23,424	43,659	46,610	209	1,614	8,421	15,788	27,296	51,902
	(7.9)	(16.7)	(15.4)	(13.6)	(15.4)	(9.4)	(10.5)	(7.6)	(13.0)	(9.81)	(10.4)	(17.8)
북 미	415	4,950	21,091	40,037	44,789	71,347	608	5,269	18,408	31,349	33,190	47,158
	(49.7)	(28.3)	(32.4)	(23.2)	(15.7)	(14.4)	(30.6)	(23.6)	(26.4)	(19.5)	(12.7)	(11.6)
미 국	395	4,607	19,360	37,611	41,343	66,464	585	4,890	16,942	29,242	30,586	43,216
	(47.3)	(26.3)	(29.8)	(21.8)	(14.5)	(13.4)	(29.5)	(21.9)	(24.3)	(18.2)	(11.7)	(10.6)
남 미	4	492	2,104	9,369	14,987	25,441	7	369	1,726	3,263	7,017	15,217
	(0.5)	(2.8)	(3.2)	(5.4)	(5.3)	(5.1)	(0.4)	(1.7)	(2.5)	(2.0)	(2.7)	(3.7)
아프리카	17	416	915	2,240	6,203	8,813	6	97	363	2,814	2,946	4,563
	(2.0)	(2.6)	(1.4)	(1.3)	(2.2)	(1.8)	(0.3)	(0.9)	(0.5)	(1.8)	(1.1)	(1.1)
오세아니아	7	282	1,214	3,522	6,018	17,185	17	781	3,201	6,898	10,971	16,844
	(0.8)	(1.6)	(1.9)	(2.0)	(2.1)	(3.5)	(0.7)	(3.5)	(4.6)	(4.3)	(4.2)	(4.1)
합 계	835	17,505	65,016	172,268	284,419	495,426	1,984	22,292	69,844	160,481	261,238	406,193

주 : ( ) 안은 전체수출에서 차지하는 비중

자료 : 한국무역협회, 무역연감, 2017.

우리나라의 무역은 그동안 수출 다변화정책에도 불구하고 <표 7-4>에서 보듯이 아직까지 특정지역 및 국가에 편중되고 있는 실정이다. 특히 아시아에 대한 비중은 2016년 수출은 57.4%, 수입은 49.7% 를 차지하고 있다. 아시아 가운데서는 중국에 대한 무역의존도가 높을 뿐 아니라 큰 폭의 무역수지 흑자 현상을 보이고 있다. 미국에 대해서 수출은 1970년의 47.3% 에서 2016년의 13.4%로 비중은 크게 낮아지고 있다.

또 하나의 특징은 우리나라의 수출이 미국과 EU 등 대선진국 수출은 점점 감소하고 중동, 중남미, 중국, 아프리카 등 개도국에 대한 수출비중이 높아지고 있다는 것이다. 1990년대 이후 우리나라의 대개도국 무역 비중이 높아지는 것은 국내 기업들의 해외투자 진출 결과이다. 즉 중국, 아세안, 중남미 등으로 공장을 이전함에 따라 동지역에 대한 기계류와 중간재의 수출이 증가하고, 반대로 동지역으로부터 완제품의 역수입이 증가하고 있기 때문이다.

〈표 7-5〉 우리나라의 10대 수출상품

(단위 : %)

순위	1970년		1980년		1990년		2000년		2016	
	품목	비중	품목	비중	품목	비중	품목	비중	품목	비중
1	섬유류	40.8	의류	16.0	의류	11.7	반도체	15.1	반도체	12.6
2	합판류	11.0	철강판	5.4	반도체	7.0	컴퓨터	8.5	석유제품	5.4
3	가 발	10.8	신발	5.2	신발	6.6	자동차	7.7	자동차	8.2
4	철광석	5.9	선박	3.6	영상기기	5.6	석유제품	5.3	선박해양구조물 및 부품	6.9
5	전자제품	3.5	음향기기	3.4	선박	4.4	선박	4.9	무선통신기기	6.0
6	과자제품	2.3	인조장 섬유직물	3.2	컴퓨터	3.9	무선통신기기	4.6	자동차부품	5.2
7	신 발	2.1	고무제품	2.9	음향기기	3.8	합성수지	2.9	평판디스플레이 및 센서	5.1
8	연초 및 동제품	1.6	목재류	2.8	철강판	3.8	철강판	2.8	합성수지	3.5
9	철강제품	1.5	영상기기	2.6	인조장 섬유직물	3.6	의류	2.7	철강판	3.1
10	금속제품	1.5	반도체	2.5	자동차	3.0	영상기기	2.1	전자응용기기	2.2
10대상품 총 계		(81.1)		(47.6)		(53.4)		(56.6)		(58.2)

자료 : 한국무역협회, 무역연감, 2017.

한편 우리나라의 10대 수출상품을 보면 1970년대부터 현재까지 수출상품의 비교우위가 어떻게 변화되어 왔는지를 알 수 있다. 1970년에는 섬유류, 합판, 가발 등 노동집약적인 경공업제품들이 상위권을 차지하고 있다. 1980년에는 철강판, 선박, 음향기기 등이 부상하고 2016년에는 반도체, 자동차, 선박, 석유제품 등 중화학 제품들이 선두를 형성하고 있다. 즉 지난 40여년간 우리나라의 수출주종상품은 노동집약적 경공업제품을 거쳐 자본과 기술집약적인 중화학공업 제품으로 변천되어 왔음을 알 수 있다. 그러나 2016년 10대 수출상품이 총수출에서 차지하는 비중이 58.2%로 1990년 보다 훨씬 높아져 수출 편중도가 더욱 높아지는 결과를 가져와 우리나라 무역구조의 문제점을 보여주고 있다.

연습문제

1. 다음 용어를 설명하시오.
   (1) 무역수지 적자
   (2) 비교생산비설
   (3) 헥셔-올린 이론
   (4) 보호무역정책
   (5) WTO 체제
   (6) 자유무역협정
   (7) 수입할당제
   (8) 도하 개발 아젠다
   (9) 상계관세
   (10) 덤핑방지 관세

2. 다음 물음에 답하시오.
   (1) 무역이 한 나라의 경제성장과 발전에 미치는 영향을 분석해 보시오.
   (2) 리카도의 비교생산비설과 헥셔-올린 이론의 차이점을 설명하고 각각의 현실적인 예를 들어 보시오.
   (3) 최근 지역주의의 동향을 살펴보고 우리나라의 경제통합에 대한 대응 및 전략을 설명해 보시오.
   (4) 자유무역과 보호무역에 대한 찬반을 논해 보시오.
   (5) 신보호주의와 전통적인 유치산업 보호론의 차이점에 대해 설명하시오.

제 8 장

외환과 환율

8.1 외환과 외환시장

1. 외환시장

일반적으로 국가간 재화의 이동은 한편으로 대금지불, 즉 화폐의 이동을 필요로 한다. 더욱이 미국의 달러, 일본의 엔, 유로화, 영국의 파운드 같이 각 나라는 각기 다른 통화를 사용한다. 그러나 한 나라의 통화는 일반적으로 그 나라 안에서만 통용되고 다른 나라의 가계나 기업들에게는 통용되지 않을 것이다. 예컨대 미국의 수출업자는 수출대금으로서 한국의 수입업자로부터 원화를 받으려 하지 않고 미국 통화인 달러화로 대금을 요구할 것이다. 따라서 국내거래에서는 이러한 문제가 발생하지 않지만 국제거래에 있어서는 중요한 문제가 된다.

이와 같이 국가간의 무역은 한 나라의 통화와 다른 나라 통화와의 교환이 가능해야만 원활하게 이루어질 수 있다. 국제거래에 필요한 다른 나라의 통화를 **외환**(foreign exchange)이라 한다. 보통 외환은 실제 외국통화나 외화예금, 외화표시어음 등과 같은 외국통화에 대한 여러 청구권들을 지칭한다. 사람들은 외국으로부터 재화와 서비스를 사는 데 필요한 외환을 외국통화의 매매가 이루어지는 **외환시장**(foreign exchange market)에서 얻는다.

외환시장은 전세계적으로 분산되어 있는데, 대규모 외환시장은 런던이나 뉴욕, 동경 등과 같은 선진금융센터에서 찾을 수 있다. 외환시장의 참가자는 개인이나 기업 등의 고객, 대규모 상업은행들과 외환브로커들, 그리고 중앙은행 등으로 구성되어 있는데 다른 통화들과의 교환은 주로 이들에 의해서 일어난다. 예컨대 달러가격으로 표시된 미국의 자동차를 수입하는 경우 한국의 수입업자는 미국의 수출업자에게 달러화로 대금을 지불해야 하므로 수입업자의 은행에 가서 원화를 가지고 달러로 표시된 수표를 구입해서 미국의 수출업자에게 보낸다.

오늘날 세계외환시장은 매일 열린다. 즉 모든 통화들이 하루 24시간 계속해서 거래된다. 뉴욕의 외환거래자들이 새벽 3시 곤히 잠들고 있을 때 런던의 상대방은 아침 8시에 이미 전화 통화를 하고 컴퓨터를 두드리고 있다. 한편 동경에서는 오후 6시로 하루 업무가 막 끝나고 있다. 동경의 거래자들이 하루 일과를 마치고 집으로 돌아올 무렵 뉴욕의 거래자들이 다시 일터로 돌아온다. 외환시장은 사람들이 휴식을 취할 때도 계속해서 움직이고 있는 것이다.

〈그림 8-1〉 세계 외환시장의 규모 (일평균거래, 억달러, 2016년)

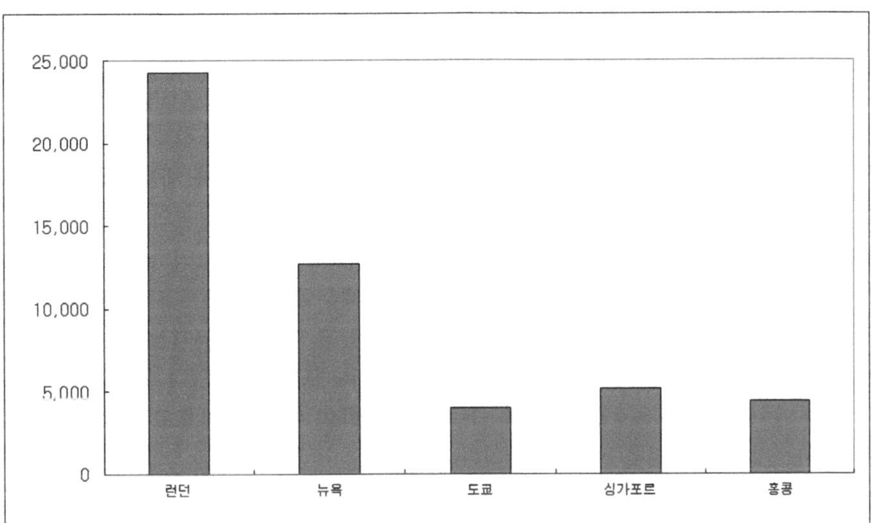

유로(Euro)화의 출범

독일, 프랑스, 이탈리아, 스페인, 벨기에, 네델란드, 아일랜드, 룩셈부르크, 핀란드, 포르투칼, 그리고 오스트리아 등 11개 EU 회원국은 1999년 1월 1일부터 유로(Euro)화 라는 새 단일통화를 출범시켰다.

유로화는 1999년 1월부터 금융시장(은행간 거래)과 국가간 거래에 먼저 사용되고 있고 2002년 1월부터는 유로지폐와 주화가 본격 통용되고 있다. 화폐통합을 선언한 11개 EU 회원국의 개별통화는 2002년말 통용이 중단되고 사상 유례없는 '유로의 시대'가 개막됨으로써 세계 최대 단일 통화권이 등장하게 되었다.

인구 2억 9천만 명의 유럽단일통화권은 전세계 국내총생산(GDP)의 19.4%, 세계무역의 18.6%를 차지해 GDP 19.6%, 세계무역비중 16.6%인 미국과 맞먹는 대규모 경제권을 형성하고 있다.

따라서 새로이 출범한 유로는 국제통화로 위력을 떨치고 있는 미국 달러화에 대해 강력한 경쟁자가 될 것으로 예상하고 있다. 현재까지 달러는 국제자본 및 교역시장에서 주축이 되는 화폐인 기축통화로서 단독 질주를 하고 있다. 1998년 유로화 출범 당시 세계외환 보유고 중 달러의 비중이 71%에 달하고 외환시장 거래에서 달러의 비중은 83%에 이르렀다. 무역결제에서는 거의 절반이 달러화로 거래되었다. 따라서 비록 최근 이러한 달러의 비중이 점차 줄어들고 있으나(2017년 세계 외환보유고 중 달러의 비중은 약 60.0%) 여전히 달러의 국제통화로서의 지위는 당분간 지속될 것으로 예상되고 있다.

이 달러에 유로가 강력한 라이벌로 등장하게 되었다. 유로가 제2의 기축통화가 될 것이라는 주된 근거는 미국에 버금가는 유럽단일 통화권의 경제규모이다. 또 다른 이유는 세계각국이 단일통화를 사용하는 EU와 교역하거나 투자할 때 비용과 리스크를 크게 줄일 수 있다는 점 때문이다.

유로화의 가치는 출범 당시보다도 상승하고 있고 또한 세계외환보유고 중 유로의 비중은 1999년 18%대에서 2017년에는 30%대로 급증하였다. 이러한 유로화의 가치 상승과 유로화 비중의 급증은 유로화의 지위가 앞으로 지속적으로 상승될 것이라는 점을 시사하고 있다.

그러면 이러한 외환시장의 크기는 얼마나 될까? 2016년 4월 런던, 뉴욕, 도쿄 등 세계 53개 외환시장의 하루 평균 거래규모는 5조 1,000억 달러를 기록하였다. 시장별로는 런던시장이 2조 4,260억 달러를 기록하여 전세계 외환시장의 37.1%

를 차지하였고, 뉴욕시장은 1조 2,720억 달러로 19.4%의 점유율을 보였다. 그리고 싱가포르시장 5,170억 달러(7.9%), 홍콩시장 4,370억 달러(6.7%), 일본 동경시장 3,990억 달러(6.1%)를 기록하며 그 뒤를 이었다. 이에 따라 이들 5대 시장이 전체 외환시장에서 차지하는 비중은 77.2%나 된다. 국내외환시장은 1998년 외환위기 이후 하루 평균 거래규모가 40억 달러로 감소하였으나 2016년에는 480억 달러를 기록하였다.

한편 외환시장에서의 통화별 하루 평균 거래량은 미국의 달러, 유로, 일본의 엔, 영국의 파운드의 순으로 많다. 최근에는 달러화 등의 거래비중보다 유로화 및 엔화의 거래비중이 상대적으로 크게 증가하고 있다.

2. 환율

서로 다른 통화를 가진 나라들간에 국제거래를 하려면 한 통화를 다른 통화로 교환할 필요가 있다. **환율**은 한 통화를 다른 통화로 교환하는 비율 즉 한 나라의 통화가치를 다른 나라의 통화단위로 표시한 가격을 말한다. 다시 말하자면 환율이란 1단위의 외국통화를 얻기 위하여 지불해야 하는 국내통화 단위의 양을 말한다. 만일 미화 1달러를 얻기 위하여 1,000원을 지불해야 한다면 대미환율은 1,000이 된다. 이때 환율은 1달러 = 1,000원으로 나타낸다. 이렇게 표시하는 환율을 **자국통화표시 환율**이라 한다. 반면에 환율을 1원 = 1/1,000 달러로도 표시할 수 있는데 이렇게 표시하는 환율을 **외국통화표시 환율**이라고 한다. 일반적으로 환율표시는 자국통화표시 환율로 이루어지고 있다.

따라서 환율의 상승(외환가격의 상승)은 자국통화의 가치하락(depreciation)을 뜻한다. 만일 달러와 엔 간의 환율이 달러당 100엔에서 110엔으로 올랐다면 1달러로 더 많은 엔(10엔)을 살 수 있을 것이다. 이 경우 달러화는 더 비싸져서 가치가 상승했으므로 달러화가 엔화에 대해 가치가 상승했다고 말한다. 이와 반대로 환율의 하락(외환가격의 하락)은 자국통화의 가치상승(appreciation)을 나타낸다. 1달러로 더 적은 엔을 살 수 있을 것이고 이 때 달러화가 엔화에 대해 가치가 하락했다고 말한다.

만일 달러화가 엔화에 대해 가치가 상승한다면 엔은 반드시 달러에 대해서 가치가 하락해야 한다. 만일 달러로 더 많은 엔을 교환할 수 있다면 엔화는 더 적은 달러화와 교환될 것이다. 만일 달러화가 달러당 100엔에서 110엔으로 가치가 상승한다면 이제 100엔은 1달러가 아니라 0.91 달러와 교환될 것이다. 마찬가지로 달러화가 엔화에 대해 가치가 하락한다면 엔은 반드시 달러화에 대해 가치가 상승해야 한다. 만일 달러당 더 적은 엔을 얻는다면 엔화로는 더 많은 달러화와 교환될 것이다. 만일 달러화가 달러당 100엔에서 90엔으로 가치가 하락한다면 이제 100엔은 1달러가 아니라 1.11달러와 교환될 것이다. 즉 달러의 엔화가격이 1달러당 100엔에서 110엔으로 상승하면 엔화는 가치가 하락하고 달러화는 가치가 상승하게 되며 90엔으로 하락하면 엔화는 가치가 상승하고 달러화는 가치가 하락하게 된다.

환율은 한 나라의 상품가격을 다른 나라의 가격으로 환산하게 한다. 예컨대 미국사람이 한국에서 시계를 사는데 얼마가 드는지 알고 싶어 한다 하자. 그래서 한국 시계 상점에 전화를 해서 시계가격이 120만원이라고 알았다 하자. 한국 시계상점은 원화로 지불되기를 원하므로 120만원이 달러화로 얼마나 되는지 알기 위해서는 달러와 원화 간의 환율을 알아야 한다. 만일 환율이 달러당 1,000원이라면 그 시계를 사는데 1,200달러가 들 것이고(120만원/1,000원) 환율이 1,200원이라면 시계는 1,000달러가 들 것이다. 이처럼 환율은 외국통화로 표시된 상품가격을 자국통화 표시가격으로 환산하게 한다.

따라서 환율의 변화는 자동적으로 두 나라 제품의 가격의 변화를 가져온다. 환율이 상승하면 외국으로부터 수입하는 재화의 국내가격이 이전보다 더 비싸지고 외국에 수출하는 재화의 외화가격은 더 싸지게 된다. 예컨대, 환율이 1,000원에서 1,100원으로 오르게 되면 우리나라 사람은 100달러짜리 미국산 라디오를 사기 위하여 종전에는 100,000원이던 것을 이제는 110,000원을 지불해야 한다. 반면에 미국사람은 330,000원짜리 우리나라 TV를 사기 위하여 종전에는 330달러를 지불했으나 이제는 300달러만 지불하면 된다. 환율하락의 경우는 위와 반대가 된다. 따라서 환율의 변화는 상품과 자본의 국제거래를 결정짓는 중요한 요인이 된다.

8.2 환율의 결정과 변동

1. 환율의 결정

1) 외환의 수요와 공급

환율은 어떻게 결정되고 변화하는가? 이를 알기 위해서는 외환의 수요와 공급에 대해서 이해를 해야 한다.

민간인, 기업, 상업은행, 그리고 각국의 정부들은 매일 외환을 사고 판다. 외국통화를 수요하는 사람들은 외국통화로 바꾸려는 국내통화 소지자들이다. 외국통화의 공급자는 국내통화로 바꾸려는 외국통화 소지자들이다. 따라서 외환의 수요는 자국통화의 공급과 같고 외환의 공급은 자국통화에 대한 수요와 같다. 환율은 외환시장에서 일어나는 이러한 외환에 대한 수요와 공급에 의하여 결정된다.

외환에 대한 수요는 국내통화를 외국통화로 바꾸려는 필요 때문에 일어난다. 그러면 누가 어떤 목적으로 외환을 필요로 하는가?

첫째, 외국으로부터 재화와 서비스를 구입할 경우이다. 예컨대 한국의 수입업자가 미국으로부터 기계를 수입한다고 하면, 먼저 이 기계 대금을 지불하기 위하여 달러화를 매입해야 한다. 마찬가지로 미국을 여행하는 한국의 여행자도 미국에 머무는 동안 이용하는 기차, 호텔, 음식점 등 서비스의 댓가를 지불하기 위하여 달러화를 필요로 할 것이다. 일반적으로 외국의 재화와 서비스에 대한 수입수요는 그 나라의 통화수요를 가져온다.

둘째, 해외자산을 획득할 경우이다. 예컨대 한국의 기업이 미국에 공장을 건설하는 것과 같은 해외직접투자의 경우나 한국의 거주자가 미국기업의 주식이나 회사채 또는 정부채권 등을 매입하는 경우에도 달러의 수요를 발생시킨다. 재화와 서비스의 매입과 마찬가지로 해외직접투자나 외국의 금융자산에 대한 수요도 그 나라의 통화수요를 가져다 준다. 그 밖에도 투기자들이 투기의 목적으로 외환을 필요로 하는 경우가 있다. 만일 원화에 비해 달러화의 가치가 상승할 것을 예상한다면 미리 달러화를 보유하려고 할 것이다. 이는 달러화에 대한 수요를 낳는다.

한편 외환의 공급은 위의 경우와 반대가 된다. 미국사람이 우리나라의 상품을 수입하거나 국내여행을 하는 동안 이용하는 택시, 호텔, 음식점 등 서비스의 댓가를 지불하기 위하여 달러를 원화로 바꾸어야만 한다. 미국사람이 우리나라 정부가 발행한 정부채나 회사가 발행한 회사채 같은 채권을 매입하거나 경기도에 공장을 짓는 경우에도 달러화를 원화로 바꾸어야만 한다. 또한 원화가치가 상승할 것을 예상하는 투기자들은 투기행위를 위해서도 반드시 달러화를 원화를 바꾸어야 한다. 이러한 행위는 모두 외환시장에서 달러의 공급으로 나타난다.

〈표 8-1〉 외환의 수요 및 공급요인 : 한국과 미국의 경우

달러화의 수요 (원화의 공급)	달러화의 공급 (원화의 수요)
1. 한국의 기업, 가계, 또는 정부의 미국 상품 구입	1. 미국의 기업, 가계 또는 정부의 한국 상품 수입
2. 한국인의 미국여행	2. 미국인의 한국여행
3. 원화소지자의 미국 주식, 채권 또는 기타 금융자산의 매입	3. 달러화 소지자의 한국주식, 채권 또는 기타 금융자산의 매입
4. 한국기업의 미국내 투자	4. 미국기업의 한국내 투자
5. 달러가치의 상승을 예상하는 투기자들의 투기	5. 원화가치의 상승을 예상하는 투기자들의 투기

2) 환율의 결정 : 외환시장의 균형

일반적으로 외환시장의 수요곡선과 공급곡선은 재화시장의 수요곡선과 공급곡선과 같이 각각 우하향 및 우상향하는 기울기를 가진다. 자유경쟁시장을 가정하면 환율도 다른 경쟁가격처럼 외환시장에서 수요와 공급의 법칙에 의하여 결정된다. 즉 외환시장의 **균형환율**은 다른 경쟁시장과 마찬가지로 <그림 8-2>에서처럼 수요량과 공급량이 일치하는(수요곡선과 공급곡선이 교차하는) 점 E에서 이루어진다.

이때 균형환율은 1$=1,000원이고 이 환율에서 한국소비자들이 미국의 재화나 서비스 또는 자산을 구입하기 위하여 수요하는 달러량과 미국소비자들이 한국의 재화나 서비스 또는 자산을 구입하기 위하여 공급하는 달러량이 100만 달러로 같아진다.

환율이 균형수준보다 위 또는 아래에 있을 때 어떻게 시장이 이를 조정하는지 알아보도록 하자. <그림 8-2>에서 환율이 현재의 균형환율보다 높은 1달러=1,100원이라면 외환시장에서는 달러화의 초과공급이 있게 된다. 즉 달러공급량이 달러수요량을 초과한다. 달러화의 초과공급으로 원화를 대가로 달러를 팔고 싶은 일부 사람들은 그렇게 할 수가 없으므로 달러화의 가격은 떨어질 것이다. 즉 경쟁시장에서와 같이 달러화 초과공급은 달러화의 가격을 내릴 것이다. 달러화의 가격이 떨어짐에 따라 한국의 미국으로부터의 수입원화가격은 하락하므로 미국의 상품에 대한 수요가 증가하게 되고 따라서 달러 수요량은 증가한다. 그러나 한국에서 미국으로의 수출달러가격은 상승하므로 한국제품이 더 적게 구매되어 달러화의 공급량은 감소할 것이다. 따라서 달러화의 가격하락은 달러수요량을 증가시키고 공급량을 감소시켜서 수요량과 공급량이 일치하는 점에서 환율은 균형을 찾게 된다.

〈그림 8-2〉 경쟁시장에서의 균형환율 결정

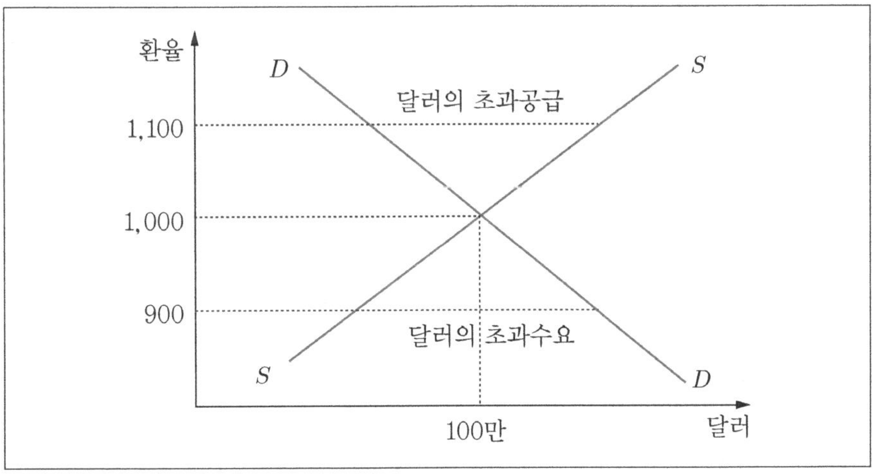

반면에 만일 환율이 균형환율보다 낮은 1달러 = 900원이라면 달러 수요량이 공급량보다 많아서 초과수요가 존재한다. 달러화의 초과수요로 원화로 달러화를 사고 싶은 일부 사람들은 그렇게 할 수 없게 되어 달러화의 가격은 상승한다.

위와 같은 원리로 달러화의 공급량은 늘고 달러화의 수요량은 줄어들게 되어 균형이 다시 이루어진다. 그러므로 외환시장은 다른 경쟁시장과 마찬가지로 수요와 공급의 동인들이 수요량과 공급량이 일치하는 균형가격(환율)을 만든다.

2. 환율의 변동

무엇이 환율을 변하게 하는가? 왜 어떤 통화는 가치가 상승하고 다른 통화는 가치가 하락하는가? 간단히 말하자면 환율의 변화는 외환시장에서의 수요나 공급의 변화에 의해 생긴다. 외환의 수요곡선을 오른쪽으로 또는 공급곡선을 왼쪽으로 이동시키는 요인은 균형환율을 상승시켜 외국통화의 가치상승을 가져온다. 반대로 외환의 수요곡선을 왼쪽으로 또는 공급곡선을 오른쪽으로 이동시키는 것은 균형환율을 하락시켜 외국통화의 가치하락을 가져온다. 그러면 어떤 요인들이 환율을 변하게 하는지 살펴보도록 하자.

1) 기호와 선호의 변화

예컨대 최근 우리나라 사람들의 미국제품에 대한 선호나 기호의 변화로 미국 농산품이나 식품에 대한 수요가 증가했다고 가정하자. 이는 미국 수출품에 대한 수요를 증가시키고 외환시장에서는 더 많은 달러가 수요될 것이다. 다시 말하면, 달러의 수요곡선이 오른쪽으로 이동해서 환율이 상승하고 달러화의 가치는 올라갈 것이다.

2) 물가상승률의 차이

지금 외국 물가수준 및 국내 물가수준을 포함하여 다른 모든 조건이 일정불변인 상태이고 환율은 균형상태에 있다고 가정하자. 그러나 만일 한 나라에서 물가상승이 일어나거나 두 나라에서의 물가상승률이 다른 경우에는 상대가격의 변화를 가져와서 외환의 수요에 영향을 미친다. 예컨대 한국의 물가상승률이 미국보다 높다고 하면 우리나라 제품의 원화가격이 상승하여 한국의 수출품은 미국시장에서 상대적으로 더 비싸지고, 반면에 미국으로부터의 수입은 상대적으로 싸지게 된다. 따라서 한국의 수출은 감소하고 미국으로부터의 수입은 증가하여 달러화의 수요곡선은 오른쪽으로, 공급곡선은 왼쪽으로 이동한다. 결과적으로 환율이 상승함으로써 달러화의 가치는 상승하고 원화의 가치는 하락한다. 이는 한 나라의 물가수준이 다른 나라보다 상대적으로 올라가면 그 나라 통화의 가치는 다른 나라의 통화가치에 비해 상대적으로 하락한다는 것을 의미한다.

3) 국민소득의 변화

소득이 늘어날 때 소비자 지출이 증가하고, 줄어들 때 감소하는 것처럼 한 나라의 경제가 성장하여 국민소득이 증가하면 구매력이 증가하여 그 나라의 수입은 증가한다. 반면 성장이 둔화되면 수입이 감소된다. 따라서 국민소득의 변화에 따르는 수입수요의 변화는 외환의 수요곡선을 이동시켜 환율의 변화를 가져온다. 예컨대 한국의 경제성장은 미국으로부터의 수입에 더 많은 지출을 하게 된다. 이는 달러화에 대한 수요곡선을 오른쪽으로 이동시켜서 달러화의 가치상승(원화의 가치하락)을 가져온다.

4) 자본이동

국가간의 자본이동도 환율에 큰 영향을 미친다. 이러한 국제자본이동의 동기에는 단기적으로는 두 나라간의 실질 이자율차, 환율변화에 대한 기대, 장기적으로는 장래 투자수익에 대한 기대 등이 있다. 예컨대 미국의 자산에 대한 투자수요의 증가는 달러화의 수요곡선을 오른쪽으로 이동시켜 달러화의 가치상승을 가져온다. 일반적으로, 투자자금의 이동은 자본유입국 통화의 가치상승을 가져오고 자본유출국 통화의 가치하락을 가져온다. 예컨대 한국의 정부채권 이자율이 10%일 때 미국정부 증권에 대한 수익률이 15%로 상승한다고 가정해 보자. 이 때 한국의 투자가들은 미국증권을 매입하기 위하여 원화를 팔고 달러화를 사려고 할 것이다. 동시에 미국의 투자가들은 한국의 투자가 이제 매력이 없어지고 미국증권에 투자하는 것이 이전보다 더 매력적이므로 더 적은 원화를 수요하게 되어 종전보다 달러화의 공급이 줄어들게 될 것이다. 따라서 달러의 수요는 늘고 공급은 줄어서 달러화의 가치는 상승(원화가치는 하락)하는 것이다.

5) 뉴스

또한 모든 통화의 가치는 전세계에 걸친 뉴스와 최근의 깜짝 놀랄만한 새로운 사태 등에 큰 영향을 받는다. 미국, 남아프리카, 또는 스웨덴으로부터의 뉴스는 쉽게 통화의 교환가격 즉 환율에 영향을 미칠 수 있다. 미재무성이 무심코 내뱉은 말 한마디(예컨대 금리인상 가능성)는 즉각 전세계에 반향을 일으킨다. 또한 일본 정부의 제로금리 철회 시사도 즉각 각국의 환율에 영향을 미친다. 팩스, E-mail, 화상회의, 위성통신 등 현대정보통신 기술이 이 과정을 더욱 가속화시키고 있다.

3. 환율변동의 영향

이러한 환율은 매일 매일 변하고 또한 미래의 환율을 정확하게 예측하기도 어려워 불확실하므로 환율의 변동은 한나라의 경제나 우리들의 생활에 많은 영향을 미친다.

먼저 환율의 변동은 수출입에 변동을 가져오고 결과적으로 국제수지에 영향을 미친다. 환율이 오르게 되면 국내통화표시 수입가격이 상승하여 일반적으로 외국으로부터의 수입이 감소하고, 외국통화표시 수출가격이 하락하여 수출이 증가하므로 국제수지 개선 효과를 가져온다. 예컨대 달러의 원화가격이 1,000원에서 1,100원으로 상승하면 원화는 가치가 하락하고 달러화는 가치가 상승하게 되어 이는 자동적으로 두 나라 사이의 소비자제품의 상대가격 변화를 가져온다. 이러한 환율의 상승으로 외국으로부터의 수입이 이전보다 더 비싸지고 외국에 대한 수출은 더 싸지게 된다. 이 경우 100달러 하는 미국산 라디오를 사는데 종전에는 100,000원이던 것을 이제는 110,000원을 지불해야 한다.

또한 이러한 환율의 상승은 예컨대 미국에 유학생을 둔 부모들에게도 큰 부담이 될 것이다. IMF 위기 당시 환율이 급등하여 달러당 2,000원대에 육박하던 시기 높은 유학경비 부담 때문에 학업을 중단하고 많은 유학생들이 귀국한 사례도 있다. 이처럼 환율의 상승은 재화 및 서비스의 수입에 큰 부담을 준다. 반면 환율의 상승은 재화 및 서비스의 수출에는 긍정적인 효과를 가져다준다. 따라서 환율이 상승하면 수입업자들은 울상을 짓겠지만 수출업자들은 미소를 지을 것이다.

환율의 변화는 또 국내물가에도 영향을 미친다. 환율이 상승하면 외국통화표시 수출가격은 내려가고 자국통화표시 수입가격은 올라가서 일반적으로 수출은 증가하고 수입은 감소한다. 이 경우 국내 초과수요가 발생하여 물가상승을 초래할 수 있다. 또한 환율의 상승은 수입원자재 가격의 상승을 가져와 생산원가를 높이게 되므로 결국 물가를 상승시키는 요인이 된다. 일반적으로 생산업자는 생산원가의 상승에 따르는 추가적 부담을 소비자 가격으로 전가시키기 때문이다. 우리나라는 매년 1,000억 달러 이상의 원유를 산유국으로부터 수입한다. 만일 우리나라의 환율이 예컨대 달러당 1,000원에서 1,020원으로 오른다면(원화가치의 하락, 달러가치의 상승) 원유수입은 2조원 이상의 추가부담이 있게 된다. 추가 수입부담금은 결국 소비자 가격의 상승을 초래하게 되어 자동차를 소유한 사람들은 그만큼 높은 휘발유 값을 지불해야 함으로써 가계에 큰 부담이 될 것이다. 따라서 이 경우 많은 사람들은 자동차 대신 지하철이나 버스 같은 대중교통수단을 이용하게 될 것이다. 이러한 물가상승은 근로자들의 임금상승을 부추기고 이는 다시 생산원가 상승으로 이어지게 되어 또 다시 물가상승을 가져오는 악순환이 일어나기도 한다.

환율의 변화는 자원재분배 효과도 가져온다. 환율이 상승하게 되면 수출산업의 호황을 가져와 자원이 내수산업으로부터 수출산업으로 이동한다. 예컨대 반도체 산업이 환율상승의 영향으로 수출이 잘 되어 호황을 맞는다면 수출증가에 따른 생산확대를 위해 고용을 늘리려 할 것이고 이 때 다른 내수산업으로부터 노동이 이동할 것이다. 또한 환율의 상승은 수입원자재가격 상승으로 수입원자재 대신 국산원자재로 대체하는 효과를 가져온다. 따라서 국산자본재 산업의 발전도 기대할 수 있다.

〈표 8-2〉 원화가치 하락의 효과

원화의 10% 가치하락효과			
경제성장(%)	0.8	무역수지 흑자(억달러)	48
GNP디플레이터 상승(%)	2.2	수출증가(억달러)	20
생산자가격 상승(%)	3.4	수입감소(억달러)	28
소비자물가 상승(%)	1.8	수출채산성 증가(%)	7.0
고용증가(%)	1.9	기업수지개선(10억원)	12,207

자료 : 한국은행, KDI, 한국무역협회.

또한 환율의 변동은 외국통화표시 자산 및 부채를 가진 기업 또는 개인들에게도 영향을 미친다. 환율이 상승하면 외국통화표시 자산의 가치가 올라 유리하나 외국통화표시 부채는 그만큼 상환해야 할 부채가 많아지게 되므로 불리하다. 따라서 일반적으로 기업들은 환율의 상승이 예상되면 부채는 조기 상환하는 전략을 쓰기도 한다. 반대로 환율의 하락이 예상되면 부채상환을 가능한 미루고 소유 자산은 가능한 빨리 매각하고자 할 것이다. 현실적으로 기업들은 환율변동에 따른 외국통화표시 자산 및 부채의 가치변동에 따른 위험(환위험)을 줄이기 위해 **환위험** 회피 전략을 사용하고 있다. 이처럼 환율의 변동은 기업들과 개인들의 경제행위에 큰 영향을 미쳐 궁극적으로 국가경제에도 영향을 미치게 된다.

따라서 각국들은 적정한 환율을 유지하여 자국의 경제에 유리하도록 하기 위한 노력을 하고 있다.

8.3 환율제도

현실적으로 환율은 환율제도에 따라서 다르게 결정된다. 이러한 환율제도는 고정환율제도와 변동환율제도의 두 극단적인 제도로 구별될 수 있다.

1. 고정환율제도

고정환율제도는 정부가 특정통화에 대한 환율을 일정수준으로 고정시키는 제도를 말한다.

이 제도의 운영메카니즘을 살펴보면 다음과 같다. 예컨대 과거의 어느 시점에서 한국과 미국이 한국의 원화와 미국의 달러화의 교환비율을 1달러=1,000원으로 유지키로 하였다고 가정하자. 그리고 이 환율이 그 당시의 균형환율을 나타내었다고 가정한다. 그러나 <그림 8-3>에서처럼 여건의 변화로 수요가 D0에서 D1으로 증가하여 고정환율이 새로운 균형환율 1,100원 보다 낮게 되었다고 하자. 즉 한국의 원화가 고평가(overvalued)된 것을 말한다(따라서 달러화는 저평가 된다). 그런 경우에 어떻게 고정환율을 유지할 수 있을까? 이 경우 달러의 수요량이 공급량을 초과하여 q_0 q_1 만큼의 달러에 대한 초과수요가 있게 되므로 고정환율을 유지하기 위해서는 한국의 중앙은행이 달러의 공급부족을 공급해 주어야 한다. 즉 한국의 중앙은행은 보유하고 있는 달러를 가지고 달러당 1,000원의 환율로 원화를 매입하는 것이다.

따라서 한국의 중앙은행이 충분한 양의 달러화를 보유하는 한 1달러=1,000원으로 환율을 유지할 수 있다. 다시 말하자면, 한국의 중앙은행은 보유하고 있는 달러화를 q_0 q_1 만큼 공급하여 달러의 공급곡선을 S0에서 S1으로 이동시킴으로서 1달러 당 1,000원의 환율을 유지시킬 수 있다.

반대로 고정환율이 새로운 균형환율보다 높게 되어 원화가 저평가(undervalued) 된다면 중앙은행은 자국통화인 원화를 이용하여 외환시장에서 초과공급된 달러화를 계속 매입해야 한다. 이로써 중앙은행의 외환보유가 증가하게 된다. 이 경우도 특별한 통화환수조치가 따르지 않는 한 국내통화의 공급이 증가되어 물가상승이 일어날 수 있는 문제점이 있다.

이와 같이 고정환율을 유지하기 위하여 통화 당국의 외환의 매매가 필요한데 이를 중앙은행의 **외환시장개입**이라 한다. 이러한 외환시장개입은 통화 당국의 외환 보유를 요구한다. 따라서 이 경우 문제는 필요한 달러의 공급을 증가시키기 위하여 한국정부가 충분히 달러를 보유하고 있느냐 하는 것이다. 국제수지적자가 일시적으로 일어나는 경우는 기존의 흑자로 벌어들인 달러로 현재의 적자를 충당하면 큰 문제는 없지만 국제수지적자가 만성적이고 상당히 큰 규모일 때는 외환보유나 외환차입에 한계가 있으므로 고정환율을 유지하기가 어렵게 된다. 따라서 이 경우는 비록 가장 바람직한 환율고정수단은 공적 외환보유를 이용한 외환시장개입이지만, 브레튼우즈 체제에서는 이러한 문제를 해결하기 위해 그 나라 통화를 평가절하시킬 수 있도록 하였다. 이와 같이 국제수지에 기초적인 불균형이 발생할 경우 환율의 변동을 인정했기 때문에 브레튼우즈 체제하의 고정환율제도는 **조정가능고정환율제도**(adjustable pegged exchange rate system)라고 할 수 있다.

〈그림 8-3〉 고정환율과 변동환율

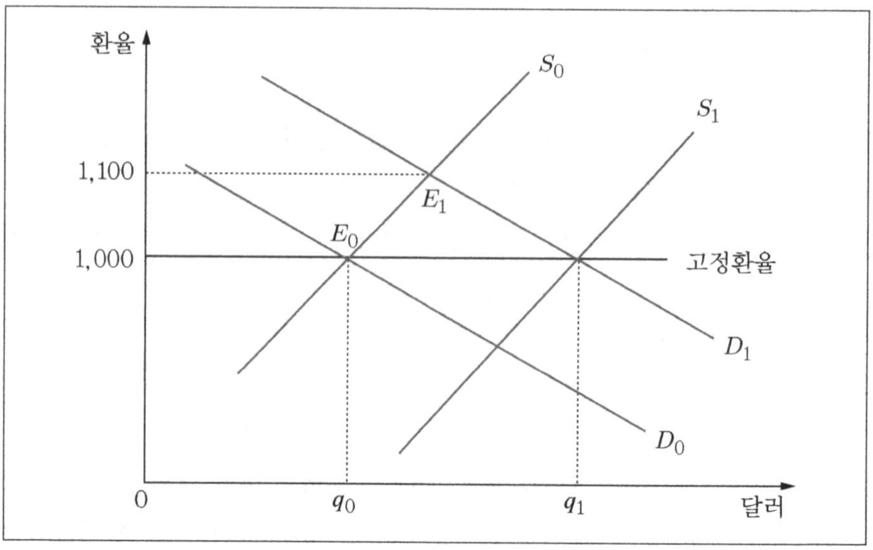

이처럼 어떤 나라가 그 나라 국제수지의 기초적 적자를 시정하기 위해서 인위적으로 환율을 인상시키는 경우를 **평가절하**(devaluation)라 하고, 반대로 국제수지의 기초적 흑자를 줄이기 위해 환율을 인하시키는 경우를 **평가절상**(revaluation)이라 한다.

2. 변동환율제도

변동환율제도는 정부의 시장개입이 없이 외환시장에서의 수요와 공급에 의해서 환율이 자유로이 결정되는 제도이다. <그림 8-3>의 경우 환율은 이전의 수요와 공급이 일치하는 균형환율이었던 1달러=1,000원에서 현재의 균형환율인 1,100원으로 이동하였다. 변동환율제도하에서 이와 같이 균형환율이 상승하면 달러화의 가치상승, 원화의 가치하락을 가져오고 반대로 균형환율이 하락하면 달러화의 가치하락, 원화의 가치상승을 가져온다.

<그림 8-3>에서 예컨대 미국제품에 대한 선호가 증가하여 달러에 대한 수요가 D_0에서 D_1으로 이동하였다고 하면 처음의 환율 1=1,000원에서는 q_0 q_1 만큼의 달러화 부족, 즉 초과수요가 있게 된다. 그러나 변동환율제도하에서는 달러화에 대한 초과수요는 달러의 가격을 상승하게 하여 새로운 균형환율 E1으로 움직인다. 따라서 변동환율제도에서는 환율은 항상 균형상태에서 결정된다.

정부의 개입이 전혀 없다는 점에서 이러한 제도를 순수변동환율제도라고도 한다. 이에 반해 고정환율제도와 순수변동환율제도의 중간형태로서 환율이 기본적으로는 외환시장에서 자유로이 결정되도록 하되 각국의 정부가 필요시에 수시로 외환시장에 개입하는 환율제도를 **관리변동환율제도**(managed floating exchange rate system)라고 한다. 정도의 차이는 있으나 대부분의 국가들이 외환시장에 개입한다는 점에서 현재의 변동환율제도는 관리변동환율제도라 할 수 있다.

3. 고정환율제도와 변동환율제도의 장단점

두 환율제도의 장단점은 상대적인 개념이다. 왜냐하면 한 제도의 장점은 다른 제도의 단점이 되기 때문이다. 두 제도의 장단점에 관한 여러 논의들을 요약하면 다음과 같다.

1) 고정환율제도의 장단점

고정환율제도의 주요한 장점으로서는 안정된 환율을 제공하여 장래에 대한 불확실과 가격불안정의 원천을 제거함으로써 환율변동에서 오는 **환위험**(exchange risk)이 없으므로 국제무역 및 투자를 촉진시키며 단기 투기성 자본(hot money)의 유출입이 발생하지 않기 때문에 국제수지의 불안정을 방지한다는 것이다.

그러나 고정환율제도의 최대 결점은 국제수지의 불균형을 자동적으로 조정할 기능이 없다는 것이다. 따라서 고정환율제도하에서는 일시적이고 단기적인 국제수지변동을 대비하기 위하여 막대한 외환보유가 필요하다. 순수변동환율제도에서는 국제수지 특히 경상계정 및 자본계정의 변동은 환율의 변화를 야기시킨다. 그러나 고정환율제도에서는 환율이 고정되어 있으므로 그러한 환율변동을 막기 위하여 통화당국이 외환을 매매하는 것이 필요하다. 이러한 외환매매조작은 통화당국의 외환보유를 요구한다. 따라서 외환보유가 고갈된다면 고정환율을 유지하기가 어렵게 된다.

그러므로 고정환율제도하에서 만성적인 국제수지 불균형시에는 정부는 첫째 환율의 변화(평가절하 또는 평가절상), 재정정책이나 금융정책 등을 이용하는 국내 거시경제정책, 둘째 관세, 쿼타, 보조금 지원 등을 통한 무역정책과 직접적인 외환통제 등의 수단 및 정책을 사용할 수 있다.

예컨대 국제수지적자 또는 흑자가 일시적이 아니고 만성적이라면 언제나 환율조정을 통하여 국제수지 불균형을 시정할 수 있다. 즉 국제수지적자국은 평가절하를 하고 국제수지 흑자국은 평가절상을 한다.

한편 만성적자국은 공적외환보유의 고갈을 방지하기 위하여 긴축재정 및 통화정책을 사용함으로써 총수요를 억제하거나 감소시킴으로써 국내물가수준을 낮추고 수입수요를 감소시킨다. 그러나 이러한 긴축정책은 실업을 증가시키고 경기침체를 가져오므로 국제수지개선이라는 대외정책 목표를 달성하기 위하여 완전고용과 국내 물가안정이라는 대내 정책목표를 희생시켜야만 한다. 국제수지 균형의 달성과 국내 경기안정의 실현은 둘 다 모두 중요한 국가경제 목표이나 고정환율제도하에서는 이와 같이 두 목표가 상충되는 단점을 가진다.

또한 무역정책이나 외환통제들이 비록 일시적으로는 국제수지를 개선하는데 도움이 될 수 있으나 장기적으로는 자원의 배분을 왜곡하여 국민경제의 효율적인 발전을 저해하는 요인이 된다.

2) 변동환율제도의 장단점

변동환율제도는 외환의 수요와 공급의 변화에 따른 환율의 자유로운 변동이 국제수지의 적자나 흑자를 자동적으로 조정할 수 있다는 데에 최대의 장점이 있다. 따라서 변동환율제도하에서는 국제수지 불균형을 개선하기 위한 정책을 사용할 필요가 없게 된다. 즉 완전고용이나 물가안정 등 국내 경제목표를 달성하기 위하여 국제수지개선이라는 대외목표를 희생하지 않고도 독립적으로 국내재정 및 금융정책을 운용할 수 있다. 또한 변동환율제도하에서는 고정환율제도처럼 외환시장의 개입을 위한 외환보유가 불필요하다. 이와 같은 장점에도 불구하고 다음과 같은 몇 가지 단점을 가질 수 있다.

먼저 고정환율제도의 옹호자들은 변동환율제도하에서는 변동환율과 관련한 불확실성과 위험이 국제무역 및 투자를 위축시킬 수 있다고 한다. 예컨대 한국의 자동차 수입업자가 미국의 자동차를 1대당 10,000달러에 100대를 수입하기로 계약했다고 하자. 현재의 환율 1달러=1,000원에서는 한국의 수입업자는 10억 원을 대금으로 지불하게 되나 만일 3개월 동안의 선적 기간 동안에 환율이 1,100원으로 오른다면 지불해야 할 자동차대금은 이제 11억 원이 된다. 이러한 환율인상의 결과는 한국 수입업자의 예상이익을 오히려 손실로 바꿀 수 있기 때문에 애초에 불리한 환율변동 가능성을 알아차린다면 한국의 수입업자는 쉽게 그런 위험을 감수하려고 하지 않을 것이다. 따라서 국제무역은 이 경우에 일어나지 않는다.

투자의 경우도 똑같은 원리가 적용된다. 환율이 1달러=1,000원 일 때 한국의 어떤 기업이 미국의 기업에 100만 달러를 투자하였다고 가정한다. 이 한국의 기업은 10%의 수익률, 즉 10만 달러 또는 1억 원의 수익을 예상한다. 이 예상이 맞아서 첫해에 10%의 수익률을 가졌다고 가정한다. 그러나 첫해에 원화의 가치가 올라가서 환율이 1달러=900원이 된다면 이제 수익은 1억 원이 아니라 9천만 원이 되고 따라서 실제수익률은 예상치 10%보다 낮은 9%로 떨어진다. 이러한 불리한 환율의 변동이 가져다주는 환위험은 잠재적 한국의 투자가들로 하여금 해외투자를 위축시킬 것이다.

둘째로 자유로운 변동환율은 큰 폭의 등락이 국제교역재를 생산하는 산업을 활성화시키기도 하고 위축시키기도 함에 따라 국내경제에 불안정적 효과를 가져다 줄 수도 있다. 만일 한국경제가 완전고용 상태에 있고 환율이 상승한다면 그 결과는 인플레이션을 초래할 것이다. 그 이유는 먼저 외국의 한국재화에 대한 수요가 증가하여 즉 총지출 중의 순수출 항목이 증가함으로써 수요견인 인플레이션(demand pull inflation)을 야기하기 때문이다. 또한 모든 한국의 수입품의 국내가격이 증가하기 때문이다. 반대로 환율하락은 수출을 감소시키고 수입을 증가시켜 실업을 야기한다.

끝으로 변동환율제도하에서는 환율 외환에 대한 투기(speculation)때문에 더욱 불안정적일 수가 있다는 것이다. 예컨대 미국의 달러화의 가치가 올라가고 있다고 하면 앞으로 그 가치가 더욱 올라갈 것이라고 예상하는 투기자들은 달러화를 매입함으로써 그 가치를 지금보다 더욱 상승시켜서 환율을 불안정하게 만들 것이다.

연습문제

1. 다음 용어를 설명하시오.
   (1) 외환
   (2) 환율
   (3) 자국통화표시 환율
   (4) 균형환율
   (5) 환위험
   (6) 고정환율제도
   (7) 변동환율제도
   (8) 외환시장 개입
   (9) 평가절하
   (10) 관리변동 환율제도

2. 다음 물음에 답하시오.
   (1) 외환의 수요 및 공급요인을 설명하고 외환시장에서의 균형환율 결정 메카니즘을 보이시오.
   (2) 우리나라의 원화가치 하락이 우리경제에 미치는 영향을 분석해 보시오.
   (3) 환율변동 요인들을 알아보고 이러한 요인들의 변화가 어떻게 환율을 변동시키는지 그래프를 이용하여 설명해 보시오.
   (4) 고정환율 제도와 변동환율 제도의 장단점을 비교 설명하시오.
   (5) 중앙은행의 외환시장 개입 메카니즘을 설명해 보시오.

제 9 장 국제자본이동과 국제금융시장

9.1 국제수지와 자본이동

1. 국제수지

경제참여자는 필요로 하는 재화를 소비하기 위해 자신이 만들어 놓은 재화를 다른 사람이 만들어 놓은 재화와 교환한다. 화폐를 가진 경우 화폐를 지불하여 자신이 필요로 하는 재화를 구입한다. 마찬가지로 국가간에 있어서도 유사한 방식의 생산과 교환이 이루어진다. 특정 국가에서 만든 재화를 외국에 팔아 외화를 벌어들이고 이를 사용해서 그 국가에서 필요한 재화를 사들인다.

일정한 기간 동안 자국 거주자와 비거주자 간에 이루어진 모든 경제적 거래를 체계적으로 기록한 통계를 **국제수지**(Balance of Payment : BOP)라 하고 이를 복식부기의 원리에 의해 하나의 표로 나나낸 것을 국제수지표라 한다. 국제수지표는 기본적으로 재화와 자본의 거래내역으로 구분된다. 특정 국가가 외국에 얼마만큼의 재화를 판매하고 구입했는지를 표시한다. 또한 얼마만큼의 외화를 썼으며, 부족하거나 남았으면 이를 어떻게 조달하거나 운용하였는지를 표시한다.

재화의 대외거래는 국제수지표의 경상거래에 표시된다. 경상거래의 결과 벌어들인 돈과 지급한 돈과의 차이를 **경상수지**라고 한다. 경상수지는 상품수지, 서비스수지, 본원소득수지, 이전소득수지로 구분된다. 상품수지는 상품의 수출과 수입의 차이를 나타낸다. 상품수지를 무역수지라고도 하며, 이는 특정 국가가 세계 시장에서 자국 상품의 순판매자인지 또는 순매입자인지를 말해준다. 수출이 수입보다 커 순수출이 (+)의 값을 가지는 국가는 무역수지가 흑자이며, 수입이 수출보다 커 순수출이 (-)의 값을 가지면 무역수지는 적자이다. 수출과 수입이 같으면 무역수지는 균형이다. 서비스수지는 외국과의 서비스거래 결과 벌어들인 돈과 지급한 돈의 차이를 말한다. 선박이나 항공기의 운임, 외국여행 경비, 특허권 사용료, 수출입 알선수수료 등이 서비스수지에 해당한다.

본원소득수지는 거주자가 해외에 투자한 결과 벌어들인 돈과 비거주자가 국내에 투자한 결과 벌어가는 돈의 차이를 말하며, 배당과 이자가 이에 해당한다. 또한 거주자가 해외에 단기간 머물면서 일한 대가로 벌어들인 임금과 비거주자가 국내에 고용되어 벌어간 임금의 차이도 본원소득수지에 포함된다. 이전소득수지는 거주자와 비거주자 사이에 아무런 대가없이 주고받은 거래의 차이이다. 해외에 거주하는 교포가 국내의 친척에게 보내오는 송금과 정부간의 무상원조, 종교단체의 기부금, 재해구호금 등이 그 예이다.

무역수지는 좋은데, 경상수지는 나쁘다는 말을 종종 한다. 이는 경상수지가 무역수지 보다 넓은 개념이어서 무역수지가 흑자이어도 경상수지는 흑자가 아닐 수 있기 때문이다. 기업의 해외영업활동과 개인의 해외여행 및 조기유학이 늘어나고, 국내에 투자한 외국기업의 배당수익이 늘어나 해외로 빠져나가는 돈의 규모가 커지는 경우, 서비스수지의 적자 폭이 커져 경상수지의 흑자폭은 줄어들게 된다.

경상수지는 소득 및 고용과 관련이 있다. 경상수지가 흑자이면 수출을 통해 해외에 판 재화가 수입으로 들여온 재화보다 많다는 것이다. 더 많은 재화를 수출하기 위해서는 생산을 늘려야 하고 이 과정에서 더 많은 일자리가 생겨나게 된다. 고용사정이 좋아지면서 경제전체적으로 월급이 늘어나 소득이 증대된다. 경상수지가 적자이면 소득이 줄어들고 고용사정이 나빠진다. 그러나 지나친 경상수지 흑자는 국내 통화량을 증가시켜 통화관리를 어렵게 만들고, 교역상대국과의 무역마찰을 초래할 수도 있다.

해외이주비, 민간이나 정부간의 채무면제 등의 자본이전과 토지나 지하자원 등의 유형자산에 대한 소유권 이전이나 특허권, 저작권, 상표권 등과 같은 무형

자산 거래 등이 자본거래 계정에 표시되고 그 차이를 자본수지라고 한다.

국가간에 외화를 빌려주거나 빚을 얻어온 결과가 금융계정에 표시되며, 그 차이를 금융계정수지라고 한다. **금융계정수지**는 민간기업, 금융기관, 정부 등이 외국으로부터 차입 등의 방식으로 돈을 빌리거나 외국에 빌려줌으로써 발생하는 외화의 유출입차를 나타낸다. 금융계정수지는 직접투자수지, 증권투자수지, 파생금융상품수지, 기타투자 수지로 구분된다.

직접투자는 해외 기업에 대한 경영참여와 같이 영속적인 이익을 취득하기 위해 행하는 대외투자를 말한다. 증권투자는 외국 주식 및 채권 등에의 투자를 말하며, 기타투자는 직접투자와 포트폴리오투자에 포함되지 않는 외국과의 모든 금융거래를 말한다. 동일한 외국 주식에 대한 투자라도 경영참여를 목적으로 하는 경우에는 직접투자로 기록하며, 투자자본의 가치증대 또는 이윤획득 만을 목적으로 하는 경우에는 증권투자로 기록한다. 기타투자에는 대출 및 차입, 외상 상품수출입 시 발생하는 무역신용, 현금 및 예금 등의 금융거래가 기록된다.

금융계정수지가 흑자라는 것은 자본거래 결과 자금의 유입이 유출보다 많다는 것을 말하며, 적자라는 것은 유출이 유입보다 많다는 것을 말한다. 차관 등 외채로 들여온 금액이 상환금액 보다 클 경우 금융계정수지는 자금의 유입이 유출보다 커 흑자가 된다. 직접투자 또는 증권투자로 해외자산이 증가하는 경우 금융계정수지는 자금유출로 적자가 된다. 우리나라 기업이 미국에 투자하는 경우 비거주자로부터 자산을 매입하게 되고 자본은 유출된다.

특정 국가의 금융계정수지가 흑자라는 것은 해당 국가가 그 만큼 매력적인 투자처라는 것이다. 투자에 따른 수익이 다른 투자처와 비교해서 상대적으로 크며, 기초적인 경제환경도 안정되어 있어 국제자본의 신뢰를 확보하고 있다는 의미이다. 그러나 과도한 자본유입으로 경기가 과열되어 물가가 상승하거나 자산시장에 거품이 발생하는 등의 부작용이 발생할 수 있어, 경상수지 흑자와 마찬가지로 지나친 금융계정수지 흑자는 바람직하지 않다.

2. 국제수지와 국제적 자본이동

자본·금융계정수지는 기본적으로 경상수지의 뒷면에 해당한다. 특정 국가가 재화의 대외거래에서 흑자를 냈다면, 즉 경상흑자를 냈다면, 이 벌어들인 외화를 어떻게 처리하는가가 자본·금융계정수지에 반영된다. 예전에 외화를 빚내어 사용했다면 이를 갚을 수 있을 것이며, 그렇지 않으면 외화를 필요로 하는 국가에 빌려줄 수도 있을 것이다. 혹은 이 외화를 다른 국가에 새로운 공장을 짓는데 사용할 수도 있을 것이며, 또는 다른 국가내 특정 기업의 주식을 매입하는데 사용할 수 있을 것이다. 이러한 해외자산의 변화들이 자본·금융계정수지에 나타난다.

순해외자산은 자국 거주자가 보유한 외국자산의 가치에서 비거주자에 의해 보유된 국내자산의 가치를 뺀 수치이다. 한국인이 미국 전자회사 주식을 사면 한국의 순해외자산은 증가하며, 일본인이 한국 전자회사의 주식을 사면 한국의 순해외자산은 감소한다.

순해외자산의 변화를 순해외투자라고 한다. 순해외자산이 증가하면 순해외투자는 증가하고, 순해외자산이 감소하면 순해외투자는 감소한다. 순해외투자를 유발하는 해외투자에는 두 가지 유형이 있다. 특정 기업이 다른 국가에 공장을 짓거나 체인점을 개설하는 **직접투자** 방식과 단순히 다른 국가 주식 또는 채권을 매입하는 **포트폴리오투자** 방식이다. 첫 번째 방식은 특정 기업 소유주가 자신이 투자한 사업의 경영에 적극적으로 참여하는 경우이며, 두 번째 방식은 소유주의 역할이 더 수동적인 경우에 해당한다. 첫 번째 방식의 경우 경영지배가 목표라면, 두 번째 방식의 경우 경영권 보다는 이자나 배당 등의 수익이 목표다.

경상수지 흑자는 재화 수출·수입의 불일치가 집계된 것이며 자본·금융계정수지 흑자는 해외자산·부채 취득의 불일치가 집계된 것이다. 그런데, 이 두 불일치의 규모는 같다. 한 국가가 다른 국가에 판매한 재화의 순가치가 이를 통해 취득한 대외자산의 순가치와 같기 때문이다. 가령 삼성전자가 반도체를 해외에 판매하여 벌어들인 외화로 독일 반도체회사 주식을 매입하였다면, (+)의 순수출과 함께 독일 반도체회사 주식이라는 (+)의 해외자산 증가가 일어나며, 이 둘의 크기는 같다.

순해외자산의 변화는 국가 차원에서 자본·금융계정에 표시되지만, 이와 같은 국제적 자본이동은 개별 경제주체에 의해서 일어난다. 삼성전자가 반도체를 판매해 벌어들인 외화로 독일 반도체회사 주식을 매입하는 경우 국제적 자본이동은 삼성전자에 의해 일어나게 된다.

개별 경제주체가 이러한 국제적 자본거래를 행하기 위해서는 국제금융시장에 참여해야 한다. 국제금융시장은 다국적 참여자가 형성한 여러 형태의 금융시장을 말하며 외환시장도 포함한다.

9.2 국제금융시장

1. 국제금융이란?

금융이란 경제주체들이 경제행위를 함에 있어서 필요한 자금을 융통하는 행위이다. 국제거래에 있어서도 동일한 이치가 적용된다. 여유자금이 있는 경제주체가 자금을 공급하면 이를 필요로 하는 경제주체가 수요하는 과정이 국가 간에 일어나게 된다. 반도체를 수출한 삼성전자가 벌어들인 외화를 해외투자로 처분하는 과정에서 이러한 금융의 원리가 적용된다. 단지 차이가 있다면 국내금융시장을 거치는 것이 아니라 해외의 다른 국가 금융시장을 거치게 된다는 점이다. 그 과정에서 투자대상국가의 통화로 자금을 전환해야 하며, 이를 위해 추가적으로 거치는 곳이 외환시장인 것이다.

국제금융이란 국경을 넘어서 발생하는 모든 금융현상을 말한다. 즉, 국제적으로 이루어지는 자금의 이동과 관련된 모든 현상을 말한다. 재화의 국제적 이동에 따른 대금결제, 해외투자 또는 국제신용거래에 따른 국제적 자본이동, 국제자금이동에 따른 위험의 회피수단 제공 등 **국제자본이동**의 모든 현상이 포함된다. 국제금융은 기본적으로 국제적 재화거래에 수반되는 자금이동을 말한다. 국제적 재화거래에 따른 국제대차관계가 청산되는 것이다. 재화의 흐름과는 반대방향으로 재화의 대금결제가 이루어지는 과정에서 자금의 국제적 이동이 있게 된다. 국제금융은 또한, 해외직접투자 혹은 해외포트폴리오투자 등 수익을 내고자하는 경우의 국제적 자본이동을 포함한다. 더 높은 수익을 내는 자금운용 기회를 제공하면서 동시에 자금을 필요로 하는 국제자금조달자에게 자금을 공급한다. 신융을 목적으로 하는 국제적 자금이동도 해당된다. 다른 국가의 경제주체에게 자금을 대부하거나 차입하는 경우이다. 국제적으로 자금거래를 하면 여러 가지 위험에 노출된다. 국제금융은 이러한 위험을 회피하는데 필요한 각종 금융도구와 기법까지도 포함한다. 최근 들어서, 국제금융을 언급할 때는 첫 번째 경우 보다는 후자의 두 경우를 의미하는 경향이 짙어지고 있다.

국제금융거래를 통해 국가간 자금의 과부족이 조정된다. 국내금융거래를 통해 경제주체들의 자금 과부족이 해결되듯이, 국제금융거래를 통해 경제주체들의 자금 과부족뿐만 아니라 국가간의 자금 과부족이 해결된다. 자본재의 수입을 통해 장기설비투자를 해온 국가는 만성적인 경상수지 적자에 시달릴 수 있다. 개발도상국의 경우 이와 같은 국제유동성 부족에 직면하는 경우가 많으며 국제금융거래를 통해 경제개발에 소요되는 자금을 조달하고 국제수지를 개선하면서 경제개발을 촉진한다.

국제금융거래에도 국내금융거래와 마찬가지로 위험요인에 노출된다. 안전성이 위협받는 경우, 즉 거래자금의 원리금이 보전되지 못하는 경우가 있다는 것이다. 자금의 차입자가 채무상환의 의무를 제대로 이행하지 않거나, 투자 주식의 가격변동이 심하여 최초 투자가치를 상실하거나, 투자대상국의 통화를 구입한 후 그 통화의 가치가 하락하는 등 여러 경우가 있을 것이다. 금융공학이 발달함에 따라 이러한 각종 금융위험을 회피할 수 있는 금융도구들이 개발되었고 이를 활용할 수 있는 여러 가지 기법들이 고안되었다. 최초 거래되는 금융상품을 기초상품이라 하고, 이들 기초상품으로부터 파생된 금융상품을 파생상품이라 한다. 파생상품은 기초상품의 미래 위험에 적절히 대처하기 위한 목적으로 사용된다. 이들은 물론 국제금융거래에서만 사용되는 것은 아니다.

2. 국제금융시장

1) 국제금융시장의 의의와 기능

국제금융시장이란 국제적으로 자금의 대차거래가 이루어지는 시장기구를 말한다. 이러한 국제금융시장은 런던 또는 뉴욕국제금융시장과 같이 구체적 장소를 지칭할 수도 있고, 정보통신수단을 통해 국제자금의 수요와 공급을 연결해주는 추상적인 시장조직이 될 수도 있다.

국제금융은 19세기 영국을 중심으로 이루어졌으나 본격적인 국제금융은 1950년대 말 유로달러시장의 형성과 미국은행의 유럽 진출에서 시작되었다고 할 수 있다.

국제금융시장은 국내 거주자간에 자금대차거래가 이루어지는 국내금융시장과는 대칭되는 개념이다. 그러나 최근 정보통신기술의 급속한 발전과 각국의 금융시장의 규제완화 추세로 국제금융시장의 글로벌화, 통합화 현상이 가속화됨에 따라 국제금융시장과 국내금융시장간에 구분이 희석되고 있으며 거주성이나 장소적 구분을 초월하여 국내금융시장과 국제금융시장이 통합되는 경향을 보이고 있다.

전통적으로 국제금융시장은 국가간 자금거래를 원활히 함으로써 세계 각국의 실물경제성장을 뒷받침하고 기업의 생산활동을 효율적으로 수행할 수 있게 하는 수단적 기능을 맡아왔다. 따라서 이에 필요한 금융자원도 저축, 대출, 실물투자라는 간접금융방식이 주를 이루었다.

그러나 오늘날에는 실물경제와 무관하게 국제금융자산의 효율적 운용으로부터 이익을 창출하는 그 자체가 국제금융의 목적이 되고 있으며, 자금조달 방식도 주식이나 채권 등을 발행해 자본을 조달하는 직접금융방식으로 전환하는 증권화 현상이 일어나고 있다. 그리고 금융시장의 자유화와 통합이 진전됨에 따라 자본의 이동성이 증대되고 다양한 금융자산이 나타나고 있다. 이에 따라 국제금융시장의 역할도 변모되었다.

오늘날 국제금융시장은 단순히 세계 각국의 실물투자 또는 기업의 생산활동을 지원하는 기능보다 오히려 국제금융자산의 효율적 운용으로부터의 이익창출 및 세계 금융자산의 최적 배분을 통한 자본의 생산성 증대, 무역 및 투자확대, 국제유동성의 조절, 세계 각국의 경제발전 촉진 등의 기능이 더 중시되고 있다.

이러한 국제금융시장의 참가자로는 세계은행(IBRD), 아시아개발은행(ADB), 국제통화기금(IMF) 같은 국제금융기구 및 각국의 정부, 대기업 등 차입자 그룹과 세계 각국의 연금기금(pension fund), 상호기금(mutual fund), 보험회사 등 투자자 그룹이 있다. 또한 이와 같은 차입자와 투자자를 연결시켜주는 국제상업은행 및 국제투자은행 등과 같은 금융중개기관과 브로커 회사(brokerage firm)가 있다.

2) 국제금융시장의 유형

금융시장을 시장참여자의 국적에 따라 국내금융시장과 국제금융시장으로 구분할 수 있다. **국내금융시장**은 자금의 공급자(가령, 대부자), 수요자(차입자), 그리고 이들을 연결 짓는 금융기관 모두 국내거주자이다. 이들이 형성하는 금융시장 역시 국내에 소재한다. 반면에 **국제금융시장**은 자금의 공급자, 수요자·, 금융기관 중 적어도 하나가 비거주자이거나 혹은 금융시장이 다른 국가에 소재하는 경우에 형성된다. 세계화가 진행됨에 따라 국제금융시장의 범주는 점점 넓어지게 된다.

국제금융시장에서도 국내금융시장과 마찬가지로 직접금융시장과 간접금융시장의 구분이 있다. 자금의 공급자가 수요자를 직접 만나 거래하는 경우 **직접금융시장**이 형성된다. 물론 거래하는 자금은 외화자금이다. 반면에 외화자금의 공급자가 수요자를 직접 만나지 않고 양자 사이에 어떤 중개기관이 존재하여 이를 통해 외화자금 거래가 발생하는 경우 **간접금융시장**이 형성된다. 한국 기업이 미국에 가서 미국 달러화 표시 주식이나 채권을 발행해서 미국 달러화를 조달하는 경우 이는 직접금융시장에 해당한다. 한국 기업이 미국 은행에 가서 예금에 의해 쌓인 미국 달러화를 대출받으면 간접금융시장에 속하는 것이다. 이 경우 미국의 은행이 금융중개기관이 된다.

금융시장은 앞서 언급했듯이 기본적으로 자금의 제공과 조달이 일어나는 곳이다. 국내금융시장의 경우 이러한 자금의 융통행위가 한 가지 통화만으로 이루어진다. 그러나 국제금융시장에서는 한 가지 통화만이 융통되는 것은 아니다. 국가 마다 자국의 통화가 있게 마련이고, 이들은 자국 국경 내의 금융시장에서 통용된다. 국제금융시장이 어떤 국가에 형성되는가에 따라 사용하게 되는 통화는 달라진다. 이는 국제적으로 단일 통화가 존재하지 않기 때문이다. 그러므로 다른 국가의 금융시장에서 그 곳의 시장참여자로부터 자금을 조달한 후에는 사용하고자 하는 국가의 통화로 교환하는 과정이 필요하게 된다. 이러한 통화의 교환이 일어나는 곳이 외환시장이다. **외환시장**은 서로 다른 국가의 지급수단이 거래되는 곳이다. 국제금융시장이라고 말할 때는 특정 국가의 국내금융시장 뿐만 아니라 그 금융거래가 국제화되기 위해 거치는 외환시장까지도 포함한다.

국제금융시장을 금융거래에 사용되는 통화를 중심으로 따져 볼 수 있다. 이 경우 역내금융시장과 역외금융시장으로 구분된다. **역내금융시장**은 거주자와 비거주자 간의 또는 비거주자들 간의 금융거래가 금융중개기관 소재국에서 그 국가의 통화로 이루어지는 경우를 말한다. 한국 기업이 영국에 가서 영국의 은행으로부터 영국 파운드를 대출받는 경우이다. 국제금융시장에도 어느 금융거래와 마찬가지로 거래에 적용되는 법규가 있게 마련이다. 역내금융시장에서는 금융중개기관 소재국의 법규가 적용된다. 한국 기업이 영국에 가서 영국의 은행으로부터 영국 파운드를 대출받는 경우 영국시장의 법규를 따라야 한다. 이는 사용 통화 발행국 법규를 따르는 것과 같다. 반면에, 거주자와 비거주자 간의 또는 비거주자들 간의 금융거래가 금융중개기관 소재국의 통화 이외의 통화로 이루어지는 경우가 있다. 이를 **역외금융시장**, 또는 **유로금융시장**이라 부른다. 한국 기업이 영국에 가서 영국의 은행으로부터 미국 달러화를 대출받는 경우가 이에 해당한다. 역외금융시장에서는 금융중개기관 소재국과 사용되는 통화가 일치하지 않는다. 이럴 경우 사용 통화 발행국의 법규가 적용되지 않고 금융중개기관 소재국의 법규가 적용된다.

이외에도 금융상품의 종류에 따라 국제금융시장을 구분할 수 있다. 채권, 주식, 외환, 파생상품 등 다양한 형태의 금융상품이 거래되며, 이들의 종류에 따라 분류된다. 금융상품의 만기에 따라 국제금융시장이 구분되기도 한다. 국내금융시장의 경우와 마찬가지로 1년을 기준으로 1년 이내의 만기를 가질 경우 국제단기금융시장이라 하며, 1년 이상의 만기를 가질 경우 국제장기금융시장이라 한다. 장기의 경우는 **국제자본시장**이라고 부르기도 한다.

3) 주요 국제금융시장

(1) 뉴욕

제2차 세계대전 이후 미국이 세계경제의 중심으로 등장하면서 발전한 뉴욕 금융시장은 현재 세계 자본시장을 지배하고 있다. 증권부문에서 세계 최대규모를 보이며, 외환부문에서도 런던에 이어 두 번째를 기록한다. 투자은행 등의 금융기관들은 국제금융환경의 변화에 신속히 대처하기 위해 자신들만의 금융기법을 개발하면서 전문분야를 선도하고 있다. 씨티그룹은 증권발행 부문에서 선두이다. 기업공개 부문에서는 골드만삭스가 가장 높은 시장점유율을 보이고 있다. 모건스탠리, CSFB증권 등은 자산관리 및 투자 부문에서 두각을 보인다. 뉴욕시장은 자율성에 의해 움직인다. 특히 협회 자율적으로 이루어지는 투자자 보호가 대표적인 예이다. 미국증권업협회가 요구하는 유가증권발행신고서는 투자자 보호를 위해 해당 기업의 재무재표 뿐만 아니라 유가증권 투자에서 일어날 수 있는 모든 가능한 위험요소까지도 자세히 기술해야 한다. 보통 100쪽 이상이다. 자율적인 만큼 벌칙도 가혹하다. CSFB증권의 프랭크 퀴트론은 당국조사와 관련된 서류 파기요청 혐의, 리서치담당자에게 공개예정 기업에 대한 유리한 보고서 작성 유도 등의 혐의로 영원히 증권업계에서 추방되었다.

(2) 런던

세계에서 처음으로 자본주의가 싹텄던 영국 런던은 세계 국제금융시장의 중추 역할을 다하고 있다. 19세기 세계무역의 중심지로 출발한 런던은 1950년대 이후 유로시장의 태동과 함께 핵심 국제금융시장으로 자리 잡았다. 1986년 금융빅뱅 등 금융시장규제 완화조치는 이를 더욱 확고히 하는 계기가 되었다. 세계에서 가장 큰 씨티은행을 비롯하여, HSBC, 바클레이은행, 모건스탠리, 골드만삭스 등 세계 유수의 금융기관들이 유럽 내 본부를 가동하고 있는 곳이 런던이다. 런던증권거래소의 경우 유럽의 경제중심지로 자처하는 프랑크푸르트시장 4배 규모의 거래대금을 보이고 있다. 외환 및 관련 파생상품 거래량은 세계 외환시장의 36%를 차지하여 외환시장 거래부문에서 세계 최고를 보인다. 70년대 말 외환위기를 겪고 IMF 지원을 받았으나, 20여 년에 걸친 금융개혁을 추진하여 오늘에 이르고 있다. 런던 금융시장의 장점은 낮은 규제수준, 간편한 행정절차, 풍부한 시장유동성, 다양한 금융 및 법률 서비스 등이다.

(3) 프랑크푸르트

독일 프랑크푸르트에는 유럽연합(EU)의 통화정책을 총괄하는 유럽중앙은행(ECB) 본부가 있다. 독일 최대 은행인 도이치뱅크와 드레스트너, 코메르츠 은행 등이 세계 각지로부터 온 금융기관과 함께 자리 잡고 있다. 1999년 유로화를 단일통화로 사용하기 시작하면서 프랑크푸르트는 유럽대륙의 금융중심지로 자리를 잡았으나, 아직 증권, 외환 부문에서 영국 런던에 뒤지고 있다. 외환거래에 대한 제한, 언어제약, 과대한 세금, 법률 및 회계 인력운용, 시차문제 등에 있어서 런던에 열세를 보인다. 런던과의 격차를 줄이기 위해 런던증권거래소를 매입하는 방안을 추진 중에 있다. 서유럽과 동유럽의 중심에 위치하면서 유럽경제의 중심지로 역할을 다할 것으로 기대되고 있다.

9.3 국제자본이동과 금융위기

1. 국제자본이동의 형태와 동기

국제금융시장에서 금융거래가 발생하면 거래에 사용된 자금이 국가 간에 이동하게 된다. 자금잉여국으로부터 자금부족국으로의 국제자본이동이 일어난다. 이러한 국제자본이동은 그 형태 및 동기에 따라 특징지어 진다.

우선 국제자본이동을 유발하는 주체에 따라 공적자본이동과 민간자본이동으로 나누어진다. **공적자본이동**은 정부, 세계은행(World Bank), 국제통화기금(IMF), 지역개발은행, 정부원조기관 등과 같은 국제금융기구에 의해서 이루어진다. 세계은행이 중국정부에 댐건설을 위해 자금을 빌려주는 것이 한 예이다. **민간자본이동**은 국제금융기구와 같은 공적기관이 아닌 기업 또는 개인 등의 민간부문에 의해 이루어진다. 민간 주체가 해외직접투자나 해외포트폴리오투자를 하는 경우 등이 이에 해당한다. 가령 세계 여러 나라에 생산시설을 두고 생산 및 판매 활동을 하는 다국적기업에 의해 **해외직접투자**가 이루질 수 있으며, 미국의 펀드회사가 우리나라의 주식을 구입할 수도 있다. 이런 경우 민간에 의한 국제자본이동이 발생한다.

국제자본이동은 동기에 따라 구분될 수 있다. 경영지배를 목적으로 하는 경우 해외직접투자로 구분되며, 배당이나 시세차익을 목적으로 하는 경우 **해외포트폴**

리오투자로 구분된다. 경영지배를 위해서는 외국기업에 영향력을 미칠 수 있을 만큼의 지분을 투자해야 한다. 이를 위해 대상 기업의 주식을 상당한 규모로 매입하기도 하며 또는 해외자회사를 설립하기도 한다. 그러나 단순한 포트폴리오 투자라면 영향력 행사 보다는 투자수익에 더 관심을 갖게 된다. 이자 또는 배당 규모가 어느 정도 되는지, 관심을 갖는 주식 또는 채권의 시세가 어떻게 변할 것인지에 더 초점을 둔다.

시세차익으로부터 이익을 얻기 위한 거래로 **재정거래**(arbitrage)와 **투기거래**(speculation)가 있다. **재정거래**는 같은 시간에 두 시장간의 가격차이나 수익률차이를 파악하여 가격이나 수익률이 높은 곳으로 투자함으로써 이익을 내는 거래이다. 예를 들어 현재 미국의 이자율이 연 6%이고 한국의 이자율이 연 8%라고 가정하면 다른 조건이 일정할 경우 투자자들은 한국에 투자함으로써 이익을 얻게 된다. 이 경우 국제자본은 미국에서 한국으로 이동한다. 일정시점에 두 외환시장간의 환율차이로부터 이익을 낼 수도 있다. 만일 런던외환시장에서 1달러가 110엔이고 뉴욕외환시장에서 1달러가 113엔이라면, 런던외환시장에서 110엔을 주고 1달러를 산 후 이를 뉴욕외환시장에서 113엔에 팔아 달러 당 3엔의 이익을 볼 수 있다. 이처럼 현재의 이자율이나 환율의 차이를 이용해 수익을 얻을 목적으로 이루어지는 거래를 재정거래라 한다.

투기거래는 시세차이를 통한 이익실현이라는 점에서 재정거래와 같은 의미를 갖는다. 그러나 현재와 미래 시점 간의 시세차이를 통해 이익을 실현한다는 점에서 다르다. 예컨대 외환거래자가 가까운 장래에 달러화의 가치가 오를 것으로 예상하여 1달러에 111엔을 주고 샀다면 투기거래가 된다. 이 경우 외환거래자는 예상이 맞느냐 틀리느냐에 따라 이익을 보기도 하고 손실을 보기도 한다. 예상이 맞아 달러화 가치가 1개월 후에 115엔으로 상승하면 1달러당 4엔의 이익을 보게 되나, 예상이 틀려 달러화 가치가 110엔으로 하락하면 오히려 1엔의 손해를 보게 된다.

해외포트폴리오투자의 경우 위험을 수반하게 된다. 금융자산의 가격은 매일매일의 자산시장 수급에 따라 변하게 된다. 위험이라 함은 시세변동에 따라 자산가치의 하락이 발생할 수 있다는 것을 말한다. 금융자산에 투자하는 경우 위험을 줄이기 위해서 여러 종류의 자산에 포트폴리오를 분산시켜야 한다. 이 과정에서 자본의 국제적 이동이 일어난다. 미국의 펀드회사가 자신이 운용하는 주식의 종류를 미국 주식에만 국한시키지 않고 일본이나 영국의 주식으로 투자범위를 확대할 수 있는 것이다. 미국 주식시장이 하락하더라도 일본이나 영국 주식시장이 상승하면 펀드가치의 하락을 피할 수 있기 때문이다. 이와 같은 투자위험의 회피를 위해서 국제자본이동이 일어나게 된다.

2. 자본자유화란?

앞서 보았듯이, 국가간의 거래는 크게 보아 재화의 이동과 관련된 무역거래와 자금의 이동과 관련된 자본거래로 나눌 수 있다. 자본거래 (또는 금융거래)는 재화의 생산과 무역을 용이하게 해주어 왔다. 19세기 말부터 20세기 초 북미, 유럽, 일본 등에서 대형 민간은행들이 출현하였고 이들은 대규모 제조업체들과 밀접한 관계를 맺고 전세계적 활동에 대해 자금을 조달해 주었다. 이는 다른 국가에 진출한 경우에도 비슷하게 작용하여 무역거래의 속도를 더욱 가속시켰다.

제2차 세계대전 이후 역외금융시장이 발달하면서 국가간 자본거래는 증가하였고 1980년대 이후 국제자본거래는 무역거래를 능가하기 시작하였다. 각국의 정부는 투자장벽을 없애고 자유로운 국가간 자금이동을 허용함으로써 오늘날 국제자본거래는 무역거래를 훨씬 압도하게 되었다. 국가간의 자유로운 자본이동을 허용하기 위해서 이를 제한하는 여러 가지 제도적 장치를 철폐하는 것을 **자본자유화**라고 한다. 대규모 자금의 해외조달에 대해 정부로부터 승인을 받아야 한다거나 무역거래를 위한 경우로 외환거래를 제한하는 등의 규제가 없어지는 것이다. 이렇게 함으로써 국가간의 자금 유출입 속도는 더욱 빨라지게 된다.

100개 이상의 국가들이 지난 20여년 동안 자유화조치를 취해왔다. 미국, 독일 등의 주요 선진국들은 1970년대 중반부터 국가간 자본이동의 장벽을 제거함으로써 자국의 금융시장을 국제화하기 시작하였다. 이러한 자유화는 OECD 국가들로 확산되어 1970년대 후반에 영국과 일본이, 1980년대에는 네덜란드, 이탈리아, 프랑스, 스위스, 호주, 뉴질랜드 등이 뒤를 이었다. 우리나라도 1990년대에 들어서면서 OECD 가입의 준비작업 일환으로 자본자유화를 추진하기 시작하였다. 그러나 국내 금융기반이 취약하고 외환시장이 규제된 상황에서 자본자유화는 외환위기로 이어졌다. 자유화는 오히려 외환위기를 극복하는 과정에서 진전되었고, 이제 동북아 금융허브를 지향하면서 자본자유화의 완료를 향해 나아가고 있다.

자본자유화를 국제수지의 관점에서 설명해 보자. 앞서 국제수지는 경상수지와 자본·금융계정수지로 크게 구분된다는 것을 언급했다. 자본자유화는 자본·금융계정수지의 변화를 가져오는 거래를 어떻게 생각하는지에 따라 인정여부가 결정된다. 기본적으로 자본·금융계정수지 거래는 경상수지를 보전하기 위한 거래로 볼 수 있다. 무역거래에서 발생하는 자금거래를 반영하는 거래 정도로 자본·금융계정수지 거래를 생각할 수 있으며, 이 경우 자본·금융계정수지는 경상수지의 보조적인 개념이 된다. 재화의 생산능력과 이에 대한 지출이 균형을 이루는지에 대해 관심이 있다면 경상수지의 균형이 관심대상이 될 것이며 자본·금융계정수지를 변화시키는 여타의 자본거래는 규제될 것이다. 경상수지 거래를 보전하기 위해 발생하는 자본·금융계정수지 거래만을 바람직한 거래로 보기 때문이다.

그러나 국가간 자본이동이 해외금융자산으로부터 발생하는 수익을 목표로 이루어질 수도 있다. 해외금융자산의 보유를 늘려 수익을 높이는 것은 경상수지 거래를 통하는 것뿐만 아니라 자본·금융계정수지 거래만을 통해서도 가능하다. 금융적 거래동기가 일차적 목적이라면 자본·금융계정수지 거래는 더 이상 경상수지 거래의 보조 개념이 아니라 별도의 거래동기를 갖는 독립적인 거래가 되는 것이다. 금융자산의 보유를 확대하기 위해서는 해외로의 자유로운 자본 유출입이 필요하게 되며, 이를 위해서는 국가간 자본이동을 방해하는 여러 가지 제도적 장치들은 제거되어야 한다. 즉, 자본자유화가 일어나게 되는 것이다.

3. 자본자유화의 효과

자본자유화의 긍정적 효과 중 하나는 **자본축적**을 가능케 한다는 것이다. 부족한 자본을 해외에서 쉽게 조달할 수 있게 되는 것이다. 자본이 국가간에 자유롭게 이동할 수 있으면, 국내저축이 부족한 경우 이를 해소하고 경제개발을 지속할 수 있도록 한다. 개발도상국은 경제성장을 위해 지속적인 투자확대가 필요하나, 국내 축적된 저축재원이 투자재원보다 적은 경우가 많다. 이러한 부족재원의 문제는 해외로부터의 자본유입으로 해결될 수 있다. 자유로운 자본유입으로 해외자본은 국내의 부족한 자본을 보다 쉽게 메우게 된다.

해외자본이 국내에 쉽게 들어옴으로써 국내금융시장에 시장메커니즘이 강화된다. 금융시장에 경쟁의 원리가 적용되고 자금을 중개하는 금융기관과 금융제도가 효율적으로 작동하게 된다. 국내기업이나 개인 등 자금조달자들은 자금조달 비용측면에서 더 유리한 기회를 갖게 된다. 자본유입의 확대로 공급이 늘어남에 따라 이자율이 하락하게 되기 때문이다. 자본을 제공하는 해외공급자들도 보다 유리한 투자기회를 갖게 된다. 보다 높은 수익성의 사업기회를 찾고 이들에 자원을 집중시킴으로써 자원배분의 효율성이 높아진다. 자금의 중개기능을 담당하는 금융기관의 기능도 개선된다. 낮은 자금조달비용 기회를 제공하고 높은 수익성 기회를 발굴하기 위해 금융기관들이 서로 경쟁하게 되고 금융의 중개기능은 자연히 향상된다. 이 과정에서 경제전체 자원배분의 효율성은 강화된다. 금융부문의 경쟁으로 새로운 금융혁신이 이루어지게 되고 경제발전의 잠재력은 더욱 확대된다.

높은 수익성을 위해 외국인이 직접투자를 행할 경우 투자자본의 유입 외에도 선진 기술 및 경영기법의 국내이전이라는 긍정적인 점도 함께 따라온다. 국내에 새로운 공장을 짓는다면 이를 운영할 수 있는 선진기술과 경영기법도 함께 도입된다. 선진기술과 경영기법이 국내에 확산된다면 국내 산업구도의 고도화와 함께 생산성 향상에 기여할 수 있다. 해외포트폴리오투자의 자유화도 투자자의 편익을 높여 준다. 투자를 분산시킨다는 것은 기대수익을 희생시키지 않으면서 위험을 감소시킨다는 것을 의미한다. 국내 투자에만 포트폴리오투자를 국한시킬 때보다 해외의 투자기회를 활용하면 분산투자의 위험감소 효과는 더욱 증대된다.

자본자유화는 긍정적인 효과뿐만 아니라 부정적인 효과까지도 가져올 수 있다. 개발도상국의 경우 경상수지 거래를 안정적으로 유지하기 위해 환율을 고정적으로 운영하는 경우가 많다. 고정환율제를 유지하는 개발도상국에 지나치게 많은 양의 해외자본이 유입될 경우 국내통화의 공급이 늘어나 인플레이션이 유발된다. 인플레이션은 앞서 언급했듯이 실질소득의 감소를 가져오고 소비를 축소시킨다. 뿐만 아니라 환율을 실질적으로 절상시키는 효과까지도 가져오게 된다. 실질환율의 절상은 국내 상품의 가격경쟁력을 약화시키고 경상수지의 악화를 가져온다. 경상수지의 흑자를 통해 경제성장을 이루고자하는 목표를 제대로 달성하지 못하는 상황이 오게 되는 것이다.

국내통화공급의 증가는 물가상승 뿐만 아니라 주가 상승, 부동산가격 상승 등 자산가격의 상승을 초래한다. 과도한 자본유입은 일반적으로 거품경제로 이어진다. 그러나 자산가격의 상승은 무한정 지속되지 않는다. 경상수지 적자, 과도한 외채, 경제성장 둔화 등의 요인이 부각되면서 자산가격은 갑작스레 폭락하고 그동안 유입된 자본이 썰물처럼 빠져나가는 외환위기로 치닫게 된다. 이 과정에서 국내경제는 심각한 경기침체를 맞게 된다. 1997년 말 우리나라가 경험한 사건이 이러한 유형의 외환위기였다.

여건이 성숙되지 않은 상황에서의 자본자유화는 **단기투기성자금**(hot money)의 빈번한 유출입을 가능하게 한다. 변동환율제 하에서의 단기투기성자금 유출입은 급격한 환율 변동요인으로 작용하며, 무역부문 참가자들에게는 불확실성을 가져온다. 대외적인 가격변동요인이 커지게 되어, 경상수지에 대한 교란요인으로 작용한다. 또한 물가와 생산에도 직접적으로 영향을 끼쳐 국내통화금융정책을 적절히 운용하기 어렵게 만든다. 경제전체가 불안정하게 되는 긍정적이지 못한 상황을 만드는 것이다.

4. 자본자유화와 금융위기

1) 동아시아 외환위기

1997년 이전까지만 해도 동아시아는 급속한 경제성장으로 많은 개발도상국의 선망의 대상이었다. 우리나라와 함께 1960년대부터 고도성장을 이루기 시작한 홍콩, 대만, 싱가포르에 이어, 1970년대와 1980년대에는 말레이시아, 인도네시아, 태국 등이 고도성장의 대열에 합류하기 시작하였다. 이들이 고도성장을 유지하기 위해서는 국내저축과 투자가 요구되었다. 1990년대 이전까지 투자재원을 국내에서 조달해왔던 동아시아 국가들도 1990년대부터는 자본자유화를 취하기 시작하였고 외국투자자들에 의한 투자가 주류가 되기 시작하였다. 90년대 중반 이후 후발 신흥국가들은 높은 경제성장률을 보였다. 그러나 이들은 대규모의 경상수지 적자를 수반하고 있었다. 이는 1994년 멕시코에 불어 닥친 외환위기가 동아시아에도 발생할 수 있다는 경고를 불러 왔으나, 수익이 충분한 만큼 외국인투자는 계속될 것이고 경제는 고도성장이 계속될 것으로 여겨져 위기에 대한 대비가 이루어지지 않았다.

〈표 9-1〉 동아시아 외환위기 국가 경제성장률 및 경상수지

국가	경제성장률(%)			경상수지 적자(GDP 대비, %)		
	1990~1996	1997	1998	1994	1995	1996
한국	7.3	5.8	−6.7	1.5	1.9	4.8
인도네시아	7.2	6.3	−13.2	1.5	4.3	3.3
말레이시아	8.8	7.4	−7.5	6.6	8.9	3.7
태국	8.6	0.9	−10.2	6.4	8.4	8.5

1997년 7월 태국의 바트화 평가절하로부터 시작된 동아시아 외환위기는 말레이시아, 인도네시아로 확산되었고, 그해 12월에는 우리나라에까지 연쇄반응을 일으켰다. 외국인 투자자들은 막대한 외채로 휘청거리는 동아시아 국가들의 거품경제를 우려하기 시작하였고 마침내 투자자금을 빼내가기 시작한 것이었다. 각국에서 비롯된 자금회수로 주식시장, 채권시장, 외환시장이 폭락하였고, 이들 국가들은 지불외환의 부족으로 국가부도의 위기에 직면하게 되었다. 경제는 극도로 악화되었다. 다량의 기업이 파산하고 실업이 만연하면서 마이너스 성장률을 기록하였고, 이러한 경제적 고통은 정치적 고통으로 이어졌다.

우리나라의 경우 1997년 기아 등 대기업의 부도사태, 금융기관의 과다한 부실대출 그리고 기업의 방만한 차입경영 등 구조적 취약점이 심각하게 노출되었다. 그러나 노출된 위험에 대한 해결 의지나 능력이 분명히 제시되지 않았고, 이는 결국 국제사회로부터의 신뢰를 상실하는 계기로 작용하였다. 외국금융기관들의 대출금은 빠른 속도로 회수되었고 이 과정에서 우리나라는 심각한 외환부족 사태에 직면하게 되었다. 특히 단기차입금 비중이 총외채의 55%(1997년 9월 기준)로 상당히 높았던 것이 외환위기 상황을 더욱 악화시키는 요인으로 작용하였다.

외환부족에서 비롯된 국가부도 위기는 IMF, IBRD, ADB 등의 국제금융기구와 미국, 일본 등으로부터의 구제금융을 통해 벗어날 수 있었다. 총 570억달러의 자금지원은 산업구조조정, 금융구조조정, 노동시장 유연성 제고, 시장개방 등 구조개혁을 조건으로 이루어졌다. 또한 1998년 경제성장률을 3% 이내로 유지하고 물가상승률은 5% 이내로 억제하며 경상수지 적자도 GDP의 1% 이내로 유지하는 경제안정 조건도 요구되었다. 저성장을 달성하기 위한 고금리정책이 긴축통화정책을 통해 이루어졌고, 금융구조조정비용을 충당하기 위한 긴축재정정책도 채택되었다.

부실금융기관이 정리되고, 채권 및 주식 시장이 외국인에게 완전히 개방되었다. 또한 기업의 지배구조가 개선되며 노동시장의 유연성이 정리해고 등을 통해 제고되었다. 이들 구조개혁이 이루어지는 동안 단기적인 경기하락으로 실업이 증가하였고, 환율이 높은 수준으로 상승함에 따라 국내물가수준이 상승하였다. 또한 정부지출 감소 및 조세부담률 증가로 저소득 계층에 대한 부담이 증가하는 등 국민 전체적으로 경제적 고통이 불가피 하였다. 그러나 이들은 외환위기 이전부터 타파하고자 하였던 고비용-저효율 경제구조 해결을 위해 꼭 필요한 과제들이었다. 단지 외환위기를 통해 IMF의 요구로 이루어졌을 뿐이었다. 전반적인 경제구조 개혁을 통해 우리 경제의 대외신뢰도가 다시 회복되고 구제금융을 상환하기까지는 약 4년의 시간이 소요되었다.

IMF 구제금융은 우리나라 외에도 멕시코(1995년), 태국(1997년), 인도네시아(1997년) 등 개발도상국 그리고 영국(1976년) 같은 선진국도 받았다. 영국과 우리나라는 외환위기를 극복한 대표적인 사례로 평가받고 있다. 그러나, 외환위기는 과도한 부채 등의 경제적 취약성, 안정적 경제운용, 올바른 환율제도의 채택, 구조조정 등의 지속적인 경제개혁의 중요성을 다시금 일깨워준 소중한 사건이었다.

2) 글로벌 금융위기

2007년에 시작된 서브프라임 모기지(비우량 주택담보대출) 부실사태로 인한 국제금융시장의 불안은 2008년 초 베어스턴스 사태, MBIA와 Ambac 등 모노라인 업체의 신용등급 하락, Fannie Mae(페니메이)와 Freddie Mac(프레디맥)의 유동성 위기의 과정을 겪으며 FRB의 금리인하, 미 정부의 자금 지원 등으로 최악의 상황은 극복하는 듯하였다.

그러나 2008년 9월 15일 미국 내 4위 투자은행이던 Lehman Brothers가 뉴욕 파산법원에 파산보호 신청을 하였고 Merrill Lynch는 BOA에 인수되면서 미국 금융시장 불안이 급속히 확산되었다. 미국 최대보험회사인 AIG 역시 자금난에 빠져 미국 정부가 850억 달러의 구제금융을 공급하여 지분의 80%를 인수하여 파산은 면하였으나 공적 관리하에 놓이게 되었다.

금융시장의 동요는 미국의 긴축정책(금리인상)으로 인한 서브프라임 모기지의 부실화가 진원지이며 이로 인한 부동산 가격의 지속적인 하락이 금융자산의 부실과 가치하락을 초래하고 있다. 주택가격의 전액까지 대출하여 주택가격의 상승을 주도한 서브프라임 모기지 채권이 부실화되자 부동산 매물이 쏟아져 나오기 시작했고, 매물 증가로 주택가격이 더 하락하며 가계와 서브프라임 모기지 대출 금융기관 파산이 확대된 것이 금융위기의 발단이다.

〈그림 9-1〉 미국 모기지 시장 구조

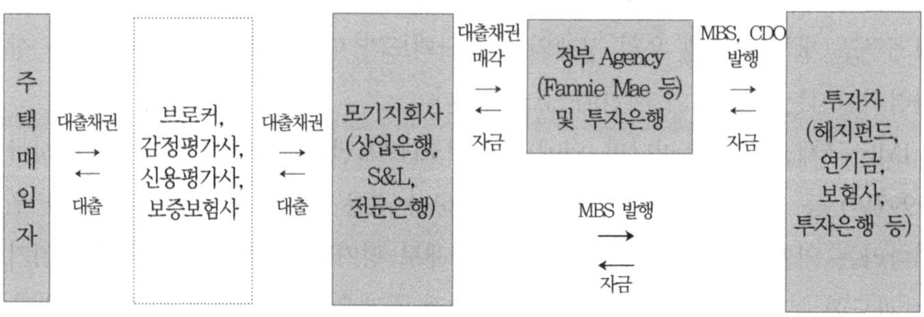

서브프라임 모기지를 대출해 준 금융기관은 이를 담보로 다른 금융기관으로부터 자금을 빌리거나 혹은 채권을 발행하여 추가 자금을 조달하였다. 채권의 일부는 다시 부동산자금 전문 금융기관이나 보증업체에 담보로 제공되어 새로운 자금을 조달하는 데 이용되었고, 이 기관들은 전세계 여러 금융기관들의 투자를 받아 운용되면서 여러 금융기관들이 연계되었다.

이번 금융시장의 불안은 모기지 업체만이 아니라 대형은행, 보증기관, 지방은행 등으로 급속히 확산되고 있으며, 유럽과 일본의 경제성장률이 마이너스로 하락하는 등 실물경제 측면에서도 경기둔화가 진행되는 과정 중에 발생한 것이어서 국제경제 전망은 더욱 어둡다고 할 수 있다.

한편 금융시장의 위기가 경제전반과 세계로 확산되는 것을 막기 위해 미국 정부가 부실자산 처리기관을 설립하여 금융불안을 근본적으로 해결하겠다는 계획을 제시함으로써 일단 금융시장이 안정되는 듯하나 세부내용과 시행시기는 의회의 합의를 거쳐야 하므로 동 대책의 효과와 불안요인의 지속여부에 대하여 관심이 집중되고 있다.

미국 정부의 광범위한 대응조치는 첫째, 자산디플레와 금융부실간 악순환의 고리를 차단하고, 둘째, 금융시장의 부족한 자금을 조달하여 새로운 부실을 방지하며, 셋째, 정부의 신뢰를 바탕으로 패닉상태에 빠진 금융시장을 정상화하기 위한 목적으로 시행되었다.

지금까지 부실화된 기업에 대하여 사안별로 정부의 개입 여부를 결정하던 정책을 포기하고 기업부실의 원인이 되고 있는 부실채권을 구매하기로 한 것은 금융시장의 잠재부실 일반을 털어내고 악순환의 고리를 단절할 수 있는 올바른 방향 설정이라고 할 수 있다.

미국 금융당국은 신속하고 과감한 대책으로 시장전반에 팽배하던 위기의식을 반전시키긴 했지만 정부의 시장에 대한 직접적 개입으로 인한 후유증도 적지 않을 것이다. 우선, 미국 내 이해집단 간 갈등이 유발되고 있다. 월가의 거대기업들은 살리면서 당장 집을 차압당하고 아메리칸 드림을 상실한 서민들의 문제는 도외시한다는 비난과 함께 다른 여러 가지 재정사업과의 형평성 문제로 이해집단간의 갈등이 야기되고 있는 것이다.

그리고 재정적자 문제가 심화되고 있다. 장기간 고질화된 미국의 재정적자가 더욱 심화될 것으로 보이며 이는 결국 미국 시민들의 세금부담 증가와 경제성장의 제약요인이 될 것이다. 또한, 인플레 상승 및 달러 가치 하락도 예상된다. 대규모 유동성의 공급은 향후 인플레이션 압력의 상승과 달러화의 가치하락을 야기하게 될 것이다.

금융위기가 어느 정도 진정될 경우에도 미국 및 세계 금융계에는 더 많은 규제와 감독이 도입될 것이며 세계적으로 금융시장에 대한 경계심이 높아지고 금융기업들도 안전자산을 선호하여 자금경색은 상당기간 지속되고 전반적인 이자율 수준은 높아질 것이다.

무엇보다도 위기 발생 원인이 된 금융시장에 대한 관리 및 감독에 대하여 미국 시민들의 불만과 비판의 소리가 높아져 향후 금융시장에 대한 규제와 감독수위가 크게 높아질 것으로 예상되고 있다.

특히 시장의 변동성을 확대하여 시장의 안정성을 위협할 수 있는 제도의 개선 등 금융시스템 리스크 전반에 대한 국제적 심의가 강화될 것으로 예상되고 있다.

아울러 금융기업들은 이전에 비해 훨씬 더 리스크 회피적 성향을 가지게 되어 안전자산 선호가 강화되고 단기자금 조달 등의 어려움은 쉽게 해소되지 못하고 이자율은 높은 수준을 유지하게 될 것이다.

한편 미국 정부의 자금지원 등으로 미국내에서의 자금경색은 완화되겠지만 국내 기업들의 단기자금 경색과 외화조달의 병목 현상은 우리 금융당국이 해소해야 할 문제이므로 시장이 안심할 수 있도록 국내적인 대책마련이 필요하다.

금융시스템의 리스크요인에 대해서도 전반적인 점검을 통해 국내시장의 불안을 가중시키는 요인의 파악, 해외 불안 요인의 영향 최소화방안 등에 대하여 적극적인 대책을 마련해 금융시장 국제화의 피해를 최소화 할 수 있는 방안의 제시가 요구되고 있다.

연습문제

1. 다음 용어를 설명하시오.
   (1) 국제수지
   (2) 경상수지
   (3) 자본·금융계정 수지
   (4) 역외금융시장
   (5) 국제자본이동
   (6) 공적자본이동
   (7) 해외 포트폴리오 투자
   (8) 재정거래
   (9) 투기거래
   (10) 자본자유화

2. 다음 물음에 답하시오.
   (1) 뉴욕, 런던, 프랑크푸르트 이외의 도시에 형성된 국제금융시장을 알아보고 이들의 특징이 무엇인지 설명하시오.
   (2) 영국의 예금이자율과 일본의 예금이자율이 4%로 같은 상황일 때 일본 엔화의 가치가 영국 파운드화의 가치보다 높아질 것으로 예상된다면 자본의 국가간 이동은 어느 방향으로 일어나는지 설명하시오.
   (3) 국제금융거래를 통해 국가간 자금의 과부족이 조정되는 원리를 동아시아 외환위기의 발생과 연결 지어 설명하시오.
   (4) 자본자유화가 한 나라 경제에 어떤 영향을 미치는지 설명하시오.
   (5) 동아시아 외환위기 및 글로벌 금융위기의 원인과 영향을 설명하고 이러한 위기가 우리에게 주는 교훈은 무엇인지 알아보시오.

제10장 세계화와 국제경제협력

10.1 세계화의 의의

1. 세계화의 개념

한밤 중 미국의 5번 고속도로를 달리던 중국인 A씨는 가까운 패스트푸드 음식점을 찾고자 한다. 가방에 있던 한국산 노트북 컴퓨터를 꺼내 검색엔진을 작동시킨다. A씨는 미국지사 출장시마다 즐겨 가는 BK 체인레스토랑의 콜센터 전화번호를 확인한 후 스웨덴산 핸드폰으로 현재 위치에서 가장 가까운 체인점을 묻는다. 오전 근무 중이던 콜센터 직원은 인도식 억양으로 가까운 체인점의 위치를 알려 주면서 주문을 받는다. 인도의 콜센터 직원은 A씨와의 통화를 끝낸 즉시 자신이 알려준 체인점으로 A씨의 주문을 온라인 전송한다. 통화를 끝낸 A씨는 콜센터 직원이 알려준 방향으로 가기 위해 잠시 세워 둔 일본산 자동차에 시동을 건다.

최근 들어 지역간, 국가간 경제적 교류가 더욱 확대되고 있다. 위는 모든 경제활동에서 일어날 수 있는 세계화의 예를 적어본 것이다. 국경을 넘어선 기업과 개인의 경제활동이 늘어나면서 세계는 점점 가까운 곳에 위치하고 있다는 사실을 실감하게 된다. 우리는 평상시에 세계화라는 용어를 자주 사용한다. 그런데 이렇게 즐겨 사용하는 세계화는 과연 무슨 의미가 있는가?

우선 세계화라는 용어의 개념을 정의해야 한다. 세계화는 기본적으로 다수 국가간의 상호의존 네트워크가 강화되어 가는 현상을 말한다. 상호의존 네트워크는 다양한 분야에서 형성된다. 상품과 자본, 지식과 정보, 인력, 환경 등의 경제분야뿐만 아니라 군사, 정치, 외교, 사회문화 등 다원적 분야에서 형성된다. 그러나 우리는 경제 분야에 초점을 맞춰 세계화를 논의하고자 한다.

세계화는 다수의 관계에서 일어난다. 단순히 2개 국가가 상호의존성을 증대시켜가는 과정이 아니다. 2개 국가간의 연결고리가 강화되는 현상을 국제화라 한다. 국제화는 국가와 국가를 분리하는 국경의 존재를 당연시 하며, 국가간의 교류 확대를 통해 상호간의 연계정도가 심화되어 가는 것이다. 반면에 세계화는 다수 국가의 상호의존성 증대를 말한다. 넓게 볼 때, 지구상에 있는 모든 국가들이 하나의 국가처럼 통합되는 현상을 말한다. 이는 국경의 무의미화를 내포한다. 가령 세계화된 기업은 단순히 수출과 초보단계의 해외투자에 국한하여 활동하지 않는다. 국내와 해외를 구분하지 않는 시각에서 세계를 하나의 영업무대로 보며, 가장 효율적으로 생산할 수 있는 지역을 선정하고, 세계를 상대로 마케팅하는 글로벌 경영을 수행한다. 다수의 국가를 대상으로 한다는 것은 비단 인접국가만을 의미하지는 않는다. 다른 대륙의 국가들로 상호의존적 네트워크를 강화시키는 것이 세계화이다.

세계화는 경제적 교류가 내용적으로 더욱 깊어가고, 지리적으로 더욱 확산되어 세계경제가 하나로 통합되어 가는 현상이다. 여기서 경제적 교류라 함은 우선 최종 생산물인 상품의 교류를 말한다. 재화와 서비스, 그리고 소비재와 생산재 모두를 포함하는 교류이다. 경제적 교류가 내용적으로 심화되는 경우 교류는 일부 계층이 아닌 대다수의 계층에 혜택을 준다. 또한 상품의 교류에만 그치지 않고 상품생산에 사용되는 생산요소의 교류로 확대된다. 자본, 노동, 토지, 기술 등의 생산요소 중 이동이 불가능한 토지를 제외한 생산요소의 교류가 발생한다. 정보 및 지식의 교류도 중요하다. 어떤 상품이 어떤 가격에 어디에서 판매되고 있는지 등의 소비에 관한 정보가 교류된다. 또한 외국에는 어떤 기업이 있고, 그곳에는 어떤 투자가치가 있는지, 또 그곳의 경제상황은 어떤지 등의 사업정보도 교류된다. 경제적 교류의 심화는 기존에 없던 새로운 산업의 창출 등 자국내의 산업구조에 변화를 가져온다.

지리적으로 확산된다는 것은 단지 인접 국가들간의 경제적 교류의 심화를 말하지는 않는다. 앞서 언급했듯이 다른 대륙 국가들과의 경제적 교류가 심화되는 것을 말하며, 이는 운송 및 통신 기술의 발전에 의해 이루어진다. 21세기로 넘어오는 과정에서 정보통신기술의 발전이 급속히 이루어졌고, 이러한 기술혁명은 경제통합을 더욱 가속화 시켰다. 경제통합은 인위적인 교역장벽의 철폐로도 이루어진다. 경제적 교류를 저해하는 다양한 형태의 장벽이 국가간에 존재하며, 이들이 완화되어 가는 과정에서 경제는 통합된다. 세계화는 기술의 발전과 규제의 완화를 통해 이루어진다고 할 수 있는 것이다. 물론 경제주체의 이윤추구 동기에 따른 활동의 결과임은 두말할 나위가 없다.

2. 세계화의 역사

세계화가 경제적 교류의 심화 과정이라고 할 때, 이는 비단 최근의 현상에만 국한되는 것은 아니다. 국가가 존재하는 시점부터 세계화는 있었을 것으로 추측된다. 일부에서는 몽골제국에 의해 동아시아와 유럽이 연결된 13세기를 세계화의 기점으로 제시한다. 또한 일부에서는 콜럼부스의 신대륙 발견과 바스코 다가마의 인도항로 개척 년도인 1492년을 세계화의 기점으로 제시한다. 그러나 이들 사건들은 경제교류의 지리적 확대를 가져온 것은 사실이나 내용면에서의 심화를 통한 세계경제의 통합은 이루어내지 못하였다. 교역대상이 단지 향료, 비단, 금, 은 모직 등 고가의 사치품에 국한되었으며 교역을 통한 산업구조의 변화, 생산요소의 이동 등이 나타나지 않았기 때문이다.

경제교류가 내용적인 면에서나 지리적인 면에서 심화, 확대된 것은 19세기 중반 이후이다. 대다수의 생활에 영향을 주는 상품이 교류 대상이 되었고, 운송기술의 발전으로 수송비용이 급격히 하락하였기 때문이다. 미국산 밀, 아시아의 쌀과 면화 등이 유럽으로 수출되었으며, 산업혁명으로 등장한 증기기관과 철도는 운송수단의 비용을 절감시켰다. 또한 대서양을 잇는 전신케이블이 설치되어 통신수단이 구축되었다. 이 기간에는 국가간 인위적인 교역장벽도 완화되었다. 교역품목이 국가가 지정하는 특정 업체에 의해 독점되어 교역을 저해하는 장벽요인으로 작용하였으나, 이들이 점차 다변화되고 국가간 교역 시에 부가되던 관세도 1870년대에는 낮은 수준으로 떨어졌다. 영국과 네덜란드의 자본이 다국적기업을 세계 각지에 설립함으로써 경제교류는 내용적으로 더욱 심화된다. 생산요소 중 자본의 이동이 나타나고, 이들은 생산원가를 절감할 수 있는 생산지를 선정하여 상품을 생산하고, 유럽의 각국을 대상으로 교역을 확대해 나갔다.

이러한 세계화는 1차 세계대전이 발발하기 이전까지 진행되었다. 1차대전으로 세계교역이 좌초되면서 세계화는 후퇴하기 시작하였고, 이는 2차대전까지 이어졌다. 세계 각국의 민족주의와 고립주의가 강화된 것이 그 이유이다. 독일은 1차대전 패전 후 민족주의를 더욱 강화해 갔으며, 러시아는 볼셰비키 혁명 이후 타국과의 단절로 들어갔다. 고립주의는 미국으로 이어져, 두 차례에 걸친 대폭적인 관세인상을 실시하게 만들었다. 1930년대의 세계적인 대공황은 자국의 보호주의 정책을 더욱 강화해 나갔고, 국내외 자본의 이동에 대해서도 극도의 통제를 가하였다. 세계경제의 위축은 2차대전의 배경이 되었으며, 세계교역은 빠른 속도로 위축되었다. 미국의 경우 1929년 52억 달러의 수출규모와 44억 달러의 수입규모가 1933년에는 각각 16억 달러, 14억 달러로 급감하였다.

2차대전 이후 세계경제는 안정을 되찾았고 교역도 다시 회복되기 시작했다. 2차대전 이후 관세 등 국가간 교역장벽은 낮추어졌고, 미국의 달러화가 기축통화로 자리 잡은 새로운 국제통화제도가 확립되었다. 국제통화제도를 관리하기 위한 국제통화기금(IMF)과 개발도상국의 경제개발을 돕기 위한 국제부흥개발은행(IBRD)이 설립되었다. 자유무역 추진을 위한 관세 및 무역에 관한 일반협정(GATT)이 등장하였다. 2차 대전 직후의 일련의 제도변화는 그 동안 후퇴한 세계화를 다시 원상 복귀시키는 정도였다.

세계화라는 용어가 본격적으로 사용되기 시작한 것은 1990년대 초반이다. 즉, 세계화가 급격한 변화로 느껴지기 시작한 시기가 이 시점인 것이다. 베를린 장벽이 무너지고, 세계화의 상징처럼 표현되는 세계무역기구(WTO)가 출범한 것이 1990년대이다. 세계를 양분한 이념의 장벽이 붕괴되면서 세계화에 참여한 국가들이 확대되기 시작하였다. 특히 신흥개발도상국의 본격적인 등장으로 지리적인 확대가 이루어진 시기이다. 전세계를 사업대상으로 하는 다국적기업이 설립되었고, 글로벌 경영활동이 심화되었다. 이들은 세계교역을 지배하기 시작하였으며 교역규모를 급증시켰다. 국제금융거래에 관련된 규제가 완화되면서, 세계 각국의 자본 유출입은 언제든지 가능해졌다. 타국 자본시장으로의 이동규모도 폭발적으로 증가하였다. 또한 정보통신기술의 급속한 발전도 중요한 현상이다. 개인용 컴퓨터, 광케이블, 그리고 인터넷 등의 등장은 정보의 자유로운 이동을 전세계적으로 가능하게 하였다. 1990년대는 국가간의 상호의존적인 네트워크가 확대되었을 뿐만 아니라 개인간 네트워크도 확대되면서, 전세계가 더욱 가깝게 된 시기인 것이다.

3. 세계화의 촉진요인

1990년대 후반의 빠른 세계화는 과연 어떤 요인에 의해 유도되고 있는가? 우선 자유화의 진전을 들 수 있다. 자유화란 국경간의 이동을 막는 규제 장벽을 제거해 가는 과정을 말한다. 세계화는 다수 국가간의 상호의존 네트워크가 강화되어 가는 과정이므로, 국가간 교류를 저해하는 인위적인 규제의 철폐 또는 완화를 통해서 세계화는 진전된다.

자유화의 대표적인 예는 WTO의 출범과 지역경제통합체의 출현이다. WTO는 GATT의 무역자유화 정신을 계승하여 출범하였다. 공산품, 농산물, 서비스, 지적재산권 등 모든 무역분야에 걸친 협정을 갖고 있으며, 관세 및 비관세 장벽의 점진적 제거 등을 통해 새로운 세계교역 질서를 형성하고자 한다. 이 다자간교역체제는 차별 없는 교역, 보다 자유로운 교역, 공정경쟁의 촉진 등을 기본원칙으로 삼는다. 한편 지역경제통합체로는 북미자유무역협정(NAFTA), 유럽연합(EU), 아세안(ASEAN), 아시아태평양 경제협력체(APEC) 등을 들 수 있다. 지역 내의 무역자유화를 이룰 뿐만 아니라 투자제도의 자유화를 허용하여 생산요소의 자유로운 이동을 보장한다.

또 다른 촉진요인으로 외국인직접투자의 확대를 들 수 있다. 19세기 후반의 세계화에서도 외국인직접투자에 의한 다국적기업의 출현이 중요한 요인으로 작용하였다. 당시의 직접투자는 대부분 1차 산업과 철도산업에 집중되었으나, 최근의 직접투자는 제조업, 서비스업에 집중되고 있다. 외국인직접투자는 단순한 자본의 이동이 아니라 세계교역을 창출하는 원동력이 되고 있다. 세계 다국적기업이 직접투자를 통해 설립한 해외자회사는 2000년대 세계 총수출의 1/4에서

1/3 정도를 차지하고 있는 것으로 추정된다.

다국적기업이 추구하는 글로벌 전략은 세계를 통합하는 요인이 되고 있다. 다국적기업은 제품개발, 생산, 부품조달, 유통, 금융 등의 기업활동 전개 과정에서 국경을 초월하여 최적단위를 세계 도처에 분화시키고 이를 유기적인 네트워크로 통합한다. 모기업, 해외자회사들 간에 국제분업과 전사적 통합이 이루어지는 것으로, 이는 19세기 세계화에서는 나타나지 않았던 현상이다.

외국인직접투자는 또한 개발도상국이 세계무역의 중심으로 들어가게 하는 요인이 되었다. 한국, 대만, 홍콩, 싱가포르에 이어 중국 등 구 사회주의 국가들로 외국인직접투자가 이어지면서, 이들 국가의 경제성장은 물론 대외교역량도 증가하였다. 이는 경제적 교류가 지리적으로 확산되는데 중요한 역할을 한 것이다.

정보통신기술의 발전도 세계화의 촉진요인이다. 육로 및 해상 운송수단의 발달은 운송비용을 절감시켜 국제교역의 증가를 가능하게 하였다. 그러나 이는 단지 1990년대 세계화에만 적용되는 요인은 아닐 것이다. 증기기관의 발명으로 등장한 증기기관차와 증기선이 19세기 후반의 세계화를 설명한다. 최근의 세계화에서 주목할 점은 정보통신기술의 발전이다. 앞서 언급했듯이, 최근의 다국적기업은 모회사와 해외자회사들을 서로 분리하여 다른 국가에 설립하는 형태를 갖는다. 이러한 다국적기업의 활동에 있어서 가장 중요한 것은 모회사와 해외자회사간 정보교류이다. 지리적인 분리는 정보교류의 저해요인이지만, 인터넷 등 대중통신수단의 등장은 물리적인 거리가 갖는 의미를 크게 쇠퇴시켜 모회사와 해외자회사들을 하나의 네트워크로 연결시켰다.

정보통신기술의 발전은 산업구조의 변화도 가져왔다. 경제적 부가가치의 창출이 정보와 지식에서 비롯되는 경제가 지식기반경제이다. 정보통신기술의 발전은 지식이 사회구성원들 간의 교류를 통해 무한히 발전하고 활용될 수 있다는 사실을 확인시켰으며, 지식이라는 비전통적인 생산요소의 중요성을 일깨워 주었다. 정보통신기술의 발전으로 통신서비스, 금융서비스 등 지식기반산업의 인프라가 확충되었고, 이들 산업의 비중이 높은 지식기반경제로의 전환이 이루어지고 있다.

10.2 경제통합의 의의와 효과

1. 경제통합의 의의

경제통합(economic integration)이란 특정국가간에 무역장벽을 제거하고 단일시장 형성을 목표로 정책협조를 수행하는 것을 의미한다. 시장통합과 정책협조의 정도에 따라 지역경제통합의 유형은 다양하지만 그 공통적 특징을 살펴보면 다음과 같다.

첫째 부분적이든 전체적이든 단일시장 형성을 목표로 한다. 완전한 단일시장은 회원국 간에 무역장벽이 철저하게 배제되고 아무런 차별이 없는 상태에서 도달된다. 이러한 상태는 하루아침에 이루어질 수 없으므로, 부분적인 통합으로부터 장기간에 걸친 단계적 통합을 추진하게 된다. 시장통합이 아닌 단순한 경제협력이나 정책적 배려만으로는 경제통합이라고 이야기할 수 없다.

둘째 역내 회원국과 역외 비회원국간에는 명백한 차별이 존재한다. 어디까지나 회원국 간에만 무역상의 특혜를 포함한 정책적 배려가 이루어진다. 경제통합은 이러한 배타적 성격을 지니므로 차별성이 없는 일반적 국제경제협력정책은 경제통합이라 부르지 않는다. 즉 무차별원칙에 입각한 무역자유화 조치는 이에 해당하지 않는다.

셋째 회원국 간에는 호혜주의 원칙이 적용된다. 일방적으로 특혜가 주어지는 특혜지역은 경제통합이 아니다. 예를 들면 영연방국가에 대하여 영국이 제공하는 무역상의 특혜조치가 여기에 해당된다. 따라서 경제통합으로 회원국 간 상호의존도가 높아지는 것은 당연한 귀결이다.

넷째 기본적으로 경제협력, 특히 무역장벽제거에 우선 초점이 맞추어진다. 경제통합이 진전되면 경제적 측면 뿐 아니라 정치 사회적인 면에서도 협력이 진행될 수는 있으나, 무역장벽의 완화와 제거는 최소한의 요건이고, 공동의 경제적 이익 극대화를 위하여 경제협력이 우선적으로 고려된다.

경제통합은 일부 국가 간에 이루어지는 특혜조치를 전제로 하므로 전 세계적인 무역자유화와는 일치되지 않는 개념이다. 일부국가간이긴 하지만 무역장벽 완화가 이루어지므로 부분적인 무역자유화라는 점에서 전 세계적인 무역자유화에 도움이 된다는 시각도 있을 수 있다. 이러한 시각이 과거 GATT체제에서 내려진 해석이었다. 지역경제통합이 적어도 기존 무역장벽을 강화하는 조치는 아니며, 부분적 무역자유화는 전체적인 무역자유화의 전 단계로 이해할 수도 있다는 해석인 것이다.

그러나 그 효과 면에서는 역내회원국의 이익이라는 관점과 세계경제의 발전과 성장이라는 관점에 따라 다른 해석이 가능하다. 일반적으로 역내회원국들은 이미 자국의 경제적 이익증진에 도움이 된다고 판단하여 통합을 이루었으며, 사실상 무역장벽 제거로 무역확대와 경제협력에 따른 이익이 분명하게 존재한다. 하지만 역외회원국들에게는 이러한 경제통합이 어떤 영향을 미칠지 분명하지 않다. 경우에 따라서는 회원국 간의 배타적 특혜로 인해 상대적 손실이 나타날 수 있다. 그러므로 세계경제 입장에서는 부분적인 이해득실을 따져보아야 한다.

최근에 여러 지역에서 경제통합이 활발하게 이루어지면서 지역주의와 세계주의 논쟁이 나타나고 있다. 세계경제의 입장에서 보면 지역경제통합이 배타적인 지역주의의 성격을 취하지 않고, 역외국가와 상호협조적인 자세로 개방성을 유지하는 **'개방된 지역주의(open regionalism)'**를 지향하는 것이 바람직하다고 할 것이다.

2. 경제통합의 형태

경제통합의 형태는 통합의 성노에 따라 흔히 나음과 같이 다싯 가지로 구분된다.

첫째 초보적인 경제통합의 유형은 **자유무역협정**(free trade agreement; FTA)이다. 이는 회원국 상호간에는 일체의 무역장벽을 제거하여 자유무역을 실현하고, 역외국가에 대해서는 관세를 포함하여 독자적인 무역정책을 수행한다. 자유무역지역의 특징은 비회원국에 대하여 독자적인 무역제한조치를 취할 수 있다는 점이다. 그러므로 상호간의 무역장벽 제거에 중점이 두어지고 정책협조의 수준은 미약한 형태라고 할 수 있다.

둘째는 **관세동맹**(customs union)이다. 관세동맹은 역내 자유무역을 실현할 뿐 아니라 역외 비회원국에 대해 공통의 수입관세를 부과한다. 관세에 관한 한 정책협조가 이루어지는 것이다. 여기서 관세는 대표적인 무역개입수단으로 지칭되는 것으로 다른 비관세장벽에 대해서도 협조가 이루어진다고 볼 수 있다. 자유무역지역에서는 독자적인 관세가 부과되므로 관세율이 낮은 나라를 통하여 회원국내로 우회수출이 이루어질 수 있으나 여기서는 이를 방지할 수 있다.

셋째 한 단계 더 진전된 통합 형태는 **공동시장**(common market)이다. 공동시장은 관세동맹의 내용에다 회원국 간 생산요소의 자유로운 이동이 이루어진다. 즉 생산물의 자유이동 뿐 아니라 생산요소의 자유이동까지 보장되는 것이다. 이렇게 되면 역내에서는 가장 생산이 효율적으로 이루어지는 곳으로 자원이 이동하므로 이론상 이상적인 경제행위가 가능해진다. 사실상의 단일시장 형성이 보장된다고 할 수 있다.

넷째 다음 단계는 **경제동맹**(economic union)이다. 이는 공동시장의 내용에다 회원국간 경제정책의 협조까지 이루어지는 통합 형태이다. 생산물과 생산요소의 자유로운 이동과 회원국간 차별대우 제거를 추진하기 위한 정책협조를 우선으로 한다. 나아가 공동경제정책을 추진한다. 본질적으로는 이상적이고 효율적인 단일시장 형성의 기반을 조성하기 위한 정책협조가 이루어진다.

다섯째 가장 진전된 통합 형태는 **완전경제통합**(complete economic integration)이다. 이는 초국가적 기구를 조직하여 통화, 금융, 재정정책 등 경제정책 뿐 아니라 사회, 정치 분야에까지 공동정책을 추진한다. 이 단계는 경제적 통합의 수준을 넘어서 개별국가의 주권을 포기하고 새로운 단일국가 형성을 목표로 하므로 현실적으로는 실현하기가 쉽지 않을 것이다. 현재 유럽연합(EU)은 완전통합을 추진하고 있으며 이미 상당한 수준에 이르고 있다.

한편 통합의 범위에 따라 전반적 통합과 부문별 통합으로 구분할 수 있다. 전자는 경제의 전산업을 대상으로 협조가 이루어지고, 후자는 특정산업분야에 국한된다. 대부분의 경제통합은 전반적 통합을 추구하고 있다. 부문별 통합의 예로는 유럽석탄철강공동체(ECSC)와 유럽원자력공동체(EURATOM)를 들 수 있다.

〈표 10-1〉 지역경제통합의 형태와 특성

<table>
<tr><th>역내관세철폐</th><th>역외공동
관세부과</th><th>역내생산요소
자유이동</th><th>역내공동
경제정책</th><th>초국가적기구
설치 운영</th></tr>
<tr><td>자유무역협정</td><td></td><td></td><td></td><td></td></tr>
<tr><td colspan="2">관세동맹</td><td></td><td></td><td></td></tr>
<tr><td colspan="3">공동시장</td><td></td><td></td></tr>
<tr><td colspan="4">경제동맹</td><td></td></tr>
<tr><td colspan="5">완전경제통합</td></tr>
</table>

또 회원국의 경제발전단계를 고려하면 수평적 통합과 수직적 통합으로 구분할 수 있다. 수평적 통합은 경제발전단계가 비슷하고 경제구조가 유사한 국가 간에 형성되는 경제통합을 말한다. 수직적 통합은 경제발전단계가 다르고 이질적인 경제구조를 가진 국가 간에 이루어지는 경제통합이다. 오랫동안 대부분의 경제통합은 수평적 통합이었다. 그러나 최근에는 선진국과 개발도상국이 포함된 수직적 통합도 증가하고 있다.

3. 경제통합의 효과

경제통합의 효과는 통합의 정도에 따라 다르게 나타날 것이지만 그 성격은 비슷하다. 우선 역내 회원국 간 무역장벽이 제거되므로 교역확대효과가 크다. 역내 단일시장이 형성되므로 방대한 시장을 배경으로 대규모생산이 가능해져서 규모의 경제를 십분 활용할 수 있다. 생산요소의 이동까지 자유롭게 된다면 더욱 효율적으로 생산이 이루어질 수 있다. 또 역내 기업 간에 경쟁촉진효과가 커서 경영합리화와 연구개발 및 기술혁신을 가속화한다. 생산의 대규모화와 자유무역, 그리고 경쟁촉진은 생산비하락과 가격하락으로 이어져 소비증대효과를 나타낼 것이다. 이는 다시 시장 확대로 나타나서 경제의 확대순환으로 이어진다. 결과적으로 고용 및 소득증대, 투자와 소비증가를 통한 경제성장효과를 낳을 것이다.

역내 자유무역과 자유경쟁을 통한 이점 이외에도 대외적으로 누릴 수 있는 이

점도 있다. 대규모시장을 형성할 뿐 아니라 경제정책, 특히 역외국에 대한 통상정책 협조가 이루어지므로, 대외 통상교섭력이 증진되고 경쟁력이 강화될 수 있다. 또 정책협조를 통해 불확실성과 위험이 감소되기 때문에 역내투자활성화 뿐 아니라, 역외자본의 유입에도 유리한 환경을 조성할 수 있다.

10.3 주요 지역경제통합체

1. 유럽연합(EU)

유럽의 경제통합은 역사가 깊고 통합의 정도가 경제동맹의 단계를 넘어서는 수준에 이르고 있어서 경제통합과정의 전형이라고 할 수 있다. 오늘날 EU의 전신인 **유럽경제공동체**(European Economic Community ; EEC)는 1957년 프랑스, 독일, 이태리와 베네룩스 3개국 간에 체결된 로마조약(Treaty of Rome)을 기초로 성립되었다. EEC는 경제통합체이지만 사실상 유럽의 통일을 목표로 점진적인 초국가적 통합을 지향하였다.

1967년에 EEC는 유럽석탄철강공동체(ECSC)및 유럽원자력공동체(EURATOM)와 통합조약을 맺고 **유럽공동체**(European Community ; EC)로 확대되었다.

EC가 성공적으로 성과를 거두자 영국이 1977년에 정식으로 가입하였고, 덴마크와 아일랜드도 그 뒤를 따랐다. 그리고 1981년에는 그리스가, 1986년에는 스페인과 포르투갈이 가입하였다. EC는 영국, 스위스, 오스트리아, 아일랜드, 덴마크, 스웨덴, 포르투칼 등 7개국으로 구성된 유럽 자유무역지대(European Free Trade Area; EFTA)와 **유럽경제지역**(European Economic Area ; EEA)을 창설하기로 합의하고, 1992년에 상품과 생산요소의 자유이동을 골자로 하는 EEA협정에 조인하였다. 이 조약은 1994년에 정식 발효되어 EU 12개국과 스위스를 제외한 EFTA 6개국을 포함하는 세계최대의 단일시장이 형성되기에 이르렀다.

통합이 진전되면서 EC는 경제협력 이외에 공동외교안보정책과 법무 및 내무

협력 추진을 포함한 유럽통일국가 형성에 박차를 가하였다. 그리하여 1993년에는 마스트리히트 조약(Treaty of Maastricht)이라 불리는 유럽동맹조약이 발효되면서 **유럽연합**(European Union ; EU)으로 새롭게 출범하게 되었다. EU는 단일시장형성과 함께 공동통상정책, 공동농업정책 추진 등 기존의 기능을 강화할 뿐 아니라 유럽중앙은행 창설, 공동사회정책, 공동외교 및 안보정책 등을 도입하여 단일 유럽 국가를 향한 발걸음을 재촉하였다. 이후 회원국 확대는 계속되어 1995년에는 스웨덴, 핀란드, 오스트리아 등 3국이 가입하여 모두 15개국이 되었고 1989년 베를린 장벽이 무너진 뒤로 중유럽과 동유럽의 국가들을 가입시키는 노력을 한 끝에 2004년 폴란드, 헝가리, 체코 등 동유럽 10개국이 추가로 가입하였다. 2013년에는 크로아티아가 가입하여 현재 EU 회원국은 모두28개국으로 확대되었다.

통합이 진전되면서 EU는 통화, 재정 등 다른 경제분야의 협력을 강화해 나갔으며, 가장 획기적인 업적은 환율부문에서 이루어졌다. 1979년에 공식적으로 출범한 **유럽통화제도**(European Monetary System ; EMS)는 역내 환율안정을 위하여 통화동맹을 목표로 채택되었다. 우선 역내 공동통화의 기능을 담당할 유럽통화단위(European Currency Unit ; ECU)가 만들어져 중추적 기능을 담당하게 되었다.

1991년 마스트리히트 회담에서는 유럽통화동맹(European Monetary Union ; EMU) 실행계획이 구체화되었다. 먼저 제1단계에서는 EMS를 강화하여 환율안정 기반을 확보하고, 제2단계로는 유럽통화기구를 설립하여 회원국 중앙은행간 협력과 통화정책 조정을 도모하며, 제3단계에서는 유럽중앙은행을 설립하여 각국의 통화주권을 흡수하고 단일통화를 창출하기로 하였다. 그리하여 1999년 1월 1일 마침내 유로(Euro)라 불리는 새로운 통화가 탄생하였다. EMU에 참가한 11개국은 자국 고유의 화폐를 함께 사용하다가 2002년 7월 1일 이후에는 유로화만을 사용하게 되었다. 공동통화정책의 채택 및 유로화의 도입으로 경제통합은 마무리 단계로 접어들게 되었다.

경제적 통합 이외에도 EU는 이미 정치적 통합을 위한 기초적인 합의에 도달하였다. 1994년부터는 영국, 덴마크, 아일랜드를 제외한 전 회원국 간 거주이전, 이민 등이 자유로워지고, 다른 회원국내에서도 참정권을 행사할 수 있게 되었다.

나아가 사회, 문화, 교육부문과 외교, 군사부문에 대해서도 공동정책을 추진하는 등 통일된 유럽단일국가 형성을 위해 협력을 강화하고 있다. 이미 각료이사회, 유럽의회, 유럽법원 등 초국가적 기구들이 구성되어 핵심적 역할을 수행하고 있다. 2004년 10월 마침내 '유럽헌법 설립 조약'에 모든 회원국들이 서명함으로써 초국가적 정치 경제 사회의 통합을 통한 단일 유럽국가의 완성에 크게 다가서게 되었다.

2. 북미자유무역협정(NAFTA)

미국, 캐나다, 멕시코 3개국은 역내 교역증진 및 투자확대를 통해 상호 고용 및 성장을 촉진하는데 목적을 두고 1992년에 북미자유무역협정(North American Free Trade Agreement ; NAFTA)을 체결하였다. 1994년 1월 정식 발효된 NAFTA는 EU 다음으로 큰 단일시장을 형성하였다.

미국과 캐나다는 이미 1989년에 자유무역협정을 맺고 있었는데, 멕시코를 끌어들여 이를 확대한 것은 나름대로 각국의 이해관계가 맞아 떨어졌기 때문이었다. 우선 미국은 EU의 결속력 강화와 일본의 경제력 증대에 대응하여 미국 중심의 광역경제권을 형성함으로써 국제경제적 지위와 교섭력 제고를 의도하였다. 또 미국의 기술과 자본에 멕시코의 저렴한 노동력, 캐나다의 자원을 결합하여 효율적인 생산체계를 구축할 수 있을 것으로 판단하였다. 무엇보다도 미국경제가 침체되고 있는 상황에서 북미경제의 활성화를 통해 이를 타개할 것을 기대하였다.

멕시코는 가장 큰 교역상대국인 미국시장에 자유롭게 접근하는 한편 미국, 캐나다와 기술 및 자본협력을 통해 만성적인 인플레이션의 극복과 함께 경제성장을 촉진시키고자 하였다.

캐나다는 본래 NAFTA 결성에 소극적이었으나 미국과 멕시코 사이에만 협력이 강화될 경우 미국시장에서 기득권을 잃게 될 것을 우려하고, 미국의 대 캐나다 직접투자가 멕시코로 선회하는 것을 방지하기 위해 참여하였다. 물론 멕시코에 대한 상품수출 및 투자기회확대를 기대하는 측면도 있다.

NAFTA는 북미 3개국 간 무역장벽을 철폐하여 자유무역을 실현하고 공정한 경쟁여건을 조성하고자 한다. 상품에 따라 관세철폐기간이 다르긴 하지만 설립 후 15년 이내에 모든 관세를 철폐할 것으로 계획하고 있다. 비관세장벽에 대해서는 특정 분야를 제외하고는 이를 대폭 완화하기로 하였다. 또 NAFTA는 대외적으로는 독자적인 관세정책을 운용하는 자유무역지대이므로 관세율이 낮은 역내 회원국을 통해 들어오는 우회수출을 방지하기 위하여 엄격한 원산지규정을 마련하고 있다.

NAFTA는 자유무역지대로서 초보적인 경제통합 수준에 머물고 있으나 몇 가지 새로운 의미를 부여할 수 있다. 첫째는 선진국과 개발도상국 사이에 성립된 최초의 경제통합체라는 점이다. 지금까지의 경제통합은 모두 경제발전 수준이 비슷한 나라간의 수평적 통합이었다. 또 제3국에 대해서 가입조건을 갖춘 경우 회원국으로 받아들일 수 있다는 개방적 입장을 취하고 있어서, 향후 중남미나 아시아 태평양 지역의 국가를 포함하는 확대 가능성도 높다. 둘째는 자유무역협정이지만 그 내용은 상당히 포괄적이라는 점이다. 즉 관세, 비관세 등 상품교역에 관한 내용 뿐 아니라 서비스, 투자, 지적재산권 분야에 관해서도 제한을 완화하고 공정한 진출기회를 확대하는 내용을 담고 있다. 나아가 환경문제와 노동문제에 대한 협조도 추진하는 등 비교적 광범위한 협력체제를 구축하고 있다.

3. 동남아시아국가연합(ASEAN)

동남아시아국가연합(Association of South East Asian Nations ; ASEAN)은 1967년 출범 당시 싱가포르, 말레이시아, 인도네시아, 태국, 필리핀의 5개국으로 구성되었으나, 1984년에 브루나이가, 그리고 1990년대 후반에 베트남, 라오스, 미얀마, 캄보디아가 가입하여 10개국이 되었나. ASEAN은 총인구가 약 5억 명에 달하는 유망 신흥시장으로 동남아시아를 대표하는 국제기구로 자리 잡고 있다.

본래 ASEAN은 단일시장을 목표로 하는 경제통합기구가 아니라 지역 내 경제 및 사회협력을 위한 협의체였다. 그러다 경제협력의 중요성을 인식하여 1976년에는 동남아경제협력조약을 맺는다. 80년대 중반 이후에는 역내 관세인하 등 경제통합 기능을 보강해 오다가 역내 경제협력 확대 및 효과적인 해외자본 유치를 목적으로 1993년 1월에는 ASEAN 자유무역지역(ASEAN Free Trade Area ;

AFTA)을 결성하기로 합의하였다.

ASEAN은 주로 역내 관세장벽 완화에 중점을 두고 있는 초보적인 경제통합 수준에 머물고 있다. 개발도상국들로 이루어진 수평적 통합체이지만 각국의 경제구조는 이질성이 커서 아직 만족할 만한 협력수준에 이르지 못하고 있다. 일부 회원국의 정치 불안, 종교 문화적인 상이성 등 역내통합을 위해 극복해야 할 과제들이 다수 존재하고, 특히 캄보디아, 미얀마, 라오스 등의 경제성장을 통한 경쟁력 강화가 가장 시급한 과제라고 볼 수 있다.

그러나 선두주자인 싱가포르를 비롯하여 태국, 인도네시아, 말레이시아, 베트남 등이 최근 괄목할만한 성장세를 보이고 있어서, 향후 AFTA의 발전 가능성은 밝은 편이다. 우선 관세장벽 완화로 역내교역이 크게 확대될 것으로 전망된다. 이질적 경제구조는 역내 산업협력이 강화된다면 오히려 효율적인 역내분업체제 구축으로 이어질 수 있다. 또 저렴한 노동력, 풍부한 자원을 갖춘 이 지역에 대한 외국인투자 증대를 통하여 역내 경제 활성화를 자극할 수 있다.

한편 ASEAN은 우리나라를 비롯하여 미국, 일본, 중국, 러시아, 호주, EU 등 10개국과 역외 협의체제를 수립하고 역외 국가들과도 긴밀한 협력관계를 유지하고 있다. 특히 한국, 중국, 일본과 함께 ASEAN+3, ASEAN+1 등의 형태로 동아시아 경제협력을 지속적으로 추진해 왔고, FTA의 형태로 그 결과가 나타나고 있다. 중-ASEAN FTA의 경우는 이미 2005년 7월에 상품협정이 발효되었고, 2007년에는 서비스협정, 그리고 2009년에는 투자협정까지 발효되면서 중국과 ASEAN 간 경제협력의 폭이 급속도로 확대되었다. 한국과도 뒤이어 2007년 6월 한-ASEAN FTA 상품협정이, 그리고 2009년에 서비스협정과 투자협정이 연이어 발효되었다.

10.4 FTA와 우리나라의 지역경제통합

1. 자유무역협정(FTA)의 의의

자유무역협정(FTA)은 2개 이상의 국가가 서로의 국내시장을 개방하기로 협정을 맺는 것을 말한다. 이는 지역경제통합의 한 형태로 체결 당사국 간의 상품과 서비스 교역에서 관세 및 비관세 무역장벽들을 없앨 목적으로 맺는 협정이다. 통상 상품을 외국으로 수출할 때 수입하는 국가에서는 수출국 상품에 대해 관세를 물리게 되는데, FTA를 체결함으로써 수출국은 이러한 관세를 더 이상 낼 필요가 없게 된다. 관세뿐만 아니라 수입쿼터와 같은 비관세장벽까지도 서로 없애 자유롭게 무역하기로 하는 협정이다.

예전에는 주로 '지역무역협정(Regional Trade Agreement)'이라고 불렀다. 이는 가까운 지역의 국가끼리 체결하는 경우가 대부분이었기 때문이었는데, 최근에는 지역을 가리지 않고 협정을 체결하여 FTA라는 용어를 일반적으로 사용한다. 또한, 무역뿐만 아니라 투자보장, 조세협약, 공정거래법, 정부조달 등 많은 분야를 FTA에 포함시키고 있으며, 협정을 통해 관련 국가끼리 시장을 통합하는 수준에까지 이르고 있다.

세계 통상의 흐름은 WTO를 중심으로 한 다자간 협상과 FTA를 중심으로 한 양자 간 협상으로 구분된다. 1995년 WTO가 발족하면서 100개국 이상의 회원국이 모두 참여하는 다자간 협상이 주를 이었으나, 새로운 자유무역 질서인 도하개발 어젠다(DDA)협상에서 보듯이 회원국 간의 복잡한 이해관계로 협상이 추진되지 못하면서 다자간 협상 보다는 양자간 협상으로 축이 옮겨가는 추세이다. 국가 간 짝짓기 또는 지역 간 짝짓기를 통해 자기네들끼리의 교역 확대를 추구하는 블록화 현상이 일어나기 시작한 것이다. FTA 체결 지역 내의 교역규모만도 전 세계 교역량의 50% 이상을 차지할 정도이다.

2016년 현재 전세계적으로 발효된 FTA가 424개이다. WTO 회원국 164개국가운데 FTA를 하나도 체결하지 않은 나라는 없다.

세계 각국은 왜 FTA를 추진하는가? 우선, FTA를 통해 경제 및 시장이 확대되는 효과를 누릴 수 있기 때문이다. 가령 한국이 중국과 FTA를 체결하는 경우 인구 13억명에 달하는 거대시장을 가지게 된다. 시장의 확대는 역내 무역의 확대를 통해 이루어진다. 무역장벽이 사라진 만큼 상대국으로 또는 상대국으로부터 값싼 상품 및 서비스의 수출입이 늘어난다. 역내 교역을 통해 시장이 확대되면, 투자가 늘어나면서 고용과 생산이 늘어난다. 관세가 사라진 만큼 상대국의 값싼 원자재 등을 들여와 생산비를 낮출 수 있다. 또한 수입가격이 하락하고 물가가 낮아지면서 후생증대 효과를 얻을 수 있다. 고용이 늘어난 만큼 소득이 증가한 소비자는 값싼 상품과 서비스를 접할 수 있는 새로운 기회가 주어짐에 따라 소비확대가 가능해진다.

FTA는 생산성 증대와 효율성 제고를 가져온다. 상대국과의 산업구조나 교역구조가 유사한 경우 기존에는 관세장벽으로 인해 경쟁하지 않던 기업들도 상대국의 동종 부문 기업들과 경쟁을 벌일 수밖에 없다. 경쟁의 결과 경제 전반의 효율성은 제고되고 상품과 서비스의 품질이 개선되어 결국 소비자에게 되돌아간다.

그러나 산업별로는 명암이 교차될 수 있다. 비교우위 산업의 경우 고용과 생산이 늘어나는 반면, 비교열위 산업은 고용과 생산이 줄어들게 된다. 비교열위 산업의 경우 상대적으로 더 높은 비용구조로 경쟁에서 뒤처지기 때문이다. 비록 경제 전체로 보면 득이 될 수 있으나, 부문별로는 피해를 보는 경우가 발생한다.

비교열위 산업이 퇴조하는 과정에서 산업구조조정이 자연스럽게 진행된다. 비록 산업구조조정이 결과적으로 당사국들에게 어떤 산업구조를 가져다주게 되는지는 양국의 경쟁 결과에 달려있으나, 이 구조조정 과정에서 고용불안 현상이 나타날 수 있다. 직업상실 등의 피해를 최소화하기 위한 국가 차원의 준비, 지원, 보호책 등이 필요한 대목이다. 그러나 모든 분야에서 기업별로, 개인별로 구조조정에 대비하는 노력이 무엇보다도 우선되어야 할 것이다. 스스로의 노력 없이는 피해를 효과적으로 피해가는 것이 불가능하기 때문이다.

FTA가 체결될 때는 대부분 투자협정(Bilateral Investment Treaty)도 함께 추진된다. 상대국에 대한 해외직접투자 증가와 이로 인한 기술 이전 및 경영노하우 유입 효과도 기대할 수 있다. 이외에도 FTA는 제도의 개선을 가져온다. 노동시장의 유연성, 회계제도의 개선, 규제의 투명성, 환경수준의 제고 등 글로벌 스탠더드가 도입되며, 이는 외국자본의 유입을 증가시켜 역내 자본축적에 일조한다. 글로벌 스탠더드의 확립은 경제 체질과 시스템의 개선을 유도하고, 더 나아가 외교·안보적 안정을 더욱 강화시킨다.

2. 우리나라의 경제통합 추진전략 및 현황

최근 지역경제통합은 세계경제의 큰 흐름으로 자리 잡고 있다. 과거에는 선진국들 사이에, 또는 지리적으로 인접하고 동질적인 몇몇 개발도상국 간에 경제통합이 이루어졌으나 최근에는 전 세계적으로 국가 간 짝짓기가 이루어지고 있다.

아시아지역은 다른 지역에 비하여 경제통합이 가장 뒤떨어져 있다. 아시아의 각국은 경제체제나 경제구조의 상이성, 역사와 전통의 차이, 경제발전단계의 차이 등으로 경제통합체 결성이 쉽지 않다고 여겨져 왔다. 그러나 1990년대 중반부터는 이지역에서도 지역경제통합에 대한 관심이 높아졌는데, 싱가포르를 비롯하여 중국, 태국, 인도, 일본 등이 적극적으로 FTA를 추진하고 있다.

이러한 상황 속에서 우리나라도 시급히 FTA를 추진해야할 필요성이 대두되었다. 우선 지역경제통합이 세계적으로 확산되면서 이에 참여하지 못한 역외국가들은 상대적인 불이익을 피할 수 없게 된다. 무역의존도가 높은 우리나라로서는 기존 수출시장을 유지하고 안정적인 새 시장을 개척하기 위해서 주요 교역상대국과의 FTA 추진이 시급한 과제로 떠오르게 된 것이다.

우리나라의 FTA 추진전략을 살펴보면 다음과 같다.

첫째 지역주의의 확산에 위기감을 느낀 우리나라는 동시다발적인 FTA 추진이라는 방향으로 통상정책을 전개하고 있다. 이러한 전략을 동하여 그동안 경쟁국들에 비해 지체되었던 FTA 체결 진도를 빠른 시일 내에 만회하고자 한다. 또 여러 나라와 동시에 FTA를 추진하면 협상력 내지 추진력을 유지할 수 있고, 단기적으로 무역적자를 나타낼 수 있는 국가와 무역흑자를 나타낼 수 있는 국가들의 효과가 상쇄될 수 있다는 이점도 있다.

둘째 거대 선진 경제권과 거점 경제권을 중심으로 FTA 체결을 위해 노력해 왔다. 미국, 일본, 중국, EU, ASEAN의 5개 경제권과의 교역이 우리나라 전체

교역량의 90%에 가까운 점을 고려하면 이들과의 FTA 체결의 효과가 매우 클 것으로 예상할 수 있다. 또 BRICs 등 신흥 유망시장과의 FTA도 수출시장 확대에 크게 기여할 것으로 기대되고 있다.

셋째 우리나라가 추진하는 FTA는 관세철폐는 물론이고 서비스, 투자, 지적재산권, 정부조달, 기술표준 등 제반 분야에서의 포괄적인 내용을 포함하고 있다. 내용면에서는 WTO에서 추진하는 무역자유화 내용보다 더 진전된 자유화를 추진하여 FTA를 경제 전체의 선진화 계기로 삼고자 한다.

〈표 10-2〉 우리나라의 FTA 추진 현황(2017년 말 현재)

기 체결된 FTA	협상 중인 FTA	협상준비중인 FTA 검토 중인 FTA
칠레(2004) 싱가포르(2006) EFTA(2006) ASEAN(2007) 인도(2010) EU(2011) 페루(2011) 미국(2012) 터키(2013) 호주(2014) 캐나다(2015) 중국(2015) 뉴질랜드(2015) 베트남(2015) 콜롬비아(2016)	한중일 FTA RCEP SECA 이스라엘	멕시코 GCC(6개국) MERCOSUR EAEU

자료 : 무역협회, 2018.

우리나라는 현재까지 52개국과 15개의 FTA협정을 체결하여 발효중에 있다. 2004년에 처음으로 한-칠레 FTA가 발효된 이후, 싱가포르, EFTA, ASEAN, 인도, EU, 미국, 터키, 캐나다, 중국, 콜롬비아 등을 포함하여 15개 지역과의 FTA가 발효 중이다. 중미 5개국과는 협상이 타결되었으나 발효과정을 거치고 있다.

그리고 한중일 FTA, RCEP, SECA, 이스라엘 등 4개 지역과는 협상이 진행되고 있다. 한편 멕시코, GCC, MERCOSUR, EAEU 등 4개 지역과는 FTA에 관해 협상준비 중에 있다.

10.5 국제경제협력기구

2차대전 이후 세계화는, 비록 1차대전 이전의 수준으로 회복하는 정도이지만, 다시 진전을 보이기 시작했다. 이 시기의 세계화에 중요한 역할을 한 것은 국제경제제도를 확립한 국제경제기구였다.

1차대전부터 2차대전까지의 극심한 국제무역과 국제통화질서의 혼란은 2차대전 직후 브레튼우즈 체제(Bretton Woods System)를 탄생시켰다. 이는 위축된 국제무역과 투자를 촉진하고 황폐화된 국제경제질서를 확립하기 위하여 1944년에 서방연합국을 중심으로 출범하였다. 환율 안정을 통한 국제통화질서의 유지를 목적으로 하는 국제통화기금(IMF), 전후 개도국의 경제복구 및 개발을 지원하기 위한 세계은행(World Bank), 그리고 국제무역상의 장벽을 제거하고 세계교역을 확대하기 위한 관세 및 무역에 관한 일반협정(GATT)이 출범하였다.

1. 국제통화기금(IMF)

1차대전과 대공황을 겪으면서 세계경제는 19세기 이후 유지해온 금본위제도의 붕괴를 경험하게 된다. 이 기간 동안 세계 각국은 자국 경제를 위해 무역장벽을 쌓았고, 경쟁적인 자국통화의 평가절하를 시도하였다. 또한 1940년대에 들어와서는 2차대전으로 국제유동성의 부족과 외환통제 등에 직면하게 되면서 국제통화질서는 심각한 위기를 맞이하게 되었다. 이러한 배경 하에서 세계경제를 위기에서 구출하고 안정과 번영을 보장할 수 있는 새로운 국제통화제도의 설립이 모색되었고, 그 결과 1944년 7월 미국 뉴햄프셔 주 브레튼우즈에서 44개 연합국이 참석하여 **국제통화기금** 설립협정 문안을 채택하였다. 1946년 5월 미국 워싱턴에 본부를 두고 업무를 개시한 IMF(International Monetary Fund)는 외환의 안정과 무역의 확대를 통하여 세계경제의 균형성장을 도모하고, 외환에 대한 제한조치의 철폐와 다자간 결제제도를 확립하는 한편, 단기적 국제수지 불균형을 완화하기 위해 신용을 공여하는 데 그 목적을 두고 있다.

2017년 현재 189개국의 가맹국을 가진 IMF는 설립당시 금환본위제에 의한 고정환율제도를 국제통화제도의 근간으로 삼았다. 그러나 1978년 제2차 협정문 개정을 통하여 각국이 자국사정에 맞는 환율제도를 자유로이 선택하도록 하였고, 각국이 환율제도를 자의적으로 운용함으로써 국제통화질서의 안정을 해치는 것을 방지하기 위하여 가맹국의 환율정책 및 환율에 영향을 미치는 제반 경제정책의 운용에 여러 가지 의무를 부과하고 이의 준수 여부를 감독하고 있다. 이를 위해 ① 물가안정과 경제성장을 촉진할 수 있는 안정적인 경제정책을 추진하고, ② 질서 있는 경제·금융 여건의 조성과 안정적 통화금융제도의 유지를 통해 경제안정에 주력하며, ③ 국제수지의 효과적인 조정을 저해하거나 불공정한 이익을 얻을 목적으로 환율을 조작하지 않도록 요구하고 있다. IMF는 가맹국이 질서 있는 환율제도를 유지하고 환율 안정을 추구하도록 IMF 및 다른 가맹국과 협력할 것을 규정하고 있다.

IMF는 환율안정과 함께 가맹국의 일시적인 국제수지 적자보전을 주목적으로 한다. 이를 위해 단기자금을 지원하는데, 그 재원은 가맹국의 납입금(quota)과 차입에 의존한다. 가맹국 납입금 총액은 2017년 현재 4,750억 SDR(6,450억 $)에 달한다. SDR(특별인출권, Special Drawing Rights)는 1969년 IMF가 국제유동성(국제결제수단)을 해결하기 위해 창출한 국제통화이다. 이 납입금은 가맹국의 출자금 성격을 띠는데, 각국의 규모는 그 나라의 국민소득, 외환보유액, 수출입규모 등에 따라 할당된다. 가맹국은 단기적인 국제수지 악화를 극복하기 위해 가맹국 납입금의 100%까지 자유롭게 인출 가능하다. 또한 저소득 개발도상국의 구조조정을 돕기 위해 장기저리의 자금을 지원하기도 한다.

한국은 경제개발에 필요한 재원을 조달하기 위해 세계은행(World Bank) 가입자격을 얻고자 1955년 8월 58번째 가맹국으로 IMF에 가입하였다. 가입당시 납입금은 1,250만 SDR로 총 납입금에서 차지하는 비중이 0.14%에 불과하였으나

2017년 현재 납입금은 85.827억 SDR로 늘어나서 납입금 비중은 1.81%가 되었다. 한국의 IMF 신용인출은 1965년에 환율의 안정유지와 국제수지적자 보전을 위하여 이루어진 납입금 50% 규모의 930만 SDR로부터 국제수지의 호전으로 신용인출을 중단한 1987년에 이르기까지 16회에 걸쳐 모두 24.8억 SDR이 이루어졌다. 1988년의 전액 상환 이후 1997년 12월 외환사정이 악화되고 국제금융시장에서의 신뢰가 계속 하락하여 외환위기에 봉착하자, 한국은 외환위기 극복을 위해 210억 달러규모의 구제금융을 받은 경험이 있다.

2. 세계은행(World Bank)

2차대전 후 전쟁피해 복구와 경제부흥에 소요되는 장기자금을 효과적으로 공급하기 위한 국제금융기구로서 국제부흥개발은행(International Bank for Reconstruction and Development, IBRD)이 1945년 12월 설립되었다. IBRD는 최빈개도국들에게 양허적인 조건의 개발자금을 지원하기 위하여 1960년 설립된 국제개발협회(International Development Association : IDA)와 함께 세계은행(World Bank)이라고 불린다. 세계은행은 장기개발자금의 공여를 통하여 전쟁피해 복구를 도모함과 동시에 개발도상국의 경제개발을 지원하는데 그 목적을 두고 있다. 설립초기에는 주로 전쟁피해 복구자금 지원을 실시하였으나 미국이 유럽재건을 위해 마샬플랜(Marshall Plan)을 실시하여 대부분의 부흥원조를 제공하게 되자, 세계은행은 개발도상국에 대한 장기개발자금 융자에 주력하게 되었다. 이외에도 세계은행은 개발도상국의 개발정책의 수립과 집행에 필요한 기술을 지원하며, 개발도상국으로의 재원 및 기술이전에 관한 조정역할과 융자대상 프로젝트의 연구평가, 그리고 개발도상국의 고위 개발담당인사에 대한 연수를 실시한다.

2017년 현재 189개 회원국을 가진 세계은행은 회원국의 출자로 조성된 자본금과 대외차입 등을 통해 융자재원을 조달한다. 하지만 세계은행 융자재원의 대부분은 차입을 통하여 조달되고 있는데 주로 국제금융시장에서 채권을 발행하여 조달하고 있다. 또한 회원국 정부 및 중앙은행으로부터도 채권을 발행하여 차입하고 있다.

〈표 10-3〉 IMF와 World Bank의 비교

	IMF	World Bank
성격	통화기구	개발기구
기능	국제통화제도 안정 일시적 국제수지 적자 자금 지원	경제개발 촉진 경제개발 자금 지원
시간범위	단기	장기
재원	공적준비금 및 가맹국 납입금	국제자본시장 차입
신용공여	모든 가맹국	개발도상국
상환기간	3~5년	15~20년

이렇게 채권발행을 통해 조성된 자금이 회원국의 납입자본금보다 더 큰 비중을 차지하고 있다. 세계은행은 신용도가 낮아 국제금융시장에서 유리한 조건으로 자금을 차입하기 어려운 개도국들에게 자신의 높은 신용등급을 이용하여 싼 이자로 자금을 조달하여 싼 이자로 대출해 주고 있다.

1955년 8월에 가입한 한국은 외환위기 당시 위기극복을 위해 100억 달러의 긴급구제금융을 받은 바 있다.

3. 경제협력개발기구(OECD)

OECD는 (Organization for Economic Cooperation and Development)는 회원국 간에 경제·사회 전반에 걸친 주요 이슈 및 정책에 관해 긴밀히 협의, 협력하고 조정하기 위한 국제경제협의체로서 1961년 9월에 창설되었다. 창설 당시에는 서유럽 18개국과 미국 및 캐나다 등 20개 회원국으로 출범하였으나, 그 후 신규 회원국이 늘어 2017년 현재 모두 35개 회원국으로 구성되어 있다.

주로 선진국들로 구성된 OECD는 인구 면에 있어서 전세계의 20%에도 못 미치나, 경제규모 면에 있어서 전세계 GDP의 65% 이상을 차지하고 전세계 무역규모의 60% 이상을 차지하는 등 막강한 경제력을 보유하고 있다. 이렇듯 세계경제 운용을 주도해 나가고 있는 OECD는 회원국들의 경제성장을 촉진하고 세계경제 발전에 기여하며, 개발도상국에 대한 원조와 다자간 자유무역원칙에 의한 세계무역의 확대를 그 목적으로 하고 있다.

OECD는 WTO 등 다른 국제기구와는 차이를 가지고 있다. 먼저, OECD는 WTO와 같이 국제규범을 직접 교섭하거나 제정하는 기구가 아니지만 세계경제의 발전을 위한 새로운 경제질서가 가장 먼저 논의되는 곳이라고 할 수 있다. 우루과이 라운드(UR) 협상과정에서의 농업보조금, 서비스, 지적재산권 협상 등과 같은 새로운 통상이슈는 OECD 회원국간 협의를 거쳐 범세계적으로 공론화되는 과정을 거쳤다. 현재도 환경, 노동, 기술, 경쟁정책, 다자간 투자, 반부패 등 앞으로 세계경제질서에 중요한 영향을 미칠 문제에 대한 국제규범이 논의되고 있다.

OECD가 다른 국제기구와 차이가 나는 또 다른 점은 다른 국제기구와 달리 OECD는 무역, 통화, 환경 중 특정 분야만을 다루지 않고 이사회 산하의 26개 전문위원회별로 경제정책 및 경쟁, 에너지, 고용, 교육, 소비자 보호 등 모든 경제·사회복지 문제를 포괄하는 종합적인 경제협의기구라는 것이다. 회원국 가입에 있어서도 OECD는 WTO를 비롯한 다른 국제기구와 차이가 있다. IMF나 WTO는 세계의 거의 모든 국가로 회원국이 구성되어 있으나, OECD에 가입하려면 다원적 민주주의 국가로서 자유시장경제체제를 보유하고 인권을 존중하는 문명국이어야 하는 까다로운 자격요건을 충족시켜야 한다.

OECD에 가입하려면 OECD의 제 규정을 원칙적으로 수락해야 한다. OECD 규약 중 대표적인 양대 규약으로, '경상무역외거래 자유화 규약'과 '자본이동 자유화 규약'이 있다. 이는 각각 서비스의 국경간 거래 자유화와 자본거래의 국경간 거래 자유화를 위한 규약이다. 자유화 규약의 집행에 있어서 OECD는 각 회원국의 경제발전 정도, 자유화 수용능력, 그리고 현재 직면하고 있는 경제상황에 따라 자유화 항목에 대한 자유화 유보 또는 적용면제 등의 조치를 허용한다. 무조건적이고 전면적인 자유화보다는 점진적인 자유화를 추진하도록 허용하고 있는 것이다.

1991년 이래 한국은 OECD 가입을 적극적으로 추진하였고, 1996년 10월 29번째로 가입하게 되었다. 국제사회에서는 경제력에 걸맞는 책임과 역할 수행을 요구하였고, 한국 역시 가입 필요성을 절감하였기 때문이다. WTO 출범에 따른 국경없는 무한경쟁시대의 도래에 따라 한국은 국제사회에서 고립, 폐쇄된 상태로 존재하는 것이 불가능하다고 판단하였고, OECD 가입을 통해 경제정책의 운영에서 효율적이고 선진화된 제도와 관행을 정착시키고자 하였다.

4. 세계무역기구(WTO)

GATT는 1948년 성립된 이래 1994년까지 다자간무역협상을 관장해온 유일한 국제경제기구였다. 전후 수십 년 동안 GATT는 무역자유화를 추진하여 교역확대와 세계경제 부흥에 기여한 것으로 평가되고 있으며, 세계의 거의 모든 국가가 참여한 범세계적 기구였다. 그러나 GATT는 이름이 암시하듯 정부간의 행정협정에 불과했다. 각국은 자국의 행정권 범위 내에서 GATT의 의무를 수행하고 있을 뿐이었다. 또한 GATT 규정은 법적구속력이 미약했으며, 만장일치라는 의사결정방식으로 분쟁을 조정하는 힘이 미약할 수밖에 없었다. 특정 가맹국이 GATT 규약에 어긋나는 무역행위나 차별조치를 취하더라도 선언적 결의나 권고조치에 그칠 뿐 총회수준의 제재는 불가능하였다.

특히 GATT는 1980년대에 들어서 국가간의 보호무역주의의 확산이나 차별적인 지역주의의 대두를 효과적으로 규율하지 못하였다. 또한 신흥공업국들을 위시한 개발도상국들의 급속한 성장과 전통적인 상품무역 뿐만 아니라 농산물, 서비스, 지적재산권 등 새로운 분야의 거래 급증에 따른 국제무역구조의 변화를 충분히 포괄하지 못하는 등 문제점과 한계를 드러내었다.

GATT 제8차 다자간 협상인 **우루과이 라운드**(Uruguay Round, UR)에서는 GATT 자체의 한계극복과 기능강화 문제가 정식의제가 되어 GATT를 발전적으로 해체하고 새로운 국제기구를 창설하자는 움직임이 일어나기에 이르렀다. 우루과이 라운드 협상 결과, WTO가 1995년 1월 1일 공식기구로 출범한다. WTO는 GATT와는 달리 공산품은 물론 농산물, 서비스, 지적재산권 등을 포함한 모든 무역분야를 다룬다. 2017년 현재 164개 회원국으로 구성된 이 국제기구는 다자간 무역협상을 위한 논의의 장을 제공하면서 국가간 무역규범을 정하는 곳이다. 국제무역관계에 있어서 일부 국가의 일방적인 국내법이 아니라 모든 국가가 승복할 수 있는 규범을 정한다.

또한 WTO는 통상분쟁 해결의 강화와 투명한 무역정책 제도의 제고에 그 역할을 두고 있다. 회원국들 간에 발생하는 무역분쟁을 자체의 분쟁해결기구를 통해 해결한다. 분쟁해결기구의 결정사항을 이행하지 않을 경우에는 교차보복 등 보복조치를 취할 수 있도록 허용함으로써 WTO 분쟁해결에서 주도적 역할을 담당한다. 또한 WTO는 전반적인 무역제도의 투명성 제고를 위해 무역정책검토기구를 두고 있다. 이 기구를 통해 각 회원국의 전반적인 무역정책과 관련제도 및 관행을 정기적으로 검토, 평가한다.

한국은 지난 1961년만 해도 일인당 국민소득이 100 달러에도 못 미치는 최빈개도국이었다. 1996년에 1만 달러 소득을 달성하게 된 것은 무엇보다 자유무역을 지향하는 다자간무역체제에 힘입은 바 크다. 만일 국제무역환경이 보호주의를 추구하는 분위기였다면 오늘과 같은 상황은 오지 못했을 것이다. 한국의 사례는 GATT를 이은 WTO체제에서도 유효한 것으로서 자유무역과 다자체제가 경제성장에 주는 의미를 다시금 말해준다.

향후 WTO에서는 변화하는 경제무역환경에 맞추어 새로운 통상이슈들이 논의될 것이다. 무역과 투자(외국인투자에 대한 국제적 기준의 수립), 무역과 경쟁정책(경쟁정책을 일정한 국제적 수준으로 규율), 무역원활화(통관절차의 신속화 및 투명성 증대), 정부조달에서의 투명성(정부조달에 있어 부패관행의 규제에 관한 국제적 기준 도입), 전자상거래(인터넷을 통해 이루어지는 거래에 대한 무관세 부여) 등에 대한 논의가 예상된다. 관련제도의 미비와 국내정책 수행에 대한 제약 가능성으로 많은 국가들이 유보적인 입장을 보이고 있으나, 대외지향 국가인 한국은 이들 논의를 통해 무역질서가 안정될수록 교역에 따른 혜택을 더 많이 누릴 기회를 갖게 된다. 농산물 등 자유화가 쉽지 않은 분야에서의 자유화 폭과 속도를 조절하면서 자유무역체제에 대한 능동적이고 적극적인 참여가 필요하다.

연습문제

1. 다음 용어를 설명하시오.
   (1) 세계화
   (2) 경제통합
   (3) 자유무역협정(FTA)
   (4) EU
   (5) NAFTA
   (6) ASEAN
   (7) IMF
   (8) 세계은행(World Bank)
   (9) OECD
   (10) WTO

2. 다음 물음에 답하시오.
   (1) 경제통합의 형태와 그 특징을 설명하시오.
   (2) 우리나라의 경제통합 추진전략에 대해 설명하시오.
   (3) 세계화가 촉진되는 과정에서 국제경제기구가 어떠한 역할을 행하였는지 설명하시오. 또한 앞서 언급된 국제경제기구 이외에 어떠한 기구들이 있는지 조사하고 이들의 설립목적을 설명하시오.
   (4) GATT와 WTO의 관계에 대해 설명하시오.
   (5) 우리나가 OECD에 가입하면서 달라진 것은 어떤 것이 있는지 조사하시오.

찾아보기

ㄱ

ㅇ

ㅈ

저 자 약 력

■ 김기영

서울대학교 대학원 국제경제학과(경제학박사)
광운대학교 경영대학 국제통상학부 교수
저서: 행복한 부자되기(공저, 비즈프라임, 2016) 외 다수

■ 임종수

University of Rochester(경제학박사)
광운대학교 경영대학 국제통상학부 교수
저서: 환경경제학(공저, Pearson, 2013) 외 다수

■ 정행득

University of Tennessee(경제학박사)
광운대학교 경영대학 국제통상학부 명예교수
저서: 국제경제의 이해(공저, 도서출판 두남, 2011) 외 다수

경제와 생활 – 세계화 · 정보화시대의 : 전정판

초　판 1쇄 발행 —— 2006년 9월 2일
초　판 2쇄 발행 —— 2007년 8월 1일
초　판 3쇄 발행 —— 2009년 2월 5일
초　판 4쇄 발행 —— 2012년 1월 30일
전정판 1쇄 발행 —— 2019년 2월 25일
지은이 —— 김 기 영 · 임 종 수 · 정 행 득
펴낸이 —— 전 두 표
펴낸곳 —— 도서출판 두남
서울시 강동구 성내로6길 34-16 두남빌딩
신 고 : 제25100-1988-9호
TEL : 02) 478-2065~7, 2311
FAX : 02) 478-2068
E-mail : dunam1@unitel.co.kr
http://www.dunam.co.kr

정가 22,000원

ISBN 978-89-6414-836-5　13320